K-컬처와 새로운 한류 정경

이 책은 방송문화진흥회의 저술 지원으로 출간하게 되었습니다.

방송문화진흥총서 247

K-컬처와 새로운 한류 점검

배기형 지음

지속가능한 한류를 위한 성찰과 모색

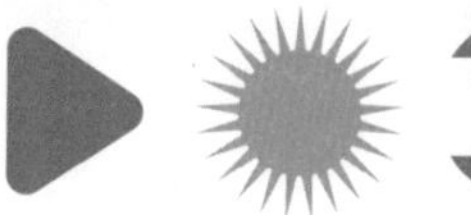

사우

해제

|

정길화
(동국대 한류융합학술원 원장)

지난 5월 초의 일이다. 말레이시아 수도 쿠알라룸푸르에서 이 나라의 콘텐츠·영화 진흥 기관인 피나스(FINAS)에서 주관한 K-콘텐츠 포럼이 개최되었다. 이날 포럼에는 말레이시아 영화진흥위원회 위원장과 대표를 비롯해 말레이시아 방송통신멀티미디어위원회 등 정부 부처 주요 인사와 말레이시아 미디어그룹 관계자 등 100여 명이 참석했다. 말레이시아 피나스는 한국 콘텐츠산업 전문가들을 초청해 자국의 동종업계 인력들과 상호 간에 경험과 지식을 토의하고 공유하려는 뜻으로 이 행사를 기획했다.

주최 측은 단기간에 괄목할 만한 발전을 이룬 한국의 콘텐츠산업을 벤치마킹하고, 이를 토대로 자국의 유관 산업을 육성하려는 분명한 뜻을 가지고 있는 것으로 보였다. 말레이시아 콘텐츠산업을 진흥하는 정부 기관이 이와 같은 국제 포럼을 자체 예산으로 주최했다는 데서 한류의 위상을 새삼 확인할 수 있었다. 이 행사에는 국내의 한류 · 콘텐츠 전문가 모임인 K-콘텐츠 아카데미 포럼(KOCAF)이 공동 주최자로 참가했다. 필자도 발표단의 한 사람으로 참석해 설렘과 긴장으로 차례를 기다렸다.

이 포럼은 거의 전적으로 이 책의 저자인 배기형 박사의 전문성과 네트워킹으로 이루어진 행사였다. 그는 KBS에서 손꼽히는 국제방송교류 전문가로서 일찍이 쿠알라룸푸르에 있는 아시아태평양방송연맹(ABU) 본부에서 방송개발 전문가로 2년간 파견 근무를 한 바 있다. 말레이시아와 아시아에 정통한 지역 전문성과 그 인맥이 어디로 가겠는가. 한마디로 그는 콘텐츠통이고 아세안통이다. 말레이시아 영화진흥위원회와 함께한 K-콘텐츠 포럼은 그의 기획력과 추진력으로 성사되었다고 해도 과언이 아니다.

말레이시아라면 필자도 한 대목 정도는 '참전'할 수 있다. 3년여 원장직을 수행한 한국국제문화교류진흥원(KOFICE)은 매년 해외 한류 실태조사를 실시하는데 올해 발표한 '2023 해외한류실태조사'는 특기할 만하다. 여기서 '한류현황지수' 3.5 이상이면 한류 대중화 단계로 평가하는데 말레이시아, 인도네시아, 베트남, 대만, UAE 5개국이 '한류 대중화 단계'로 나타났다. 이들 국가는 한류와 K콘텐츠 산업의 영향력을 잘 알고 있다고 할 수 있다. 그중에서도 말레이시아의 대중화 단계가 제일 높았다.

말레이시아의 경우 처음부터 한류에 긍정적이지는 않았다. 2000년대 초기에 말레이시아에서는 자국 문화와 전통 보호 관점에서 한류에 비판적이었다고 한다. 가령 현지에서 열린 일부 K-팝 콘서트에 대해 말레이시아 언론에서 이슬람의 종교적 규범과 문화적 가치와 충돌한다는 보도를 하면서 일방적인 한류의 유입에 대해 부정적인 인식이 확산되었다는 것이다. 외래문화에 대한 경계와 한류의 상업주의에 대한 복합적인 우려로 보인다.

이와 같은 '자국 문화 보호론' 시각은 2020년을 전후로 분위기가 바뀌게 된다. 넷플릭스와 같은 글로벌 OTT의 등장으로 한국 드라마를 쉽사리 접할 수 있었고 또 K-콘텐츠산업이 거두는 성공 사례를 보면서 '침략자'에서 '동반자'를 거쳐 '벤치마크'로 인식의 전환이 이루어진 것이다. 요컨대 산업적·경제적 측면에서 K-콘텐츠를 모델로 삼게 되었다는 뜻이다. 어떻게 이렇게 잘 알고 있느냐고요? 배기형 박사의 박사논문(《OTT 환경에서의 한류 정경 연구-말레이시아의 K-드라마 수용을 중심으로》)이 바로 이 내용을 다루고 있기 때문이다.

그의 박사논문은 말레이시아 사례를 통해 한류의 새로운 지형과 확산에 대한 학문적 연구를 공고히 했다고 생각한다. 지난해 연말에 진행된 박사논문 심사에서 필자는 커미티의 일원으로 참가하는 과분한 기회를 얻었다. 덕분에 논문을 꼼꼼하게 읽어보면서 학문의 정합성과 엄정함을 지향하는 불굴의 학구열을 체감할 수 있었다. 그는 브라질 K-팝 팬덤을 다룬 필자의 박사논문을 참고했다고 레퍼런스에 굳이 밝혔는데, 비교하자면 지역과 장르만이 아니라 한류 담론에 관한 준거 틀이 차원을 달리하고 있다.

배기형 박사의 논문은 한류 또는 K-드라마가 OTT 넷플릭스 플랫폼 등장을 계기로 아시아 특히 말레이시아에서 어떤 반응을 일으키는지를 정교하게 들여다보고 분석하였다. 이런 점에서 학문적으로 역사적으로 그리고 시사적으로 유의미하다고 생각한다. 특히 다양하고 실증적인 현장 연구를 통해 한류의 정경이 변화하는 것을 포착한 것은 빛나는 착안점이라고 생각한다. '침략자 담론'에서 '롤모델 담론'으로의 자생적인 변화를 주목한 것이다. 이는 향후 우리 정부, 학계, 업계 등에서 한류의 확장성과 지속성을 논의하고 정책을 세울 때 유익할 것으로 생각된다.

주목할 점은 이 책 《K-컬처와 새로운 한류 정경》은 여기서 한 걸음 더 나아갔다는 것이다. 학위논문이라는 과정과 형식에서 못내 자제(?)했던 그가 "학술적 언어 너머의 이야기, 데이터와 이론 사이에 숨어 있던 직관과 통찰, 말레이시아 현장에서 느꼈던 생생한 경험과 사례들을 담아내고자" 한다. 그는 K-콘텐츠가 드라마, 음악 등 구체적인 문화상품을 중심으로 한 현상이었다면, K-콘텍스트는 이러한 콘텐츠를 탄생시킨 한국 사회의 독특한 맥락과 역사적 배경 그리고 철학적, 사회적 의미에 주목하는 것이라고 설명한다.

나아가 한류의 정경(Hallyu-scape)을 새롭게 모색하고 있다. 그는 새로운 한류 정경으로 배타적 애국주의를 넘어서 타자에 대한 이해와 공감을 기초로 한 코스모폴리탄 한류 정경을 필두로 팝 한류 정경, 취향 중심의 한류 정경 등을 제시하고 있다. 특히 취향 중심 한류에서 말레이시아 수용자들의 소비 형태가 여러 대중문화를 폭넓게 향유하는 옴니보어(omnivore, 잡식성, 다취향의…)적 특성을 가지고 있음을 발견한다. 때마침 근착 김난도 교수의 《트렌드 코리아 2025》의 제1 키워드가 '옴니보어'라는 점에서 탁월한 선견지명을 읽는다. 그리고 "미래는 이미 와 있다. 단지 널리 퍼지지 않았을 뿐이다"라는 작가 윌리엄 깁슨의 말을 소환하게 된다.

배기형은 한류를 "본질적으로 혼종성을 띠는 대중문화의 입자가 수용자의 문화적 실천이 더해지면서 파동을 일으키는 문화현상"으로 정의한다. 이어서 "한류는 직류가 아니고 교류다", "한류는 입자와 파동의 상호작용 또는 양자중첩이다" 등 명쾌한 정의를 아포리즘처럼 구사한다. 나아가 "K팝은 이미 장르다" 그리고 "'sub-culture'는 '하위문화'가 아닌 '소집단 문화'로 고쳐 써야 한다" 등의 선언과 대안 제시를 보면 오랜 현장 경험을 가진 연구자로서의 자신감을 엿볼 수 있다.

돌이켜 보면 필자가 브라질 등 중남미의 K팝 팬덤 연구로 박사논문을 썼을 때 길고긴 집필 과정에서 연구의 국지성(locality)을 지적받은 적이 있다. 한류가 글로벌 현상이라고 했을 때 중남미는 그 일부에 해당할 뿐이라는 지적은 일견 항변할 수 없는 타당성이 있었다. 당시 필자는 괴테가 했다고 하는 "하늘이 푸르다는 것을 알기 위해 전 세계를 여행할 필요는 없다"라는 말로써 방어책을 삼았었다.

그런데 배기형 박사의 《K-컬처와 새로운 한류 정경》을 보면서 무릎을 쳤다. 말레이시아라는 특정 지역의 사례를 통해 전체 한류의 주목할 만한 특징을 찾아내는 작업을 그는 '제유적 상상력'으로 호명하였다. 제유(提喩)는 "전체 속에 내포된 어떤 특성을 표시하는 작용을 통해서 현상을 규정"한다. 말하자면 일부로써 전체를 표현하는 수사법이다. 이 책이 진작 나왔다면 그때 나는 이렇게 말했을 것이다. "제유적 상상력이라고 들어봤어요?"

차례

2장 말레이시아 한류를 통한 제유적 상상력

3장 새로운 한류 정경

추천사

저자는 지난 30년 동안 방송 제작 현장에서 한류의 세계적 확산을 이끌어 온 주역이다. 그럼에도 결코 기득권에 안주하지 않는다. 이 책에는 한류라는 이름의 'K 현상'에 대한 비판적 성찰이자, 새로운 지평을 열 수 있는 통찰이 담겨 있다. 저자의 풍부한 경험에서 직접 뽑아낸 '살아 있는 메시지'라 더욱 값지고 빛이 난다. 세계인과 함께 '지속가능한 한류'를 만들기 위한 해법이 책 속에 담겨 있다.

— 고삼석(동국대학교 AI융합대학 석좌교수, 전 방송통신위원회 상임위원)

"한류는 일방적인 직류(直流)가 아니라 수용자들과의 교류(交流)"라는 명제의 의미를 다양한 사례를 통해 현실감 있게 보여준다. 말레이시아를 비롯한 아시아 국가에서 한류가 어떤 의미로 다가가는지, 왜 〈파친코〉나 〈미나리〉를 한국 콘텐츠로 보는 게 타당한지 등 흥미로운 사례를 읽다 보면 한류에 대한 시각이 더 입체적이고 풍부해지는 것을 느낄 수 있다. 앞으로 한류가 세계 속에서 어떤 모습으로 변화해가야 할지 활로를 찾는 데에도 여러 시사점을 안겨주리라 믿는다.

— 김윤지(한국수출입은행 해외경제연구소 수석연구원, 《한류 외전》 저자)

이 책은 새로운 한류의 지평을 모색하고, 한류의 미래 방향을 제시한 필수 지침서이다. 이 책은 문화 지형을 탐구하고 향유자의 목소리에 귀 기울여 한류 담론을 확장하였다. 한류의 본질을 문화적 다양성과 혼종성이 도드라진 현장인 말레이시아에서 찾았으며, 현장에서 저자가 직접 청취한 한류에 대한 외국인 향유자의 진솔한 의견도 꼼꼼하게 담았다. 특히 한류 정경의 발견은 한류의 지속화와 발전을 위한 매우 중요한 사건이다. 한류에 관심 있는 모든 이에게 이 책을 강력히 추천한다.

— 김치호(한양대학교 ERICA 문화콘텐츠학과 교수)

오랜 시간 국경 밖의 대중과 교류하는 과정을 만들어 온 미디어 생산자로서의 시선과 교류의 확장을 세계 곳곳의 현장에서 관찰하고 기록한 연구자의 시선이 담겨 있는 귀한 책이다. 특히 말레이시아에서의 미디어와 일상의 경험을 연구 현장으로 승화시켜 새로운 문화 이해의 키워드를 제시하는 저자의 연구 성과에 찬사를 보낸다. 때론 도발적이기까지 한 다양한 개념화는 변곡점이라 할 수도 있고, 새로운 모멘텀이라 할 수도 있는 한류의 미래를 둘러싼 훌륭한 토론 재료가 될 것이다.

— 김태식(말레이시아 모나쉬대학 예술사회과학대 교수)

저자 배기형 PD는 다독가이다. 나는 그에게서 시인 혹은 철학자의 면모를 보곤 한다. 내면 깊숙한 인문학적 성찰과 오랜 TV 제작 경험을 바탕으로 한류에 관한 다차원적인 통찰과 입체적인 비전을 제시하는 이 책은 한류뿐 아니라 세상에 관한 따스하고 날카로운 분석서이다.

— 심두보(성신여대 미디어커뮤니케이션학과 교수)

한류는 분명 한국 밖에서 벌어지는 현상이다. 그렇기에, 한류라는 현상이 어떤 양상으로 나타나고 있고 그것이 만들어내는 의미가 무엇인지 이해하려면, 직접 현장의 목소리를 듣는 것처럼 좋은 방법은 없을 것이다. 그럼 어떤 현장의 목소리를 들어야 할까? 이 책은 유동하는 한류의 정경을 포착하기 위해선 말레이시아에 주목할 필요가 있음을 강조한다. 한류를 가장 사랑하는 지역인 아세안의 일부이자, 다양한 문화가 교차하는 곳이며 적극적으로 전 세계 문화를 향유하는 곳이란 점에서 말레이시아는 지금 현재, 그리고 앞으로의 한류의 의미를 포착하기에 더할 나위 없이 좋은 곳이다. 이 책의 저자는 말레이시아 주요 언론의 담론을 면밀히 살펴보고, 현지의 한류 수용자와 긴밀하게 대화하며 한류의 정경을 포착해냈다.
저자는 오랜 기간 콘텐츠 산업 현장에서 한류의 성장을 이끌었던 창작자이자, 방송영상 분야의 국제 교류 경험을 쌓은 현장 전문가이고, 이제는 학술적인 시선으로 유동하는 한류의 정경을 읽어내는 연구자로서 그동안 축적한 고민과 통찰을 이 책에 담아냈다. 특히 한류의 정경을 적절히 포착하기 위한 개념화의 노력은 이 책이 갖는 중요한 가치 중 하나다. 이 책을 읽는 것은 현장의 목소리를 직접 만나는 계기이자, 한류 현장을 오랜 기간 이끌어온 전문가의 통찰이 담긴 관점을 만나는 기회가 될 것이다.

— 이성민(한국방송통신대 미디어영상학과 교수)

한류에 대한 다양한 시선이 필요한 때다. 이 책은 K-콘텐츠를 단순히 소비하는 팬덤 현상으로 보기를 거부한다. 그 대신에 한류라는 문화적 힘이 재창조되고 있는 과정에 천착한다. 그렇기에 세계는 한류라는 문화 현상이 벌어지는 무대일 뿐이다. 한류의 성공을 자축하는 뻔한 글이 아니라 복잡하고 섬세한 문화적 교차점을 짚어내고 있다. 이 책을 통해 한류가 가진 힘이 얼마나 거대하고 복합적인지 깨닫게 될 것이다.

— 조영신(SK 브로드밴드 경영전략그룹장)

이 책은 한류를 아파두라이의 어법을 빌려 한류 정경(Hallyu-scape)으로 접근한다. 한류는 향유하는 수용자의 문화적인 실천과 경험의 시공간으로 구성되는 풍경이라는 것이다. 말레이시아 한류에 대한 사례 연구에 기반해서, 필자는 한류 현상에 대해 그동안 누적된 정합성 있고 가치 있는 문화이론적 이해를 구조적이고도 효율적으로 종합하고 소통한다. 때로는 과감한 일반화와 인사이트를 통해 디테일에서도 실수하지 않으려는 강단 학자들의 소심함을 극복하고, 오랜 현장 경험이 지지해주는 신념과 혜안으로 글로벌 문화가 된 한류에 대해 총체적인 이해를 전달한다. 즐겁고 미래 지향적인 텍스트이다.

— 홍석경(서울대 언론정보학과 교수, 아시아연구소 한류연구센터장)

머리말

우리는 이미 한류에 대해 익숙하고 또 그만큼 잘 알고 있다고 생각한다. 따라서 한류에 대한 얘기는 자칫 식상하기 쉽다. 우선, 미디어와 일상에서 '한류 열풍', '세계화' 같은 용어가 지나치게 자주 등장하여 피로감을 유발한다. 둘째, 한류 담론이 새로운 관점이나 깊이 있는 분석 없이 반복되는 경향이 있다. 셋째, 한류의 성과가 때로는 과장되어 보도되거나 정부 정책의 홍보 수단으로 활용되는 점에 대한 반감이 존재한다. 넷째, 한류의 한계나 문제점에 대한 균형 잡힌 논의가 부족하고 주로 성공 사례만 강조되는 점도 식상함의 원인이다. 마지막으로, 한류의 성공에 대한 지나친 자부심이 비판적 성찰을 방해하고, 지속적인 성공에 대한 기대가 문화산업 종사자들에게 부담으로 작용하는 점도 간과할 수 없다.

아울러 현재의 한류 담론은 몇 가지 아쉬운 점이 있다. 첫째, 한류를 전 지구적 맥락에서 이해하지 못하고 한국 중심적인 사고에 머물러 있다. 이로 인해 세계 문화의 흐름 속에서 한류의 위치와 의미를 제대로 파악하지 못하는 경향이 있다. 둘째, 한류 콘텐츠가 특정 장르나 스타일에 집중되어 다양성이 부족하다는 점이 간과되고 있다. 셋째, 한류는 대중문화이기에 엄밀한 학문적 분석이나 진지한 성찰의 대상이 아니라고 여기는 경향도 있다. 마지막으로, 한류 문화의 특수성을 과도하게 강조하거나 한류가 이제 세계 문화사의 주역이라는 애국주의적 자부심은 오히려 지식인들의 반감을 불러일으키기도 하다. 따라서 한류에 대한 또 하나의 담론을 덧붙이는 이 책이 대단한 통찰을 주기가 쉽지 않을 수도 있다. 그럼에도 불구하고, 이 책을 집필하는 이유를 머리말을 대신하여 적어본다.

K의 새로운 지평

이 책을 쓰는 이유는 무엇보다 한류의 새로운 지평을 모색하기 위해서다. 한류는 계속해서 변화하고 진화하고 있다. 케이팝, K-드라마를 넘어 K-뷰티, K-푸드 등 새로운 영역으로 확장되고, 디지털 환경에 맞춰 콘텐츠 유통 방식도 달라지고 있다. 한류의 진화는 단순한 콘텐츠의 확산을 넘어 더 깊고 넓은 차원으로 발전하고 있다. 이제 우리는 한류의 새로운 지평을 K-콘텐츠에서 K-콘텍스트로의 전환에서 찾아볼 수 있다. 이것은 한국 대중문화의 표면적인 요소들을 넘어 그 근간을 이루는 가치관, 사회적 맥락, 산업 시스템, 문화적 배경에 대한 관심과 이해로 확장되는 것을 의미한다.

K-콘텐츠가 드라마, 음악, 영화 등 구체적인 문화상품을 중심으로 한 현상이었다면, K-콘텍스트는 이러한 콘텐츠를 탄생시킨 한국 사회의 독특한 맥락과 역사적 배경, 그 안에 담긴 철학적·사회적 의미에 주목한다. 한류 팬들은 단순히 한국의 대중문화를 소비하는 것을 넘어, 한국 사회의 다양한 측면에 대해 깊이 있게 이해하고 공감한다. K-드라마의 인기는 이제 단순히 스토리나 배우의 매력을 넘어, 드라마에 반영된 한국의 가족 문화, 직장 문화, 교육 시스템에 대한 관심으로 이어지고 있다. 케이팝의 경우, 음악과 퍼포먼스 자체뿐만 아니라 아이돌 육성 시스템, 팬 문화, 그 안에 담긴 열정

과 노력의 가치에 대한 탐구로 확장되고 있다. 이것은 한류에 대한 호명이 K-콘텐츠에서 K-콘텍스트로 이어진다는 것을 의미한다.

K-콘텍스트는 K-콘텐츠에 대한 향유자 중심의 맥락적 해석이라고 정의할 수 있다. K-콘텐츠의 원래 맥락은 출발점에 불과하며, 실제로 중요한 것은 각 지역과 문화권의 향유자가 자신의 문화적 렌즈를 통해 K-콘텐츠를 어떻게 해석하고 받아들이는지에 있다. 이것은 한류의 지속가능성과 깊이를 더해준다. 특정 콘텐츠의 인기는 일시적일 수 있지만, 그 콘텐츠를 만들어낸 사회문화적 맥락에 대한 이해는 더 오래 지속되며 더 깊은 문화 교류가 가능하다. 이것은 한국 문화에 대한 단순한 호기심을 넘어, 진정한 이해와 공감으로 이어질 수 있는 기회를 제공한다. 또한, K-콘텍스트로의 확장은 한류의 영향력을 문화산업을 넘어 교육, 외교, 경제 등 다양한 분야로 확대시킬 수 있다. 한국어 학습에 대한 관심 증가, 한국 기업 문화에 대한 연구, 한국의 경제 발전 모델에 대한 탐구 등이 확장의 예시라고 할 수 있다.

한류는 생성적 특질을 지닌 문화 현상이다. K-콘텐츠의 알갱이와 K-콘텍스트의 파동은 유기적으로 연계되며 K-컬처로 진화하고 확장한다. K-컬처는 K-콘텐츠와 K-콘텍스트의 발전을 바탕으로, 한국 대중문화 전반으로 관심이 확대되고 이를 일상생활에 적용하는 문화 현상을 의미한다. 이 단계에서 한류는 단순한 콘텐츠 소비나 맥락적 이해를 넘어, 한국의 라이프스타일, 가치관, 사회 현상 등을 포괄하는 더 넓은 문화 현상으로 발전한다. K-뷰티, K-푸드, K-패션 등 다양한 영역으로 확장되며, 한국어 학습에 대한 관심도 크게 증가한다. 이것은 한류의 영향력이 더욱 깊어지고 지속성을 갖게 되었음을 의미한다. K-컬처는 한류가 단순한 문화 현상을 넘어 글로벌 문화 교류의 새로운 패러다임으로 발전하고 있음을 보여준다. K-컬처는 생산자와 향유자, 알갱이와 해석 사이의 경계를 흐리게 하며 문화적 대화와 융합을 가능케 한다.

K-콘텐츠에서 K-콘텍스트 그리고 K-컬처에 이르기까지 K의 지평 확장은 한류가 단순한 유행을 넘어, 지속가능하고 영향력 있는 글로벌 문화 현상으로 자리 잡게 하는 핵심 요인이다. 그러나 이러한 확장은 동시에 새로운 과제를 제시한다. 그것은 한류를 수용하는 해외 향유자의 사회적·문화적·역사적 맥락을 깊이 이해하고, 향유자 관점에서 한류 문화를 재해석하려는 노력이다. 한류는 세계 각지에서 다양한 형태로 받아들여지고 있다. 같은 K-드라마나 케이팝도 국가와 문화권에 따라 전혀 다른 방식으로 해석되고 향유된다. 예를 들어, 한국의 가족 드라마가 동아시아에서는 유교적 가치관의 공유로 인해 쉽게 공감을 얻는 반면, 서구권에서는 전혀 다른 관점에서 향유된다. 따라서 한류 콘텐츠를 수용하는 각 국가와 지역의 문화적 배경, 역사, 사회 구조 등을 깊이 있게 연구하고 이해하려는 노력이 필요하다.

K의 지평 확장은 한국 문화의 일방적인 전파가 아닌, 쌍방향 문화 교류가 핵심이다. 한류가 일방적으로 전파되는 것이 아니라, 향유자와의 상호작용을 통해 끊임없이 재해석되고 재창조되는 역동적인 과정이라는 의미이다. K의 지평을 제대로 이해하기 위해서는 한국 문화의 맥락적 의미뿐만 아니라, 각 지역에서 어떻게 변용되고 재해석되는지를 주의 깊게 관찰하고 분석해야 한다. 이러한 접근으로 우리는 해외 향유자가 왜 특정 K-콘텐츠 혹은 K-콘텍스트에 열광하는지, 어떤 요소에 특별히 공감하는지를 더 잘 파악할 수 있다. 이러한 문화 전략은 단순히 한류 마케팅의 차원을 넘어, 진정한 소통과 교류의 기반을 마련하는 데 도움이 된다.

결론적으로, K의 지평 확장은 한국 문화의 세계화라는 단순한 개념을 넘어, 글로벌 문화 교류의 새로운 패러다임으로 읽어야 한다. 이것은 문화 생산자와 소비자, 입자와 파동, 원본과 해석 사이의 경계를 흐리게 하며, 문화적 대화와 융합을 가능케 한다. 이러한 관점에서 K-컬처는 한류의 미래 발전 방향을 제시하는 중요한 개념이며, 글로벌 문화 연구에 있어 새로운 장을 열어주는 확장된 한류 담론이라 할 수 있다.

한류의 진짜 주인공은 향유자

지금의 한류 열기는 한국인에게 뿌듯한 자부심을 안겨준다. 역사적으로 주변 강대국의 영향력 아래 있던 한국이 문화 콘텐츠로 세계적인 영향력을 발휘하게 된 것은 분명 우리에게 큰 의미가 있다. 그렇지만 한국인이 한류 현상의 진짜 주인공은 아니다. 한국인이 BTS를 좋아한다거나 K-드라마를 열렬히 시청한다고 해서, 아무도 이것을 한류라고 부르지 않는다. 한류는 외국인이 한국의 대중문화를 좋아하고 즐기는 문화 현상이다. 따라서 외국인 향유자의 수용과 문화 실천 양상을 중심으로 한류 현상의 풍경을 그려내는 것이 중요하다. 그동안의 한류 담론은 생산자 위주의 시각으로 치우쳤다는 것이 필자의 생각이다. 한류 현상에 대한 총체적이고 엄밀한 논의를 위해서는 향유자 관점이 무엇보다 중요하다. 이 책은 한류의 진정한 주인이라 할 수 있는 향유자의 시선에서 한류의 풍경을 그려냄으로써 한류에 대한 균형 잡힌 이해를 도모하고자 한다. 식상함을 넘어 새로운 통찰과 가치를 제공하는 것이 저술의 핵심 목표임은 분명하다.

한류 현상의 심층적 의미와 파급력을 이해하기 위해서는 외국인 향유자의 다양한 문화 실천 양상에 주목할 필요가 있다. 그러나 그들은 결코 단일한 범주로 묶이지 않는다. 각 국가와 지역마다 고유한 사회문화적 맥락이 존재하며, 개인의 취향, 세대, 계층에 따라서도 한류 향유 방식은 다양하게 나타난다. 예컨대 동아시아권에서는 문화적 근접성과 정서적 동질감에 기반한 반면, 서구권에서는 이국적이고 신선한 문화 경험으로서 한류가 소비되는 경향이 있다. 또한 10대 팬덤 문화를 중심으로 능동적이고 적극적인 한류 실천이 나타나는가 하면, 중장년층에서는 포스트모던 문화에 대한 관심의 연장선상에서 한류를 즐기는 모습도 볼 수 있다. 하지만 국가별, 세대별, 개인별 차이를 모두 세밀하게 다루기는 현실적으로 불가능하다. 그럼에도 한류 수용 과정에서 발견되는 핵심적인 특징과 사례들을 총체적인 관점에서 분석하는 작업은 반드시 필요하다. 이를 통해 한류의 인기 현상 이면에서 작동하는 문화 정경의 변화와 향유자의 능동성을 발견할 수 있기 때문이다.

구체적으로는 K-콘텐츠 팬덤에서 나타나는 향유자의 초국가적 네트워크와 문화 실천, 한류를 매개로 한 상호 문화 소통과 교류, K-콘텐츠 향유의 지속과 확장 등은 한류의 새로운 문화 정경을 이해하는 데 핵심적인 사례가 될 수 있다. 이러한 사례 분석을 통해 한류가 단순한 문화상품을 넘어, 어떻게 문화 정체성의 교섭(交涉)과 코스모폴리탄 공동체 의식의 형성에 기여하는지를 파악할 수 있다. 물론 사례 중심 연구가 한류 수용의 모든 국면을 포괄할 수는 없다. 그러나 중요한 계기와 전환점, 잠재된 흐름과 가능성을 포착함으로써, 한류라는 거시적 문화 현상을 심층적이고 입체적으로 이해할 수 있을 것이다. 요컨대, 한류의 다양한 수용 양상과 문화 실천을 구체적 사례를 통해 탐구하는 것은, 전 지구적 차원에서 전개되는 한류의 역동성과 의미를 읽어내는 중요한 작업이 될 것이다. 이것은 문화 현상으로서의 한류를 넘어, 21세기 문화 지형의 변화와 가능성을 가늠하는 시도이기도 하다.

21세기 새로운 문화 질서와 패러다임

한류는 본질적으로 혼종적인 한국 대중문화의 입자에 외국 수용자의 문화적 실천이 더해지면서 파동을 일으키는 문화 현상이다. 이러한 한류 문화 현상을 탐구하기에 말레이시아를 최적의 사례로 판단하였다. 말레이시아는 지극히 혼종적이며 외래문화에 대한 개방성이 뛰어난 나라이기 때문이다. 이 책에서는 말레이시아에서 한류 수용의 변화를 짚어보면서 향유자가 어떤 경험과 인식을 하는지, 그들의 문화 실천 양상을 파악하고자 한다. 아울러 디지털 환경이 한류의 문화 지형도를 바꾸었다면 과연 그 풍경은 어떠한지 포착하여 향후 지속가능한 한류를 구상하는 데에 의미 있는 통찰을 얻고자 한다.

필자는 한류를 단순히 한국의 대중문화가 전 세계적으로 확산되는 현상으로만 바라보지 않고, 한류 문화 현상을 전 지구화의 흐름을 통한 문화의 이동과 확산으로 이해한다. 그동안 지구촌의 초국적인 문화 흐름은 서구에서 비서구로 향하는 일방향 성격이 강했다. 그러나 한류는 동아시아에서 시작하여 전 세계로 퍼져나가는 새로운 문화 흐름을 보여준다. 이것은 기존의 문화 패권 구도를 변화시키며, 문화 다양성의 가치를 일깨우는 계기를 제공한다.

한류는 문화적 경계를 넘어서는 독특한 매력으로 전 세계적인 주목을 받고 있다. K-드라마는 복잡한 인간관계와 사회적 이슈를 다루는 정교한 스토리텔링으로 보편적 감성을 자극한다. 케이팝은 정교한 안무와 세련된 프로덕션으로 시청각적 즐거움을 제공한다. 〈오징어 게임〉은 자본주의 사회의 불평등이라는 보편적 주제를 창의적으로 다루어 전 세계적인 반향을 일으켰다. BTS와 블랙핑크는 뛰어난 퍼포먼스뿐만 아니라 팬들과의 소통으로 글로벌 팬덤을 형성했다. 소셜미디어를 통한 실시간 소통과 팬덤 문화의 형성은 한류 확산의 주요 동력이 되었다. 이것은 그동안의 전통적인 문화 전파 방식과 매우 다르다. 이러한 한류 콘텐츠의 성공은 단순한 문화적 현상을 넘어 더 큰 의미를 지닌다. 초국적 문화 흐름에 새로운 방향성과 가능성을 제시하기 때문이다. 디지털 환경, 개방적이고 유연한 문화 혼종 양상, 상호 소통의 기제 등은 기존의 문화 패권 구도를 넘어서는 한류만의 차별화된 특성이다. 또한 비주류 문화의 전 지구적 파급력은 한류가 갖는 문화 정치적 함의를 잘 보여준다. 이러한 맥락에서 한류는 21세기 새로운 문화 질서와 패러다임을 예고하는 선도적 사례로 주목받고 있다.

한류 정경의 발견

이 책에서 필자는 한류의 새로운 정경을 그려보고자 한다. 인간의 정경은 끊임없이 변화해왔다. 디지털 기술 혁신으로 인한 미디어 정경(mediascape)은 대중문화의 향유 방식을 혁명적으로 변화시켰다. 특히 OTT 서비스로 인해 이제는 언제 어디서나 콘텐츠를 자유롭게 향유할 수 있다. 특히 K-드라마는 글로벌 플랫폼의 등장으로 그 이전과는 전혀 다른 미디어 정경에서 향유된다. 〈오징어 게임〉이 글로벌 OTT 플랫폼이 아니라, 전통적인 방식으로 한국의 지상파나 극장에서 개봉된 후 해외로 배급되었다면 결코 지금과 같은 세계적인 반향을 얻을 수는 없었을 것이다. 글로벌 OTT 플랫폼의 확산은 전 세계 이용자가 동시에 균질한 문화 번역을 누릴 수 있게 하였다. 따라서 글로벌 OTT 플랫폼을 통한 전 지구화의 맥락 속에서 한국 드라마의 전 지구적 수용 현상을 이해해야 하는 것이다. 임종수(2023)는 지구화의 정경에서 OTT가 미디어 정경의 층위에 해당하지만, OTT라는 자동화된 미디어 기술의 전형을 형성했다는 점에서 기술 정경(technoscape), 글로벌 창작 자본의 흐름이라는 점에서 금융 정경(finanscape), 전 세계 지역의 이야기를 서사화했다는 점에서 인간 정경(ethnoscape), 그런 서사물을 통해 현실과 역사에 대한 시각을 계발한다는 점에서 이데올로기 정경(ideoscape)을 포함한다고 지적했다. 이렇듯이 정경은 엄격하게 분리되는 것이 아니라 상호 연계되어 서로 간섭하며 총체적인 그림을 완성하는 '부분의 총합'이다.

이 같은 맥락에서 한류 정경은 미디어 정경에서 촉발되었으나 인간 정경, 기술 정경과 어우러져 전체 풍경을 만들어낸다. 그런즉슨 한류 정경은 여러 정경이 상호 간섭하면서 연계되어 있는 복합적인 풍경이다. 정경은 공간에서 비롯되지만 시간과 상황을 포괄한다. 상황을 만들어내는 것은 향유자의 역능(力能)이다. 향유자는 자신이 처한 장(場)에서 생각하고 판단하며 문화적 실천을 통해 한류 정경의 진정한 주인공이 된다. 새로운 한류 정경은 지구촌 향유자의 다양한 목소리를 포용하고 그들의 '대화적 상상력'을 통해 끊임없이 변모하는 생성적 특질을 보여준다. 대화적 상상력은 러시아의 문학 이론가 미하일 바흐친이 제안한 개념으로 텍스트나 담론 내에서 다양한 목소리, 관점, 언어 스타일이 상호작용하며 의미를 생성하는 능력을 의미한다. 새로운 한류 정경은 배타적 애국주의와 민족주의를 넘어서, 타자에 대한 이해와 공감을 기초로 문화적 혼종성과 탈지역적 상상력을 겸비한 코스모폴리탄 한류 정경, 마니아 중심의 소집단 문화를 탈피하고 일상적으로 향유하는 팝 한류 정경, 취향이 존중받고 확장되는 취향 중심 한류 정경이다.

이러한 인식을 기초로 이 책은 K-콘텐츠와 K-콘텍스트 그리고 K-컬처를 수용하는 향유자 경험의 변화를 고찰하여 새로운 한류 정경을 읽어내고자 한다. 풍경의 변화를 포착하여 그 의미를 사유하고 통찰을 얻고자 하는 것이다. 이런 점에서 이 책은 없는 풍경을 만들어내어 그리는 것이 아니라 끊임없이 변모하는 문화 정경을 포착하는 것이므로 '정경의 발견'이라고 할 수 있겠다.

새로운 질문과 토론을 기대하며

이 책은 한류에 대한 기존 담론의 틀을 넘어 보다 입체적이고 통찰력 있는 분석을 시도한다. 이 책의 단초는 필자의 박사학위 논문에서 출발했다. 학위 논문이라는 형식은 때로 상상력과 표현의 자유를 제한하기도 한다. 엄밀한 학문적 규범과 형식적 제약 속에서 펼치지 못했던 생각들, 담아내지 못했던 이야기가 있었다. 이 책은 그 한계를 넘어서고자 하는 시도로 이해해주면 좋겠다. 학술적 언어 너머의 이야기, 데이터와 이론 사이에 숨어있던 직관과 통찰, 말레이시아라는 한류 현장에서 느꼈던 생생한 경험과 사례를 이 책에 담아내고자 한다. 특히 양자역학이나 변증법 등 자연과학 혹은 철학에서 개념을 차용해 쓴 것, K-콘텍스트나 한류의 다성성(多聲性) 등을 사변적으로 해석하고 서술할 수 있었던 것은 학술적 글쓰기의 틀을 벗어났기에 가능했다. 따라서 이 책을 새로운 상상력을 통해 한류에 관해 보다 풍부하고 다채로운 담론을 끌어내기 위한 시도로 봐주면 좋겠다. 필자의 졸고가 한류 문화 현상에 관해 새로운 질문과 토론을 촉발하기를 기대하면서, 현자의 비평과 책망을 겸허히 감당할 것이다.

이 책과 관련하여 꼭 언급해야 할 모임이 있다. 바로 K-콘텐츠 아카데미 포럼(KOCAF)이다. 한류는 단순히 '설계되지 않은 성공'이 아닌, 우리나라 근현대사의 산업화와 민주화의 여정에서 시련과 극복의 과정을 겪은 창작인들의 노력이 있었고 이를 통해 축적된 역량과 콘텐츠가 전 세계 한류 문화 향유자에게 수용되어 비로소 가능해진 문화 현상이다. 여기에 인식을 같이하는 K-콘텐츠 산업, 학계, 정책, 미디어 등 관련 분야에서 일하는 전문가들이 모여서, 한류의 선한 영향력을 지속가능하게 하기 위해 창작과 사업, 연구 활동과 정책을 종합적으로 고민하고 정보를 공유하는 과정에서 자생적으로 비영리 모임이 만들어졌다. KOCAF는 만들어진 지 1년이 채 안 된 포럼이지만, K-아카데미, K-포럼, K-콘텐츠 관련 기고 및 책자 발간 사업을 통해 한류 현상에 대한 비판적 성찰과 새로운 통찰을 찾고, 의미 있는 한류 담론을 제시하고자 하는 학회이자 동호회이며 필자가 애정을 가지고 참여하는 모임이다.

필자는 우리나라의 대표적인 공영방송사에서 30년 이상 일하면서 한류의 세계적 확산을 생생히 목격하고 미력이나마 힘을 보태어 온 경험을 바탕으로 이 책을 썼다. 비록 개인적으로 쓰는 책이지만, "창·제작자에게 영감과 상상을, 비즈니스 현장에는 전략과 방법론을, 연구자에게는 전망과 통찰을, 정책 담당자에게는 기획과 비전을, 수용자에게는 향유의 지속과 확장을 제공"하고자 하는 KOCAF의 노력에 함께하고자 하는 필자의 실천 의지로 생각해주면 좋겠다.

이 책의 해제를 써주신 정길화 원장님은 KOCAF를 기획하고 필자를 비롯한 여러 동인을 불러 모아 의기투합하게 한 창립자이다. 한류 현장에서 오랫동안 일하시고 누가 뭐라 해도 가장 폭넓은 한류 지식과 네트워크를 갖고 계신 한류의 구루(guru)다. 존경과 감사의 인사를 올린다.

아울러 필자가 평소에 흠모하고 존경하는 여러 분께 추천사를 부탁드렸다. 이 책은 이분들의 작품과 활동에 크게 영향 받은 것임을 밝혀둔다. 고삼석 교수님은 방송과 통신의 한류 관련 정책에 오랫동안 관여하시고 국회엔터테크포럼을 주도하면서 K-콘텐츠와 미디어, ICT 정책을 고민하고 실천하시는 분이다. 김윤지 박사님은《한류 외전》의 저자다. K-컬처 문화산업의 역동적인 역사와 토양에 대해 깊은 관심과 혜안을 갖고 계신다. 김태식 교수님은 말레이시아 현장에서 연구하시면서 현지 한류의 일상성에 대해 생생한 경험을 전달해주셨다. 김치호 교수님은 필자의 박사학위 지도교수로 많은 가르침과 격려를 주셨다. 그는 KOCAF 초대 회장으로서 아카데미와 현장을 촘촘히 연결하는 모범을 보여주신다. 이성민 교수님은 그야말로 총명한 연구자, 치밀한 분석가다. 말레이시아 언론 담론을 정리하면서 그의 통찰과 제언에 많이 의지하였다.《한류가 뭐길래》를 출간하신 심두보 교수님은 풍류를 즐기는 댄디한 멋쟁이지만 그 누구보다도 엄밀한 한류 연구자다. 이 책의 초고를 읽고 꼼꼼히 감수를 해주셨고, 그의 조언에 의지하여 고쳐 쓰기를 거듭했다. 한류의 다성성에 관한 힌트도 주셨다. 친구 심 교수님께 특별히 감사드리는 이유다. 조영신 박사님과는 최근에 중국에서 대학생들에게 함께 특강을 진행했다. 그는 콘텐츠만 좁게 바라보지 않는다. AI 일상화와 플랫폼을 얘기하면서 무엇보다 시장에 바탕을 두고 산업을 이해하고자 한다. 그의 통찰이 필자의 시각을 크게 확장해주었음은 물론이다. 홍석경 교수님은 그야말로 한류 연구의 중심에 계시는 분이다. 한류 담론 생성에 있어서 활약과 권위가 눈부시다. 필자의 졸고에 날카로운 비평 대신 격려해 주시기로 마음먹은 것 같다. 진심으로 감사드리며 향후에도 한류 연구와 실천에 든든한 나침반 역할을 부탁드리고자 한다.

그러고 보니 추천사를 써주신 모든 분이 KOCAF 멤버이다. 감사드려야 할 KOCAF 멤버가 더 있다. 우선, 도서출판 사우의 문채원 대표다. 사우에서 출간한《도시로 보는 동남아시아사》를 읽고 곧바로 이 출판사에서 책을 내고 싶다는 생각이 들어 만남을 청했다. 문 대표님은 직관적으로 출간 결정을 내리셨다. 고백건대, 문 대표님의 전문적인 식견과 창의적인 제안이 이 책을 한층 더 풍성하고 읽기 쉽게 만들어주었으며 완성도를 제고해주었다. 또 다른 KOCAF 멤버 홍성아 선생께 감사드린다. 그녀는 말레이시아에서 연구하는 신진 학자다. 현지 언론의 한류 담론 분석과 심층 면접에 실질적으로 큰 도움을 주셨다. 본서에서 사용한 사진 중 따로 명기하지 않은 것은 모두 홍 선생이 직접 찍어 제공해준 것이다. 홍성아 선생님의 공헌을 크레딧(credit)하며 고마운 마음을 전한다.

한편 이 책은 방송문화진흥회의 저술 지원으로 출간하게 되었음을 밝힌다. 필자의 전작 《콘텐츠가 너희를 자유롭게 하리라》(2019)에 이어 두 번이나 '방송문화진흥총서'로 선정하여 주셔서 큰 영광이자 격려로 여기고 심심한 감사를 드린다.

마지막으로 나의 파트너 J에게 감사의 마음을 전한다. 그녀는 피상적 개념으로서의 한류가 아니라 현실에서 동작하고 있는 실체로서 한류를 얘기해야 한다고 늘 곁에서 조언한다. 그녀는 책 쓰는 것도 중요하지만 먼저 실천하는 인간이 되는 게 중요하다고 강조한다. 내가 늘 긴장하는 이유다. 그러면서 벌써 다음 책을 기대하고 있단다. 내가 게으를 수 없는 이유다.

모두 모두 눈물 나게 감사드린다.

2024년 12월

배기형

1장

K의 문화지형과 × 한류 담론의 확장

●○●

한류는 세계화 시대의 독특한 문화 현상으로, 한국 대중문화가 세계적으로 수용되는 과정 혹은 현상을 말한다. 이 현상은 단순한 문화상품의 전파를 넘어 복합적이고 다차원적인 특성을 보인다. 한류는 개별 요소(입자)와 전체적 흐름(파동)의 이중성을 지닌다. 개별 콘텐츠나 한류 스타는 입자의 성격을, 전반적인 문화 경향과 영향력은 파동의 성격을 띤다. 이 두 측면은 상호보완적으로 작용하여 한류의 복잡성을 형성한다.

K-콘텐츠는 단순히 한국에서 제작된 문화 상품을 넘어, 글로벌 수용자가 인식하고 경험하는 한국 스타일의 콘텐츠를 지칭한다. 따라서 K-콘텐츠는 '한국성(Koreaness)'과 글로벌 보편성이 융합된 독특한 정체성을 가진다. 한편 K-콘텍스트는 한류의 파동적 측면을 대표한다. K-콘텍스트는 한국의 문화적 맥락과 생활양식에 대한 깊이 있는 이해와 공감, 그리고 이를 자신의 삶에 적용하려는 시도를 포괄한다. 한류의 핵심은 수동적 수용이 아닌 능동적 향유에 있다. 한류 팬들은 단순히 한국 문화를 받아들이는 것이 아니라, 자신의 맥락에서 재해석하고 새로운 의미를 부여한다. 따라서 한류의 확산은 콘텐츠 자체의 매력뿐만 아니라 향유자의 적극적인 참여와 실천에 기인한다. 소셜미디어를 통한 공유, 2차 창작, 한국어 학습 등 다양한 문화적 실천이 한류의 영향력을 증폭시킨다. 따라서 한류는 고정된 실체가 아닌 끊임없이 변화하고 재구성되는 과정으로, 문화 간 경계를 넘나드는 혼종성을 보여준다.

K-컬처는 한류에 기반하여 새로운 문화적 패러다임으로 진화했다. K-컬처의 주요 특성은 수월한 접근성과 창조적 문화 융합, 향유자의 능동적 참여와 실천이다. 이러한 특성이 상호작용하면서 K-컬처는 글로벌 문화 흐름의 새로운 모델이 되고 있다. 결론적으로 한류는 일방향적 문화 전파가 아닌 상호 교류의 과정이다. 새로운 한류 정경은 문화 민주주의와 다양성 증진에 기여하며, 글로벌 문화 현상의 새로운 모델을 제시한다. 이 장을 통해 K-담론의 지평을 확장하고 한류에 대한 새로운 시각과 통찰을 얻을 수 있기를 기대한다.

1. 양자역학의 원리로 들여다본 한류

세계화의 진전은 문화의 이동과 융합을 가속화했다. 케이팝과 드라마를 중심으로 한류 콘텐츠가 전 지구적으로 인기를 얻으며 수용되는 현상은 지구화 시대의 글로컬한 문화 이동과 융합의 좋은 사례다. 한류는 입자와 파동의 성격이 공존한다. 입자 형태로 전파되는 한국의 대중문화 텍스트가 파동 형태로 진동하게 되는 것은 향유자의 문화 실천 덕분이다. 문화 수용자가 계속해서 한류 콘텐츠를 향유하고자 할 때 파동은 역동성을 얻게 된다.

애초 일부에서는 한류를 일시적인 거품이나 가까운 이웃 나라에서나 통하는 국지적인 현상으로 치부했지만, 벌써 30년 가까이 열기를 더하면서 이제 아시아를 넘어 전 지구촌에서 전개되는 초국적인 문화 현상으로 자리 잡았다. 한류는 비서구 기반의 문화 현상으로서 전 지구적 문화 흐름에 있어서 전례 없이 독특하고도 주목할 만한 현상이다. 아울러 우리에게는 한국이 강력한 문화 발신국이 되었다는 자부심을 갖게 해주는 것도 사실이다. 그렇지만 애국주의적 흥분을 자제하고 이 놀라운 문화 현상의 의미와 이를 가능하게 한 조건을 엄밀하게 논의하고 탐구해야 할 시점이다.

입자와 파동의 한류 문화 현상

한류 문화 현상의 복잡성과 이중성을 포착하는 실마리는 바로 한류의 양자역학적 속성, 다시 말해 입자와 파동의 문화 현상을 이해하는 데에서 찾을 수 있다. 입자는 독립적으로 존재하며 고유한 속성을 가지는 개별적 실체다. 파동은 소리나 물결처럼 매질을 통해 전파, 전달되는 에너지의 흐름이다. 입자와 파동은 상호 배타적인 개념처럼 보이지만, 양자역학에서는 이 둘이 상호보완 관계에 있다고 본다. 이것을 파동-입자 이중성(Wave-Particle Duality)이라고 하며, 빛과 물질이 상황에 따라 입자적 특성과 파동적 특성을 모두 나타낼 수 있음을 의미한다. 이러한 입자와 파동의 개념은 물리학뿐만 아니라 한류 문화 현상에서도 은유적으로 차용할 수 있다. 한류 현상을 설명할 때, 개별적이고 독립적인 요소들의 집합을 입자적 속성으로, 전체적이고 연속적인 흐름을 파동적 속성으로 이해할 수 있는 것이다. 이것은 복잡한 문화 현상을 이해하는 데 있어 상호보완적인 관점이 필요하다는 것을 시사한다.

먼저 입자적 관점에서 한류는 개별 콘텐츠, 스타, 상품 등 구체적이고 개별적인 문화 요소의 총합으로 이해할 수 있다. 한류 확산 과정에서 케이팝, K-드라마, K-뷰티 등 특정 장르와 브랜드가 두드러지게 부각되는 현상은 한류의 입자적 속성을 보여준다. 케이팝 아이돌, 드라마 속 문화 요소, 뷰티 제품, 웹툰 작품, 한식 메뉴, 한국어 표현 등 다양한 개별적 문화 요소와 텍스트를 통해 입자적 속성은 구체화된다. 이러한 입자들은 한국 대중문화의 개성과 매력을 직접 전달하며, 전 세계인이 한류를 즐기고 체험하는 접점이 된다. 각각의 입자는 텍스트의 성격을 지닌다. 즉, 텍스트로서 고유한 의미와 형식을 지니며, 다른 텍스트와 구분되는 독립적 실체로 존재한다.

한편 콘텐츠는 개별 텍스트가 모여 연결과 흐름을 통해 만들어내는 전체적인 내용이나 메시지로 이해할 수 있다. 콘텐츠는 개별 텍스트의 의미를 넘어서는 전체적인 주제, 감성, 분위기 등을 전달하기에 입자적 속성과 파동적 속성을 동시에 지닌다고 볼 수 있다. 이것은 콘텐츠가 개별적이고 독립적인 실체로 존재하면서도, 동시에 다른 콘텐츠 및 사회문화적 맥락과 상호작용하며 전체적인 흐름을 형성하기 때문이다. 개별 콘텐츠는 고유한 내용, 형식, 스타일 등을 지닌 독립적 실체로 존재하기에 입자적 속성을 지닌다. 즉 영화, 드라마, 음악, 게임 등 각각의 콘텐츠는 텍스트, 이미지, 사운드 등의 요소로 구성된 개별 작품으로 인식될 수 있다. 콘텐츠 제작자는 창의적 아이디어와 기술을 통해 개별 콘텐츠의 독창성과 완성도를 추구하고, 향유자는 개별 콘텐츠를 소비하는 과정에서 콘텐츠의 특성과 의미를 인지하고 평가한다. 그렇지만 콘텐츠는 동시에 파동적 속성을 지닌다. 개별 콘텐츠는 다른 콘텐츠와 연계, 참조, 융합하면서 상호 텍스트적 관계를 형성하기 때문이다. 장르, 주제, 스타일을 공유하는 콘텐츠는 파동처럼 특정한 경향이나 흐름을 만들어낸다. 아울러 콘텐츠는 사회문화적 담론, 가치관, 미의식과 상호작용하며 의미망을 구성한다. 따라서 향유자는 개별 콘텐츠를 넘어 콘텐츠 간의 연결과 흐름을 인지하고, 이를 통해 문화적 감수성과 해석의 지평을 확장한다.

콘텍스트(context)는 텍스트와 콘텐츠를 둘러싼 맥락, 배경, 상황 등을 포괄하는 개념으로, 텍스트와 콘텐츠의 의미를 규정하고 해석을 유도하는 파동적 속성을 지닌다. 사회적, 문화적, 역사적 맥락은 텍스트와 콘텐츠에 영향을 미치며, 그 의미를 역동적으로 구성하기 때문이다. 한류 현상의 파동적 속성은 개별 콘텐츠나 요소가 모여 형성하는 전체적인 흐름, 경향, 정서를 의미한다. 이것은 한류를 구성하는 다양한 텍스트와 콘텍스트가 상호작용하며 만들어내는 파장이라고 볼 수 있다. 케이팝의 역동적 퍼포먼스, K-드라마의 가슴 설레게 하는 로맨틱 감성은 한류의 파동을 구성하는 주요한 코드로 작용한 것이다. K-콘텐츠는 국경을 넘어 전 세계 수용자에게 동시다발적으로 소비되며, 글로벌한 문화적 파장을 일으켰다. 한류 스타에 대한 팬덤 현상, 한국 문화에 대한 호감과 관심은 초국가적 공감과 정서적 연대의 흐름을 만들어낸 것이다.

한류의 파동적 속성은 한류가 한국적 라이프스타일, 가치관, 미(美) 의식 등을 전파하며 수용자의 삶에 영향을 미치는 데에서 잘 드러난다. K-푸드에 대한 관심, K-패션과 K-뷰티의 유행, 한국어 학습 열풍은 한류가 일상문화의 변화를 추동하는 파동적 효과를 보여준다. 한류가 경제적 파급 효과를 확산시키는 동력은 바로 파동의 힘인 것이다. 문화산업이 파동적 흐름을 형성하면서 한국에 대한 매력과 호감도가 동반 상승하고 있으니, 이 또한 한류의 문화 외교적 파장이라 할 수 있겠다. 이처럼 한류의 파동적 속성은 초국가적 소비, 일상 문화의 변화, 경제적 파급력, 국가 브랜딩 등 다양한 층위에서 나타나는 총체적인 문화 현상을 포괄한다. 한류는 개별 콘텐츠의 힘을 넘어, 이들이 모여 형성하는 문화적 흐름과 파장을 통해 글로벌 문화지형을 변화시키고 새로운 가치를 창출하고 있는 것이다.

수용자에서 향유자로

그동안 한류는 한국 대중문화 상품의 해외 '수출'이라는 산업 측면에 치우쳐 논의되어 왔다. 이에 반해 문화연구자들은 한류를 '수용'으로 보는 시각으로 전환시킨다. 한류를 문화 수용 현상으로 보는 관점은 한류가 수용자의 문화적 토양과 상호작용하며 변용되고 재해석되는 과정에 주목한다. 이것은 한류가 일방적으로 전파되는 것이 아니라, 수용자의 능동적 해석과 전유(專游)를* 통해 새로운 의미와 가치를 획득하는 것을 의미한다. 일본, 중국, 동남아시아 등 이웃 아시아 국가뿐만 아니라 북미나 유럽에서의 한류 수용은 각국의 문화적 특수성과 사회적 맥락에 따라 다양한 양상으로 전개되었으며, 이 과정에서 한류는 현지화되고 변형되었다. 한류 현상을 수용으로 보는 관점은 한류가 단일한 문화 실체가 아니라 상황과 맥락에 따라 다른 모습으로 나타나는 역동적 현상임을 시사한다. 이러한 관점은 매우 중요한 의미를 지닌다. 이것은 한류가 단순히 한국의 대중문화를 다른 나라에 전파하는 일방적인 과정이 아니라, 해외 수용자가 능동적으로 한국 문화를 받아들이고 향유하는 현상이라는 것을 뜻하기 때문이다. 이 같은 맥락에서 이 책에서는 한류 현상의 진짜 주인공을 외국의 향유자로 규정하여 더욱 적극적인 의미를 부여하고자 한다.

필자는 '수용' 혹은 '수용자'라는 표현은 여전히 다소 수동적인 뉘앙스를 풍길 수 있으며 문화 향유자를 타자화할 위험이 있다고 판단한다. 물론

* 문화적 전유(專有, cultural appropriation)는 타 문화의 정체성 요소를 그 문화적 맥락과 무관하게 차용하는 경우에 대해 비판적으로 사용되는 개념이다. 예를 들면 성스러운 종교적 상징이나 원주민의 전통의상을 원 문화의 맥락을 무시하고 패션 아이템으로 사용하는 경우가 이에 해당한다. 그렇지만 필자가 말하는 문화 전유(專游)는 문화 간 교류와 창조적 재해석의 과정을 강조하는 것으로, 외래문화의 요소를 단순히 모방하는 것이 아니라, 수용자가 자신의 문화적 맥락 안에서 새로운 의미를 부여하고 재창조하는 역동적인 과정을 의미한다. 이러한 문화적 전유는 글로벌 시대의 자연스러운 문화 현상으로, 단순한 차용을 넘어 문화 간의 소통과 재창조를 통해 새로운 문화적 가치를 창출하는 적극적이고 생산적인 실천으로 이해할 수 있다.

학자들이 말하는 적극적인 수용 개념은 문화를 단순히 받아들이는 것을 넘어 자신들의 삶 속에서 재해석하고 새로운 의미를 부여하여 즐기고 체험하는 능동적인 과정을 포괄한다. 용어 선택에 있어서, 언어의 뉘앙스는 그 개념에 대한 이해와 태도에 영향을 미친다. 따라서 문화 소비자를 적극적인 참여자로 인식하는 패러다임 전환을 반영하고, 한류라는 복합적인 문화 현상을 입체적으로 이해하기 위해서는 '향유자'와 '수용자'라는 두 가지 렌즈를 적절히 활용할 필요가 있다. 강조점과 분석 수준에 따라 두 개념을 전략적으로 선택함으로써, 한류에 대한 이해를 더욱 심화시킬 수 있을 것이다. 문화 수용자에서 문화 향유자로 전환하는 것은 문화 현상에 대한 일방향성을 소거한다. 즉, 문화 생산자와 수용자 간의 상호작용보다 향유자의 참여 문화적 성격을 강조한다. 향유자 개념은 문화에 대한 접근, 참여, 창조의 권리를 포함하는 더 포괄적인 권리 개념을 지지한다. '향유자' 렌즈를 통해 한류 '수용'을 바라보는 것은, 문화 교류의 쌍방향성과 역동성을 포착하고, 문화 실천의 창의적이고 생산적인 힘을 인정하는 관점이라 할 수 있다.

사실 모든 문화 현상은 그 자체로 존재하거나 독립적으로 고립되어 있지 않다. 이 책에서 필자는 한류를 문화 향유자 맥락에서 주목할 때 비로소 제 의미를 찾을 수 있는 변증법적 현상으로 파악한다. 결국 한류 현상의 주체를 향유자로 규정하는 것은 그들의 능동성과 창의성을 인정하고, 문화 교류의 쌍방향성을 강조하는 데 의의가 있다. 이것은 한류라는 현상을 정치적으로 올바르게 이해하는 데에 매우 혁신적인 전환점을 제공하며 한류를 더욱 역동적이고 지속가능한 문화 현상으로 이해하는 데 기여할 것이다.

파동을 만드는 향유자의 문화 실천

한류는 한국 대중문화의 알갱이가 향유자의 문화 실천으로 파동을 일으키는 현상이다. 따라서 한류 문화 현상을 제대로 이해하고 분석하려면 개별 콘텐츠에 대한 미시적 접근뿐만 아니라 향유자의 사회 문화적 맥락에 대한 거시적 조망이 필요하다. 한류의 파동적 속성에 주목함으로써 한류의 본질과 의의를 더 심층적으로 파악할 수 있기 때문이다. 한류의 글로벌한 확산과 영향력은 단순히 개별 콘텐츠의 우수성만으로 설명될 수 없는 복합적 문화 현상이다.

케이팝, 드라마, 영화, 예능 등 개별 장르와 콘텐츠는 고유한 문화 코드와 매력을 지닌 입자로서 존재한다. 그러나 이들이 한류라는 거대한 물결로 발전할 수 있었던 것은 전적으로(!) 향유자의 선택과 지지 덕분이다. 한류의 입자적 요소들이 파동적 흐름으로 증폭되는 과정에서 향유자는 결정적인 역할을 한다. 전 세계 팬들은 한류 콘텐츠를 열광적으로 소비하고 향유하는 한편, 능동적으로 콘텐츠를 공유하고 확산시키는 주체로 기능했다. 특히 디지털 미디어와 소셜 네트워크의 발달은 한류 향유자의 자발적 참여와 상호작용을 극대화했다. 팬들은 한류 콘텐츠를 단순히 시청하는 데 그치지 않고, 온라인 커뮤니티에서 콘텐츠에 대한 의견과 감상을 공유하며 문화적 담론을 생성해냈다. 또한 팬아트, 팬픽션, 커버 댄스 등 다양한 2차 창작물을 제작하고 유통함으로써 한류 콘텐츠의 의미망을 확장하고 새로운 파동을 만들어낸 것이다.

한류 팬들은 콘텐츠를 매개로 한국 문화 전반에 대한 관심과 호감을 드러내며 문화적 실천 영역을 넓혀나갔다. 향유자의 능동적 문화 실천은 한국 문화의 가치를 높이고 한류의 지속가능성을 담보하는 토대가 되고 있다. 결국 한류의 입자적 요소가 모여 광범위한 파동을 형성할 수 있었던 것은 수많은 향유자의 자발적이고 열정적인 참여가 있었기에 가능한 일이었다. 한류 팬들은 아이돌의 노래를 따라 부르고, 댄스를 커버하며, 드라마 속 패션을 모방한다. 이러한 문화적 실천은 자연스럽게 주변인들에게 한류 콘텐츠를 전파하고 확장하는 효과가 있다. 또한 팬들은 자발적으로 콘텐츠를 번역하고 자막을 제작하여 언어 장벽을 허문다. 그들은 한국 문화에 대한 이해와 애정을 바탕으로, 더 많은 사람이 한류를 즐길 수 있도록 노력한다. 이들의 문화 실천은 한류 콘텐츠의 접근성을 높이고 저변을 확대하는 데 크게 기여한 것이다. 이들의 팬덤 문화도 주목할 만하다. 팬들은 한류 스타를 응

말레이시아에서 열린 한국어 말하기 대회 모습

원하고 지지하기 위해 조직적으로 활동한다. 이것은 단순히 콘텐츠 소비를 넘어 문화 참여로 이어지며, 한류의 영향력을 강화하는 요인이 된다. 한류 팬들은 콘텐츠의 수동적 소비자가 아닌, 한류의 흐름을 이끌어가는 능동적 주체로 자리매김한 것이다. 이것은 향유자가 문화 현상의 방향과 가치를 결정하는 핵심 주체임을 보여주는 동시에, 앞으로도 한류의 지속 가능성을 위해서는 향유자와의 소통과 상호작용이 필수임을 시사한다.

한류는 직류가 아닌 교류

한류의 세계적 확산 현상을 설명하는 데 있어, 향유자의 능동적 참여와 문화적 실천이 핵심 역할을 한다는 점은 문화 현상을 바라보는 데 있어 구조주의적 관점을 넘어, 개인의 주체성과 능동성을 중시하는 포스트모더니즘적 시각과도 맞닿아 있다. 한류 팬들은 단순히 주어진 콘텐츠를 수동적으로 소비하는 것이 아니라, 자신의 해석과 가치를 부여하며 새로운 문화적 실천을 만들어가는 주체다. 문화 현상을 바라보는 구조주의적 관점은 개별 요소들보다 전체 구조와 체계에 초점을 맞추는 시각이다. 구조주의에서는 문화를 구성하는 다양한 요소가 서로 유기적으로 연결되어 전체를 이룬다고 본다. 이때 개별 요소의 의미는 그것이 전체 구조 내에서 차지하는 위치와 관계에 의해 규정된다고 보는 것이다.

이러한 구조주의적 관점은 문화를 객관적이고 보편적인 체계로 바라보려 한다는 점에서 의의가 있다. 각각의 문화 요소를 별개로 보는 것이 아니라, 전체적인 구조와 질서 속에서 파악하고자 하는 것이다. 하지만 한편으로는 지나치게 도식화된 분석이 될 수 있고, 문화의 역동성과 주체들의 능동성을 간과할 수 있다. 특히 한류는 단순히 한국 내에서만 의미를 갖는 것이 아니라, 전 세계 향유자와의 상호작용 속에서 새로운 의미를 만들어가기 때문이다. 따라서 구조주의를 넘어 문화 주체들의 능동성과 실천에 주목하는 관점이 필요하다. 이것은 포스트모더니즘적 관점에서 보는 한류 파동에 대한 이해다. 즉 한류가 일방향으로 전파, 확산된 것이 아니라 다양한 주체 간의 역동적 상호작용을 통해 이루어진다는 점에 주목하는 것이다. 포스트모더니즘은 모더니즘의 보편성과 통일성에 대한 회의에서 출발하여, 다양성과 차이, 주체의 능동성을 강조하는 사상적 경향이라 할 수 있다.

한류 문화 현상을 바라볼 때도 고정된 의미나 일방향적 흐름보다는 다양한 해석과 실천의 가능성에 주목할 필요가 있다. 한류 파동을 이러한 관점에서 본다면, 한류는 한국이라는 중심에서 주변부로 전파되는 것이 본질이 아니라 '글로벌 향유자에 의해 다양한 방식으로 해석되고 전유되는 과정이 핵심'이라고 할 수 있다. 즉, 한류의 의미와 가치는 고정되어 있는 것이 아니라 상호작용 속에서 끊임없이 재구성된다는 것이다. 실제로 한류 팬들은 단순히 주어진 콘텐츠를 소비하는 데 그치지 않고, 자신들의 문화적 맥락에서 이를 해석하고 새로운 의미를 부여한다. 또한 2차 창작물을 만들거나 온라인 커뮤니티 활동을 통해 적극적으로 한류를 향유하고 재생산하기도 한다. 이 과정에서 한국 문화와 현지 문화 간의 혼종이 일어나며, 한류는 더 이상 한국만의 문화가 아닌 초국가적인 문화 현상으로 거듭난다. 한류 파동설의 포스트모더니즘적 해석은 이처럼 한류를 둘러싼 다양한 주체들의 능동적 실천과 문화적 잡종성(雜種性)에 주목한다.

이러한 관점에서 볼 때, 한류는 직류(直流)가 아니라 교류(交流)다. 전기에서도 직류는 전류 방향이 일정하고 전류가 흐르면서 전압의 변동이 없다. 그렇지만 교류는 전자가 방향을 바꾸어가면서 왔다 갔다 움직이는 것이다.

따라서 교류는 주파수를 가지며 전압이 수시로 변경된다. 한류 현상을 주파수와 파동 개념으로 비유적으로 이해할 수도 있다. 한류 콘텐츠의 영향력이 파동의 진폭이라면, 특정 문화권이나 국가에서 한류가 특히 인기를 얻는 현상은 공명(共鳴)이라 할 수 있다. 이것은 해당 지역의 문화적 '고유 주파수'와 한류 콘텐츠의 '주파수'가 일치하여 큰 반응을 일으키는 것으로 볼 수 있다. 이러한 비유는 한류 현상의 다양한 측면을 새로운 관점에서 바라볼 수 있게 해주는데, 중요한 것은 한류가 일방향적인 문화 전파가 아닌 상호 소통의 과정이라는 것이다.

한류 팬들은 한국 문화를 자신의 맥락에서 해석하고 수용하면서, 동시에 그들 고유의 문화적 정체성을 한류와 접목시킨다. 이 과정에서 한국 문화와 현지 문화 간의 혼종화가 일어나고, 새로운 문화적 의미와 가치가 탄생하게 된다. 이것은 문화 간 경계를 넘나드는 혼종성으로 설명할 수 있으며, 문화의 다양성과 역동성을 보여주는 사례라 할 수 있다.

나아가 한류 향유자의 자발적 참여와 문화적 실천은 문화 민주주의의 이상과도 맞닿아 있다. 문화 민주주의란 모든 사람이 문화 생산과 향유에 참여할 권리를 강조하는 개념으로, 문화의 다양성과 주체성을 중시한다. 한류 팬들은 자신들의 취향과 가치를 적극적으로 표현하고, 문화 콘텐츠의 생산과 유통에도 능동적으로 참여한다. 이것은 대중문화가 특정 집단에 의해 일방적으로 주어지는 것이 아니라, 다양한 주체들의 상호작용 속에서 만들어지는 것임을 보여준다.

입자와 파동의 상호작용 혹은 양자 중첩의 한류

개별 콘텐츠의 독창적 특성(입자적 속성)은 장르, 미디어, 사회문화적 흐름(파동적 속성) 속에서 의미를 획득하고 해석된다. 파동적 흐름을 형성하는 콘텐츠 경향(傾向)은 개별 콘텐츠의 기획, 제작, 유통에 영향을 미치며, 새로운 콘텐츠의 창발을 촉진한다. 한류 사례에서 보면, 개별 케이팝, 드라마, 영화는 고유한 특성을 지닌 입자로서 존재하지만, 동시에 한류라는 문화적 흐름을 구성하는 파동의 일부로서 기능한다. 개별 한류 콘텐츠는 '한국적인 것'이라는 정체성, 정서, 스타일을 공유하며 하나의 흐름을 이루는 한편, 각 콘텐츠의 독특한 매력과 완성도가 전체 한류 콘텐츠의 경쟁력과 파급력을 높이는 데 기여한다는 것이다.

이처럼 콘텐츠의 입자성과 파동성에 대한 이해는 개별 콘텐츠의 특수성과 보편성을 동시에 고려하고, 콘텐츠와 문화 현상 간의 역동적 상호작용을 포착하는 데 유용한 관점을 제공한다. 아울러 한 걸음 더 나아가 양자 중첩 개념을 빌려 한류 문화 현상을 이해하는 것도 가능하다. 양자 중첩은 양자역학의 핵심 개념으로, 어떤 물리량이 둘 이상의 고유 상태로 동시에 존재할 수 있음을 의미한다. 이것을 한류 현상에 빗대어보면 다음과 같이 정리할 수 있다.

한류 수용의 문화적 속성과 입자/파동적 속성은 별개가 아니라 상호 연관되어 있다. 한류가 수용자의 문화적 토양과 상호작용하며 향유되는 현지화 과정, 즉 문화 전유 과정은 곧 한류의 입자적 요소가 현지의 파동적 흐름과 만나 새로운 의미와 감성을 만들어내는 과정이기도 하다. 가령 케이팝이 현지 음악 장르와 융합하거나, K-드라마가 현지 정서에 맞게 변용되는 사례는 한류의 입자적 요소와 파동적 요소가 상호작용하는 지점을 보여준다.

양자 중첩의 한류 문화 현상	
한류의 혼종적 정체성	'한국적'인 것과 '글로벌'한 이중적 정체성을 갖고 있음
	케이팝은 한국어 가사와 한국의 음악적 감성과 멜로디를 바탕으로 하면서도, 힙합, 일렉트로닉 댄스뮤직(EDM), 리듬앤블루스(R&B) 등 다양한 외래 대중음악의 장르를 흡수, 수용하며 혼종적 특성을 보임.
	K-드라마도 한국의 정서와 가치관을 바탕으로 할리우드, 일본 드라마의 장르적 관습이 차용되고 변주됨.
	K-콘텐츠의 이중성은 마치 양자중첩 상태처럼, 한류가 로컬과 글로벌의 경계를 넘나드는 문화적 융통성을 지니고 있음을 시사함.
개별성과 총체성의 공존	한류를 구성하는 개별 콘텐츠와 장르는 독자적으로 입자적 특성을 지니면서도, 동시에 '한류'라는 총체적 파동 현상의 일부로 기능함.
	마치 양자중첩 상태에서 개별 양자가 독립적 성질을 유지하면서도 전체 시스템의 상태에 기여하는 것처럼, 개별 한류 콘텐츠는 한류 전체의 이미지와 브랜드 가치를 형성하는 기반이 됨.
수용과 참여의 병존	한류 팬덤은 콘텐츠의 수동적 수용과 능동적 참여라는 이중적 태도를 동시에 보임.
	한류 드라마나 예능을 시청하는 행위는 콘텐츠 수용에 해당하지만, 팬들의 2차 창작, 온라인 토론, 플래시몹 등은 적극적 참여 양상을 띰.
	이것은 마치 관찰 이전의 양자가 파동 함수의 중첩 상태로 존재하다가, 관찰에 의해 특정 상태로 결정되는 것과 유사한 이중성으로 해석될 수 있음.
문화적 확산과 변화의 불확정	한류의 향후 전개 양상은 다양한 요인의 상호작용에 의해 결정되는 불확정적 과정임.
	개별 콘텐츠의 성공, 정책적 지원, 현지 문화와의 상호작용, 미디어 환경 변화 등 복합적 변수가 한류의 방향과 영향력을 좌우함.
	양자 시스템의 측정 결과가 확률적으로 결정되는 것처럼, 한류의 미래 역시 다양한 가능성이 공존하는 열린 과정으로 이해할 수 있음.

요컨대 한류의 수용 문화적 속성과 입자/파동적 속성은 한류의 복합적이고 역동적인 측면을 조명하는 상보적 관점이다.

물론 이러한 비유는 어디까지나 개념적 유사성에 기반한 것으로, 양자역학의 엄밀한 원리가 한류라는 문화 현상에 곧이곧대로 적용되지는 않을 것이다. 문화 현상을 이해하는 데 자연과학의 개념을 차용하는 것은 흥미로운 접근 방식이 될 수 있지만 복잡한 문화 현상을 지나치게 단순화하거나 기계적으로 해석할 위험이 있다. 문화는 본질적으로 감정, 의지, 창의성 등

정량화하기 어려운 요소가 많아 자연과학적인 방법론으로 완전히 설명하기는 어렵다. 그럼에도 불구하고, 이러한 접근은 사고를 확장하고 새로운 관점을 제시하는 데 도움이 될 수 있다. 양자역학 개념을 통해 한류 현상을 바라보는 것은 문화의 복잡성과 상호 연결성, 예측 불가능한 특성을 인식하는 데 도움을 줄 수 있으며, 이것은 문화 현상을 하나의 생태계로 바라보고 다양한 요소 간의 상호작용을 더욱 포괄적으로 이해하는 데 기여한다.

입자와 파동이 중첩한다는 개념은 한류를 한국 대중문화의 해외 진출로만 보는 편협한 시각에서 벗어나 다면적이고 역동적인 현상으로 바라볼 것을 제안한다. 한류의 이중성, 개별 콘텐츠와 전체 흐름의 상호작용, 수용과 참여의 병존, 그리고 향후 전개의 열린 가능성 등을 포괄하는 관점은 한류를 더 입체적으로 이해하는 데 도움이 될 것이다. 또한 이것은 한류 연구에서 다양한 학제적 접근과 새로운 패러다임의 모색이 필요함을 시사하는 동시에, 문화 현상을 이해하는 데 있어 자연과학의 개념을 창의적으로 활용할 수 있는 가능성을 보여준다. 중요한 것은 자연과학적인 틀을 가져왔다 할지라도 인문학적 통찰과 균형을 이루는 것이며 이를 통해 문화 현상에 대한 더 풍부하고 다면적인 이해를 얻는 것이다. 한류와 양자 중첩의 만남은 문화 연구와 과학의 학제 간 소통이 가져올 수 있는 새로운 통찰과 상상력의 한 사례라 할 수 있겠다.

2. 탈중심적 글로벌 문화 흐름, 한류

초국가적 문화 흐름은 문화가 국경을 넘어 이동하고 확산되는 현상을 의미한다. 세계화 시대에 정보통신 기술의 발달, 교통수단의 발달로 인해 문화 요소가 더욱 활발하게 국경을 넘어 이동하게 되었다. 초국가적 문화 흐름은 문화의 탈영토화를 가져왔다. 이것은 문화의 생산과 소비가 특정 국가나 민족에 한정되지 않고 경계를 벗어나 다른 지역으로 이동하고 확산되는 것으로 문화의 전 지구화를 촉진하는 동인으로 작용한다. 전 지구화는 지리적으로 분산되어 있는 인류가 교통, 통신의 발달로 연결되면서 국가 간 혹은 지역 간의 경계가 희미해지는 현상을 뜻한다. 홀(Hall, 1995)은 전 지구화를 "분리되어 있던 지구상의 여러 영역이 하나의 상상의 공간에서 교차하는 과정"이라고 주장했다. 톰린슨(Tomlinson, 1999)은 전 지구화가 전 지구적 차원에서 상호 연결 및 상호 의존의 복합적 연결을 급속하고도 밀도 있게 전개시킨다고 파악했다. 전 지구화는 근대성의 성찰과도 맞물려 있다. 기든스(Giddens, 1998)는 국가 내의 사람과 상품, 장소, 자본과 노동, 정보를 다른 국가와 연결시키는 과정으로서 국가라는 장벽을 넘어 세계가 일종의 거대한 단일시장으로 통합되어 가는 것으로 파악하면서 시간과 공간의 변화(압축)으로서의 전 지구화를 말하였다. 정보통신 기술의 발달로 전 세계가 하나의 네트워크로 연결되고 있는 것은 자본주의의 지리적 팽창과도 맞닿아 있다. 자본의 논리가 전 세계로 확장되면서 글로벌 시장이 형성되고, 이것은 문화와 삶의 방식에도 영향을 미친다. 국민국가의 경계를 넘어서는 의사소통과 상호작용이 가능해지면서, 글로벌 차원의 여론 형성과 정치적 담론이 만들어지는 것이다. 한편 전 지구화는 보편주의와 특수주의 간의 긴장 관계를 내포하기도 한다. 보편적 가치와 규범이 강조되는 한편, 지역적 정체성과 문화적 다양성이 위협받을 수 있기 때문이다.

이처럼 전 지구화는 다양한 쟁점을 내포한 복합적 현상이다. 전 지구화는 정치, 경제, 문화 영역에서 광범위하고도 심화된 수준에서 전 지구적 교류와 활동을 증가시키고 있다. 아울러 전 지구적 문화의 흐름은 자본주의의 지리적 확장, 근대성의 전 세계화, 문화적 혼종화, 개인의 실존 조건 변화 등 다양한 차원에서 우리 삶에 영향을 미치고 있다. 따라서 초국적 문화 흐

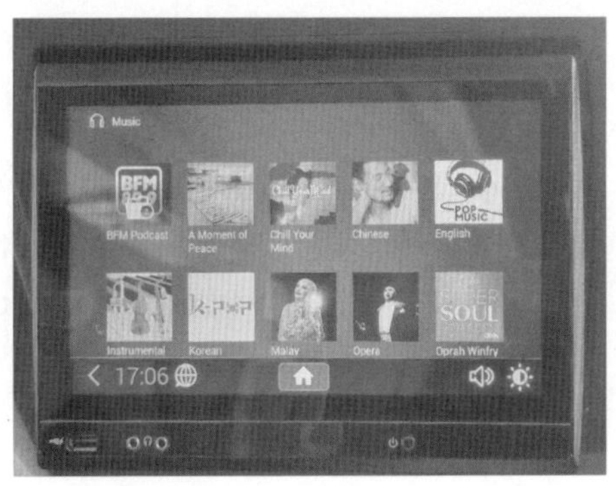

말레이시아 고속버스에서 제공하는 케이팝 서비스

름을 이해하기 위해서는 경제, 정치, 사회, 문화 등 다각도에서 접근하는 통합적 시각이 필요할 것이다.

문화의 흐름을 읽는 다양한 관점

20세기 후반, 전 지구적 문화 흐름을 이해하는 데 있어 문화제국주의 관점이 지배적이었다. 이 관점은 대중문화 콘텐츠가 국제적으로 유통되는 양상을 미국을 비롯한 서구 문화의 지배로 해석했다. 문화제국주의 이론가들은 선진국에서 생산된 문화상품에 내재된 지배 이데올로기가 개발도상국 수용자에게 전달되면서 문화적 종속을 야기한다고 주장했다. 문화산업의 격차로 인해 문화 유통에서 불균형과 종속 관계가 발생하며, 서구의 문화산업과 콘텐츠는 비서구 지역의 고유 문화를 약화시키고 전 지구적 문화 동질화를 초래한다는 것이다. 이러한 과정을 통해 서구, 특히 미국의 문화적 헤게모니가 강화된다고 보았다.

그러나 이러한 문화제국주의 패러다임은 점차 한계점을 드러내기 시작했다. 지배와 종속이라는 이분법적 시각에 대한 과도한 집착, 문화 수용 과정의 복잡성에 대한 고려 부족, 기술 발전에 따른 미디어 환경 변화를 충분히 반영하지 못했다는 비판을 받았다. 비서구 국가에서 생산된 다양한 대중문화 콘텐츠가 국경을 넘어 유통되기 시작하면서 문화 흐름의 양상이 변화하기 시작했다. 이는 일방적인 '미국화'가 아닌, 다양한 문화 간 교류와 융합을 촉진하는 새로운 흐름을 만들어냈다. 이러한 현상은 '카운터 혹은 콘트라 문화 흐름(counter/contra cultural flow)'으로 불리며, 서구 중심의 문화 흐름에 대한 비서구의 대응으로 주목받았다.

카운터 문화 흐름의 대표적인 사례로는 1970년대 브라질의 텔레노벨라가 과거 식민 지배국이었던 포르투갈에 수출되어 인기를 얻은 것을 들 수 있다. 이외에도 홍콩 영화가 아시아를 넘어 서구 시장에서 큰 반향을 일으킨 것, 인도의 볼리우드 영화가 전 세계적으로 팬층을 형성한 것, 일본 애니메이션이 글로벌 대중문화에 미친 영향 등이 있다. 이러한 현상은 '미디어 제국주의의 역전(reverse media imperialism)'으로 불리며, 기존의 이항대립적 문화 흐름 인식에 균열을 일으켰다.

문화제국주의론의 한계가 드러나면서, 글로벌 문화 교류를 이해하는 새로운 패러다임으로 문화 다원주의적 관점이 부상했다. 이 관점은 다양한 문화 간의 상호작용과 융합을 강조하고, 로컬 문화의 능동적 수용과 재해석 과정에 주목하며, 글로벌-로컬 문화의 역동적 관계를 인정한다. 예를 들어, 미국의 상업적 방송 시스템에 맞춰 제작된 중남미 텔레노벨라가 미국에 역수출되는 현상은 단순한 문화적 지배-종속 관계로 설명할 수 없는 복잡한 문화 교류로 이해되기 시작했다. 이러한 맥락에서 한류는 글로벌 커뮤니케이션 연구에서 주목받는 현상으로, 문화제국주의론이 설명하지 못하는 새로운 유형의 문화 흐름을 대표한다. 한류는 비서구 문화권에서 생산된 콘텐츠가 글로벌 주류 시장에 성공적으로 진출한 '역유통'의 대표 사례로, 주변부로 여겨졌던 국가의 문화 생산력과 영향력을 입증했다. 또한, 한국의 지역적 특성과 글로벌 트렌드의 융합을 통해 새로운 문화 형태를 창출했다는 점에서 글로벌-로컬 다이내믹스를 잘 보여주는 사례이다.

그러나 한류 현상에는 한계와 도전도 존재한다. 한류 확산이 넷플릭스나 유튜브와 같은 미국 중심의 플랫폼을 통해 이루어진다는 점에서 글로벌 플랫폼에 대한 의존성이 지적된다. 또한, 일부 한류 담론에서 드러나는 과도한 국가주의적 경향과 한류 확산이 다른 지역 문화에 미칠 수 있는 부정적 영향에 대한 우려도 제기된다.

결론적으로, 글로벌 문화 흐름을 이해하기 위해서는 단일한 이론이나 관점으로는 불충분하며, 문화제국주의, 카운터 문화 흐름, 문화 다원주의 등 다양한 관점을 종합적으로 고려해야 한다. 특히 디지털 기술의 발전과 함께 더욱 복잡해지는 글로벌 문화 생태계를 이해하기 위해서는 유연하고 다차원적인 접근이 필요하다. 한류와 같은 새로운 문화 현상은 이처럼 복합적 시각이 필요하다는 것을 잘 보여주는 사례라 할 수 있으며, 앞으로의 글로벌 문화 연구에 있어 중요한 통찰을 제공할 것이다.

한류 문화 흐름의 차별적 특성

한류는 문화의 초국가적 흐름에서 매우 독특한 특성을 보여준다. 우선 한류는 전 지구화의 기반이 되는 정보통신 기술과 미디어의 발전을 배경으로 확산되었다는 점에서 주목할 만하다. 한류는 유튜브, 트위터, 페이스북 등 소셜미디어의 디지털 플랫폼을 통해 급속도로 확산되었다. 한류 콘텐츠는 전 세계 팬들과 실시간으로 소통하는 플랫폼을 얻으며서 자유롭게 공유, 향유되었다. 디지털 네이티브인 젊은 세대의 취향을 저격하는 한류 콘텐츠는 바이럴 효과를 일으키며 파급력을 높였다. 이러한 현상은 과거 극장이나 TV 중심이었던 전통적인 문화 전파 방식과는 구분되는 특징이다. 이것은 전 지구화가 가져온 시공간 압축과 초국가적 연결성이 문화 영역에서 구체화된 모습이라 할 수 있다.

한류의 알갱이는 혼종적 특성을 지닌다. 따라서 한류에 대한 호명(呼名)은 문화의 혼종성(hybridity)과 초국가성을 보여주는 사례이기도 하다. 아시아의 국소(局所)에서 발생한 혼종의 알갱이가 전 지구적 파동을 불러왔다는 점에서 그동안의 세계 문화 흐름과 변별된다. 한류 대중문화의 알갱이인 케이팝과 K-드라마는 글로벌 대중문화의 양식과 트렌드를 적극적으로 수용하면서도, 한국적인 정서와 가치를 담아내는 등 독특한 문화 형식을 창출했다. 알다시피 케이팝은 음악적으로 다양한 장르와 스타일을 혼합하고 있다. 힙합, R&B, 댄스 팝, 록, 일렉트로니카 등 서구 대중음악의 다양한 장르를 흡수하면서도, 한국 고유의 음악적 감성과 메시지를 담아낸다. BTS의 〈Love Yourself〉가 그 좋은 예다. 케이팝 퍼포먼스에서는 서구의 춤과 한국 전통 무용이 혼합되기도 한다. 이처럼 케이팝은 글로벌과 로컬, 전통과 현대를 넘나드는 음악적 혼종성을 보여준다. 나아가 케이팝은 음악을 넘어 패션, 뷰티, 라이프스타일 등 다양한 문화 영역에서 혼종성을 보여준다. 이처럼 케이팝은 다양한 문화적 코드를 창의적으로 조합하고 섞어 비벼냄으로써 독특한 문화 콘텐츠로 자리 잡은 것이다.

K-드라마 역시 케이팝과 마찬가지로 다양한 문화적 요소의 혼종성을 보여준다. K-드라마는 한국의 정서와 가치관을 바탕으로 하면서도, 글로벌 대중문화의 트렌드와 내러티브를 적극적으로 수용하고 재해석한다. 먼

말레이시아에서 열린 K-라이프스타일 행사 현장

저 K-드라마는 장르 측면에서 다양한 혼종성을 보여준다. 전통적인 멜로드라마부터 액션, 스릴러, 판타지, 코미디 등 다양한 장르가 제작되는데, 이 과정에서 할리우드나 일본 드라마의 장르적 관습이 차용되고 변주된다. 또한 한 작품 안에서도 여러 장르적 요소가 혼합되는 경우가 많아, 로맨스와 액션, 코미디와 스릴러가 공존하는 독특한 장르적 혼종성을 보여주기도 한다. 더불어 K-드라마는 스토리텔링 방식에 있어서도 전통적인 서사 방식과 현대적 기법을 혼합하고 있다. 전통적인 가족 드라마에서 볼 수 있는 정과 의리, 가족애 등의 가치를 여전히 중요하게 다루어 아시아 권역에서 공감대를 형성하면서도, 빠른 전개와 반전 등 현대 드라마의 흥미 요소를 적극 활용하여 서구에서도 소구력을 갖는다. 또한 OST를 통해 케이팝의 감성을 드라마에 접목하기도 한다. 포스트모더니즘 관점에서 볼 때, K-드라마의 혼종성은 문화적 경계를 넘나드는 유연성과 창의성을 보여주는 사례라 할 수 있다. K-드라마는 고유한 문화적 정체성을 유지하면서도 다양한 문화 요소를 수용하고 재조합함으로써, 기존의 장르적 관습이나 내러티브 방식을 창조적으로 재해석하고 있기 때문이다.

이렇듯이 케이팝과 K-드라마는 단순한 문화 상품을 넘어 한국의 라이프스타일, 가치관, 미의식까지 전파하는 복합적 문화 현상으로 기능한다. 이것은 전 지구화 시대 문화가 국경을 넘나들며 다양한 요소가 혼종되고 재구성되는 과정을 보여준다. 케이팝과 K-드라마 외에도 한류의 알갱이는 예능, 웹툰, 게임 등 장르가 다채롭다. 과거 홍콩 느와르나 일본 애니메이션처럼 특정 장르에 국한되었던 문화 흐름과는 차이가 있다.

문화 헤게모니와 한류

그렇지만 한류가 보여주는 독특한 문화 흐름 역시 비판적으로 성찰할 지점이 있다. 한류의 성공이 자칫 과거 서구의 초국적 문화 흐름처럼 문화제국주의나 문화 헤게모니의 확산으로 이어질 수 있다는 우려가 바로 그것이다. 한류 역시 문화적 우세종으로 행세하게 될 때 전 지구적으로 확산되면서 문화적 다양성을 위협하고 토착 문화를 잠식할 우려가 있다는 것이다. 이것은 전 지구화의 불균등한 권력관계와 자본의 논리가 한류 영역에도 투영된 결과로 볼 수 있다. 문화 흐름과 헤게모니 관점에서 한류를 바라보면, 한류의 전 지구적 확산이 가진 이중성을 포착할 수 있다. 한류는 한편으로는 문화의 초국가적 흐름과 혼종성을 보여주면서도, 다른 한편으로는 문화 헤게모니의 재생산 가능성을 내포하고 있기 때문이다. 헤게모니란 그람시(Antonio Gramsci)가 제시한 개념으로, 지배 집단이 피지배 집단의 동의를 얻어 이데올로기적 지배를 확립하는 것을 의미한다. 이러한 관점에서 보면 한류의 성공은 한국 문화의 우월성을 전제하고 다른 문화를 주변화시키는 문화 권력으로 작용할 수 있다. 한국적 가치와 미의식, 라이프스타일이 전 세계적으로 확산되면서 일종의 문화적 표준으로 자리 잡는다면, 문화적 획일화와 지역 문화의 고유성 상실로 이어질 수 있기 때문이다. 아시아 주변국이나 동남아 국가에서 발생한 혐한론의 배경이기도 하다. 혐한 담론은 한류의 이면에 존재하는 문화 권력의 불균형과 갈등의 가능성을 지적하고 있다.

한류에 대한 부정적 인식과 반감은 주로 한류 확산 과정에서 나타난 문화적 마찰과 갈등, 한국 문화의 우월성에 대한 과도한 자부심 등에서 비롯된다. 예를 들어 일본에서는 한류 열풍 이후 한국 문화의 유입에 대한 거부감과 위기의식이, 중국에서는 사드 배치 이슈 등을 계기로 한한령이 내려지는 등 한류에 대한 정치적, 사회적 반감이 표면화되기도 했다. 동남아의 일부 무슬림 국가에서는 전통문화가 훼손될 것을 염려하여 한국의 대중문화를 규제해야 한다는 움직임이 있었다. 이러한 혐한론은 단순히 문화 차이나 정서적 거부감을 넘어, 문화 헤게모니와 권력관계의 문제로 연결된다. 한류의 성공이 자칫 한국 중심주의나 문화적 우월감으로 이어지면서 타 문화를 배제하거나 주변화하는 결과를 낳을 수 있다는 것이다. 실제로 일부 한류 팬덤 내에서 나타나는 과도한 민족주의적 성향이나, 한국 문화의 우수성을 내세우는 태도는 이러한 문제의식을 뒷받침한다. 문화의 자연스러운 흐름과 교류가 특정 국가의 문화적 지배로 귀결될 때, 그에 대한 저항과 반발도 나타나게 마련이다.

비슷한 맥락에서 헤게모니론은 한류의 문화 권력을 비판적으로 바라보는 시각을 제공한다. 이 관점에 따르면 한류의 확산은 단순히 문화 콘텐츠의 인기로 환원될 수 없는, 자본과 권력이 작동하는 구조적 과정이다. 한국 정부와 기업이 적극적으로 한류를 지원하고 해외 진출을 도모하는 것, 그리고 디지털 플랫폼을 통해 전 세계로 유통망을 확대하는 것 등이 문화 헤게모니 형성의 기반이 된다는 것이다. 강력한 문화 산업과 자본, 기술의 뒷받침 속에 특정 국가의 문화가 전 지구적으로 확산되는 현상, 이것이 문화 헤게모니론이 주목하는 지점이다.

물론 이러한 비판이 한류의 긍정적 측면과 가치를 모두 부정하는 것은 아니다. 한류가 문화 다양성 증진과 상호 이해에 기여하는 바가 크다는 점은 분명히 인정해야 한다. 그러나 동시에 한류 현상 이면에 존재하는 권력관계와 불균형 문제, 그로 인해 파생되는 문화적 갈등과 반발 가능성도 주목할 필요가 있다. 물론 한류가 곧바로 제국주의적 문화 지배로 귀결된다고 볼 수는 없을 것이다. 오히려 많은 경우 한류는 현지의 문화적 맥락에 적절히 번역되고 변용되면서 수용되고 있기 때문이다. 그럼에도 불구하고 문화 흐름의 불균등성과 자본/권력의 논리가 한류에도 작용할 수 있음을 간과해서는 안 될 것이다. 따라서 한류를 문화 헤게모니 관점에서 성찰하는 일은 중요한 과제다. 한류가 단순히 상업적 성공을 넘어 진정한 문화 교류와 상호 이해의 장이 되기 위해서는, 대등한 만남과 존중이 전제되어야 할 것이다. 일방적 흐름이 아니라 쌍방향적 교류, 주변 문화의 고유성이 인정되는 글로벌 문화 환경을 만드는 것, 그것이 한류의 방향이자 과제가 되어야 할 것이다.

한류는 탈중심적 네트워크 문화 현상이다

한류는 전통적인 문화 전파 모델과는 달리 비선형적인 방식으로 전 세계에 퍼져나가고 있다. 한류 콘텐츠는 디지털 플랫폼을 통해 전 세계 어디서나 즉각적으로 접속 가능하며, 이용자들은 서로 연결된다. 이것은 전통적인 문화 전파 모델과 달리, 다양한 노드(팬, 크리에이터, 플랫폼 등)가 상호 연결되어 문화를 생산, 소비, 재생산하는 양상을 보인다. 예를 들어, BTS의 글로벌 팬덤 '아미'는 소셜미디어를 통해 전 세계적으로 연결되어 있다. 이들은 단순히 음악을 소비하는 것을 넘어, 뮤직비디오 해석, 팬아트 제작, 자발적인 자선 활동 등 다양한 방식으로 콘텐츠를 재해석하고 새로운 의미를 만들어낸다. 이러한 활동은 다시 BTS의 음악과 퍼포먼스에 영향을 미친다. 이러한 탈중심화된 네트워크 구조는 일방향적 전파가 아닌 쌍방향 소통을 기반으로 한다. 따라서 팬들은 단순한 소비자가 아니라 적극적인 참여자로서 역할을 하며, 이러한 상호작용은 한류의 지속적인 진화와 확산의 원동력이 된다. 이것은 문화의 다양성과 창의성을 촉진하며 단순한 문화 소비를 넘어 글로벌 팬덤 문화를 형성하는 기반이 된다.

한류는 전통적인 문화제국주의나 일방향적 문화 전파 모델로는 설명하기 어려운 21세기 글로벌 문화의 새로운 패러다임을 보여준다. 한류는 고정된 중심이나 경계 없이 자유롭게 확장되고 변화하는 문화 현상이다. 한류 현상은 다양성, 창의성, 상호 연결성이 강조되는 현대 디지털 사회의 특성을 반영한다. 네트워크 구조가 다양한 문화적 요소의 만남과 융합을 촉진하고 글로벌 트렌드와 로컬 문화가 창의적으로 결합하여 새로운 문화적 형태를 만들어낸다. 결론적으로 한류 현상은 글로벌 문화의 다양성과 역동성을 증진시킬 것이다. 한류는 고정된 중심이나 경계 없이 자유롭게 확장되고 변화하는 문화 현상이다. 이것은 다양성과 창의성, 그리고 상호 연결성이 강조되는 현대 디지털 사회의 특성을 반영하며, 미래의 글로벌 문화 교류의 새로운 모델을 제시한다고 볼 수 있다. 이러한 관점은 한류가 단순한 문화 트렌드나 경제 현상을 넘어, 전 지구적 문화 흐름과 지형을 재구성하는 중요한 힘으로 작용할 수 있음을 시사한다.

K-콘텐츠, 세계향世界向의 한국성韓國性 .3

K-콘텐츠의 인기는 단순히 개별 작품의 성공을 넘어, 하나의 독특한 문화 장르로 자리매김할 가능성을 시사한다. 그 상징이 바로 'K-'를 접두사로 붙이는 여러 사례다. 대표적인 것이 케이팝(K-Pop)이며, K-드라마, K-무비, K-뷰티 등 다양한 분야에서 'K-' 브랜딩이 활발하게 이루어지고 있는데 이것은 단순한 명명법을 넘어 한국 대중문화 콘텐츠의 정체성과 위상을 상징하는 기호로 자리 잡고 있다. K가 'Korea'를 표상하고 있으므로 'K-'는 한국의 대중문화를 대외적으로 발신할 때 매우 유용한 접두어라고 할 수 있다. 한류 현상이 한국의 대중문화가 해외에서 인기리에 수용되는 현상을 말하는 것이라면, 'K-콘텐츠'는 해외 시장에서 '한국의' 혹은 '한국적인 것'으로 여겨지는 콘텐츠를 말한다.

그렇다면 어디까지가 한국의 콘텐츠이고 또 어떤 기준과 범위로 한국적인 것을 규정할 수 있을까? 개념은 사물이나 현상에 관한 판단을 제공하는 여러 특성의 공통된 요소를 추상한 하나의 관념이다. 따라서 K-콘텐츠

말레이시아 선웨이 피라미드 쇼핑몰에서 개최한 〈오징어 게임〉 행사(위).
파퓰러 서점 '화제의 책' 부문에 전시된 《파친코》(아래)

의 개념을 설정하는 것은 곧 정체성을 논의하는 것이며 담론을 위해 생각을 담는 그릇을 마련하는 것이다. 담론은 개념을 통해 구체적으로 구현되기 때문이다.

K-콘텐츠의 국적성

K-콘텐츠는 한국의 문화적 토양에서 기원하고 만들어졌음을 전제로 한다. 따라서 K-콘텐츠의 정체성은 일차적으로 한국이라는 국가 정체성, 즉 국적성과 깊이 연관되어 있다고 볼 수 있다. K-콘텐츠에 내재된 국적성은 무엇보다 한국의 문화 정서와 가치관, 미의식 등을 반영하는 데서 발현된다. 그러나 K-콘텐츠의 국적성은 그것이 지닌 본질적 속성이라기보다는, 오히려 초국가적이고 혼종적인 정체성을 구축해 가는 과정에서 전략적으로 호명되고 강조되는 측면이 있다는 점에 주목할 필요가 있다. 실제로 K-콘텐츠는 서구와 아시아, 한국과 주변국 등 다양한 문화적 요소의 교차와 혼합 속에서 형성된 독특한 문화 형식이다. 그 소비와 향유 또한 디지털 네트워크를 통해 국경을 초월하여 이루어진다. 이런 맥락에서 K-콘텐츠의 국적성은 해외에서 한국의 대중문화를 호명하기 위한 일종의 전략적 개념이라고 할 수 있다. 한국 사람들이 BTS에 열광하는 것은 한류가 아니다. 해외 수용자가 한국 대중문화를 좋아해야 한류인 것이다. 우리가 애초에 한국의 대중음악을 굳이 케이팝이라고 부를 필요는 없었다. 케이팝은 글로벌 문화 지형에서 한국의 대중음악이 자신을 표현하기 위해 글로벌 향유자에게 호명되는 정체성이다. 이런 의미에서 K-콘텐츠의 국적성은 세계와의 소통 속에서 구성된 개념이다.

이 논의의 단초는 넷플릭스와 애플TV+에서 개봉하여 세계적인 인기를 얻은 드라마 〈오징어 게임〉 그리고 〈파친코〉에 관한 국적성 논란이다. 〈오징어 게임〉의 경우 감독과 주요 연기자가 한국인이며, 스토리의 배경이나 촬영지도 한국이어서 한국 작품으로 인식되고 있지만, 외국 자본으로 제작되었으며 콘텐츠 IP도 넷플릭스가 100% 소유하고 있다. 〈오징어 게임〉으로 발생하는 수익은 오롯이 미국 회사인 넷플릭스가 가져간다. 그렇지만 많은 한국인과 세계인이 〈오징어 게임〉을 한국 콘텐츠로 인식하고 있는 것은 콘텐츠 IP의 소유권과는 상관없이, 콘텐츠 제작과 서사적 맥락이 한국에 기반하고 있기 때문이다. 한편, 〈파친코〉는 재일교포 가족의 이야기를 다룬 소설을 드라마화한 작품이다. 이민진 작가(교포)와 감독을 비롯하여 주요 제작자는 미국인이며, 서사의 특징상 주요 배역은 한국인 혹은 미국 국적을 가진 한인이 맡았고 그 외 미국과 일본 연기자들이 다수 배역을 맡아 출연하였다. 〈파친코〉가 미국뿐 아니라 세계 곳곳에서 큰 반향을 일으키며 성공을 거두자 한국의 언론과 대중매체는 〈기생충〉, 〈오징어 게임〉을 잇는 한국 대중문화의 쾌거라면서 찬사를 보냈다. 이에 대해 어떤 문화평론가는 〈파친코〉는 한국 드라마가 아닐뿐더러 넓은 의미의 'K-컬처'에도 속하지 않는다며 '우리의 문화적 승리' 운운하는 것은 '몰염치'한 태도라며 비판했다.* 그렇지만 한국뿐만 아니라 외국 매체도 〈파친코〉를 왕왕 한국 콘텐츠로 여기는 것은 매우 흥미로운 사실이다. 뉴욕타임즈는 〈파친코〉를 '미국 스타일의 한국 드라마'로 소개하고 있으며**, 마이드라마리스트(My Drama List)에서는 〈파친코〉를 아예 한국 콘텐츠라고 분류하고 있다.*** 이러한 사례에서 우리는 'K-드라마'의 국적성이 자의적으로 정해지고 그 개념과 범위가 애매하다는 느낌을 지울 수 없다.

콘텐츠의 국적성이 모호해진 것은 디지털 기술의 발달과 세계화의 진전

* 〈〈파친코〉가 한국 드라마? 그 태연한 몰염치가 무섭다.〉, 《신동아》, 2022년 4월 30일자. https://shindonga.donga.com/3/all/13/3347113/1

** "K-Drama, American Style", New York Times, 2022.3.24. https://www.nytimes.com/2022/03/24/arts/television/pachinko-review.html

*** My Drama List, https://mydramalist.com/724661-pachinko(검색일 2022년 7월 1일)

으로 콘텐츠의 생산, 유통, 소비 환경이 급변했기 때문이다. 사실 문화에서는 국적성이 폐기되어야 한다는 주장이 제기된 지 이미 오래다. 오늘날 문화 콘텐츠는 국경을 넘나드는 초국가적 흐름 속에 있다. 디지털 기술의 발전과 미디어 환경의 변화로 콘텐츠의 생산과 유통, 소비가 글로벌 차원에서 이루어지면서, 문화 콘텐츠의 국적성을 둘러싼 논의 또한 새로운 국면을 맞고 있다. 문화 상품의 국적성에 관해 논의하다 보면 자연스레 할리우드 영화에 대한 대항 기제로서 호명되던 '내셔널 시네마' 개념을 떠올리게 된다. 내셔널 시네마는 "내러티브와 스타일을 통해 동일한 역사적 경험과 그 기억을 재현함으로써 민족적 특성을 재현하거나 정치, 경제, 사회, 문화적 상황에 따라 변화하는 민족의 다양한 정체성을 재구성하고 재조정하는 데에 기여하는 영화*"로 정의된다.

영화 〈미나리〉 사례는 콘텐츠의 국적성 논의와 '내셔널 시네마' 담론에 중요한 시사점을 던진다. 〈미나리〉 제작사는 브래드 피트가 소유한 '플랜B 엔터테인먼트'라는 미국 사업자이며, 감독 정이삭과 주연 배우 스티븐 연은 한인 동포이지만 미국 국적자다. 여타 배역에도 미국 국적 연기자들이 다수 출연한다. 그렇지만 또 다른 주요 배역을 맡고 있는 윤여정과 한예리는 한국 국적이고 서사 전개의 구조상 한국어 대사가 영화 대부분을 차지한다. 흥미로운 지점은 〈미나리〉가 2021년 미국의 골든글로브 시상식에서 '외국어' 영화상에 추천되어 상을 받은 것이다. 골든글로브는 〈미나리〉의 국적을 미국으로 명시하고도 외국어 대사가 50%가 넘는다는 명분으로 '외국어 영화상' 후보로 분류하여 시상한 것이다.

* 류재형, 〈내셔널 시네마로서의 〈변호인〉, 〈택시운전사〉, 〈1987〉〉, 《만화애니메이션 연구》 통권 제53호, 2018, 275-318쪽.

산업적 맥락에서 보는 국적성

산업적 맥락에서 볼 때 문화 콘텐츠의 국적성은 무엇보다 시장 경쟁력과 직결되는 요소로 작용한다. 할리우드 영화나 일본 애니메이션처럼 특정 국가의 문화적 정체성을 강렬하게 담아낸 콘텐츠는 글로벌 시장에서 차별화된 브랜드 가치를 인정받으며 산업적 우위를 점해왔다. 이들 콘텐츠의 국적성은 단순히 문화적 특수성을 반영하는 데 그치지 않고, 그 자체로 경쟁력의 원천이 된 것이다. 이런 맥락에서 자국의 고유한 문화적 자산을 콘텐츠 산업의 경쟁력으로 전환하려는 노력은 국가 간 산업 경쟁의 중요한 축으로 자

스타벅스와 블랙핑크 협업(위), 맥도날드와 뉴진스 협업(아래)

리매김해 왔다고 볼 수 있다. 그렇지만 영상 산업의 세계화가 진전되면서 영상물의 국적 구별이 모호해진 것은 분명하다. 한국 배우가 참가한 중국 드라마가 있을 수 있고, 미국 자본으로 만들어진 한국 드라마도 있으며, 한두 나라가 아니라 여러 국가가 함께 만든 국제 공동 제작물도 있다. 글로벌 프로듀싱 시대에 영상물의 국적성을 논하는 것은 어쩌면 복잡계에 발을 내딛는 일인지도 모른다. 산업적 맥락에서 문화 콘텐츠의 국적성을 판별하는 기준은 매우 복합적이고 유동적이다. 콘텐츠의 제작 주체, 자본의 출처, 창작 인력의 구성, 제작 거점의 위치 등 다양한 요소가 콘텐츠의 국적성 규정에 영향을 미치기 때문이다. 그럼에도 불구하고 오늘날 문화 콘텐츠 산업의 글로벌화 추세를 고려할 때, 다음과 같은 기준이 콘텐츠 국적성 판별에 주요하게 작용한다고 볼 수 있다.

콘텐츠 IP를 소유한 제작사의 국적

콘텐츠의 국적성을 판별하는 가장 중요한 기준은 제작사(투자사)가 등록된 나라의 국적이다. 물론 글로벌 미디어 기업의 경우 복수 국적을 가진 경우도 있어서 이 기준이 절대적이라고는 할 수 없다. 그러나 제작사의 국적은 여전히 콘텐츠에 대한 법적, 제도적 관할권의 소재를 판단하는 기준이 된다. 산업적 관점에서는 콘텐츠 IP의 소유권을 기준으로 국적을 분류하는 것이 마땅하다. 콘텐츠 IP는 해당 콘텐츠를 통해 수익을 얻을 수 있는 권리를 말한다. 이러한 관점에서 본다면 〈오징어 게임〉은 넷플릭스가 콘텐츠 IP를 100% 소유하고 있기 때문에 미국 콘텐츠라고 할 수 있다. 국제 공동제작(co-production)이나 공동투자(co-financing) 등 지분 소유관계가 복잡한 경우도 있지만, 공동으로 지분을 소유한 경우에는 그 비율에 따라 '합작'으로 국적성을 분류한다. 특정 국가의 자본 비중이 높을수록 콘텐츠의 국적성은 해당

국가에 수렴될 가능성이 높다.

콘텐츠 제작의 주도적 역할 주체

콘텐츠를 실제로 기획하고 제작하는 창작자, 작가, 감독, 제작진의 국적 구성은 콘텐츠 국적성에 직접적인 영향을 미친다. 자국 창작 인력의 주도로 콘텐츠가 제작될 경우 자국의 문화적 정서와 가치관이 투영될 가능성이 높기 때문이다. 다만 글로벌 제작 환경에서는 다국적 창작진의 협업이 늘어나는 추세이므로, 창작 인력 구성만으로 콘텐츠의 국적성을 판별하기는 점차 어려워지고 있다.

따라서 산업적 맥락에서 국적을 분류하는 두 번째 방법으로는 콘텐츠 제작과 유통의 '주도적 역할 주체'를 중심으로 국적성을 분류하는 것이다. 이 경우 〈오징어 게임〉은 한국의 황동혁 감독이 각본과 연출을 담당하였고 주요 배역을 맡은 연기자와 실제 프로덕션에 참가한 스태프의 국적을 감안할 때 '한국 콘텐츠'로 분류된다. 영화 〈브로커〉의 경우에는 일본의 고레에다 히로카즈가 감독을 맡았지만, 국내 영화사인 '집'이 제작하고 CJ ENM이 투자와 배급을 담당하였기에 한국이 '주도적' 역할을 담당한 '한국 콘텐츠'로 분류된다. 그렇지만 이러한 분류 기준은 '어떤 역할이 주도적이고 또 그 수준을 어떻게 규정할 것인가'에 대한 논란을 피할 수 없다. 영화 〈쓰리: 아직 끝나지 않았다〉는 고려인 4세인 카자흐스탄 국적의 박루슬란 감독이 카자흐스탄 국적 배우들과 함께 현지에서 만든 영화인데 한국 아슬란 필름에서 제작하였으며 주요 스태프는 한국인이다. 이 경우 이 작품을 카자흐스탄 영화나 한국 영화 어느 일방으로 분류하기는 모호하다. 영상 콘텐츠 제작과 유통의 복잡한 역할 주체와 프로세스를 감안한다면, 주도적 역할에 대한 판단이 엇갈릴 수밖에 없기 때문이다. 국내 영화 산업계에서는 합작 영화의 경우 일반적으로 국적 분류를 국제 공동제작으로 명기하지만, 필요에 따라 '한국 영화'로 인정받고자 한다면 영화진흥위원회에 인정 심사를 신청하여 한국 영화로 인정받을 수도 있다.*

제작 거점의 위치

콘텐츠가 실제로 제작되는 거점이나 로케이션의 물리적 위치 또한 국적성 판별의 주요 기준이 될 수 있다. 자국 내 스튜디오나 로케이션을 활용할 경우 콘텐츠에 자국의 문화 환경이 자연스럽게 투영되기 때문이다. 반면 해외 로케나 특정 국가를 배경으로 한 콘텐츠의 경우 그 나라의 문화적 정서를 반영하는 경향이 나타난다. 다만 첨단 영상 기술의 발달로 제작 로케이션의 물리적 제약은 점차 약화되는 추세다.

이상의 기준이 복합적으로 작용하면서 문화 콘텐츠의 국적성을 규정하는 요인이 된다. 산업적 측면에서 영상 콘텐츠의 국적 분류는 수출입 업무나 판권 계약 혹은 국제 상이나 페스티벌 출품 등을 위해서 꼭 필요한 절차다. 그러나 이미 글로벌화된 창작과 배급 환경 속에서 이들 기준이 점차 모호해지는 것은 어쩔 수 없다.

* '영화 및 비디오물의 진흥에 관한 법률'(2020.2.27. 개정)에 의하면 한국과 외국의 영화 제작업자가 공동으로 제작 비용을 출자한 영화를 한국 영화로 인정을 받고자 한다면 영화진흥위원회에 한국 영화 인정 심사를 신청하면 된다. 영화진흥위원회는 심사를 실시하여 한국 영화 인정 여부를 결정하는데, 그 기준은 극영화의 경우 언어(10점), 소재(5점), 예술성(15점), 창작자(16점), 배우(18점), 제작 참여자(15점), 참여 인력(6점), 촬영 장소(3점), 사운드 후반 작업(5점), 이미지 후반 작업(7점)의 기준으로 심사위원의 평균 평점 30점 이상으로 평가된 작품에 대해 한국 영화로 인정한다. https://www.law.go.kr/LSW/lsInfoP.do?efYd=20211230&lsiSeq=225073#0000

서사적 맥락에서 보는 국적성:
문화적 정체성의 재현과 변주

이 같은 이유로 산업의 맥락에서 국적을 분류하는 것이 형식적인 가르마 타기가 아닌가 하는 비판이 존재한다. 넷플릭스의 오리지널 콘텐츠처럼 기획과 자본, 제작은 초국적으로 이뤄지지만 특정 지역 문화에 천착하는 새로운 유형의 콘텐츠가 등장하는 것도 국적성 논의를 복잡하게 만들고 있다. 따라서 국적성 판별 기준이 더 유연해져야 한다는 주장이 제기된다. 서류상 국적과 관객의 심리상 국적 사이의 괴리를 감안할 때 '누가' 만들었느냐가 아니라 '누구의' 이야기를 담고 있느냐로 국적성에 대한 기준을 바꾸어야 한다는 것이다. 이러한 지적에 따라 산업적인 측면에서 국적 가르기를 지양하고 콘텐츠 내용과 서사의 맥락에 따라 국적성을 분류하는 것이 설득력을 얻고 있다. 이것은 드라마가 어떤 이야기를 담고 있느냐에 따라 콘텐츠의 정체성을 판단하는 것이다. 콘텐츠의 서사적 맥락에서는 스토리의 배경, 주요 연기자, 언어 등 콘텐츠의 문화적 요소들을 통해 국적성을 가늠한다. 이렇게 서사적 맥락에 방점을 찍는다면, 〈미나리〉는 미국 영화사에서 미국 제작진이 만들었지만 한국계 감독과 연기자들이 한국어로 한국에서 이민 온 가족의 애환을 이야기하고 있다는 점에서 한국 영화로 분류할 수 있다. 〈파친코〉도 재일 한국인의 3대에 걸친 서사를 담았다는 점에서 콘텐츠 서사의 맥락에서는 '한국 콘텐츠'로 분류된다. 콘텐츠의 서사적 맥락을 기준으로 하는 국적성 분류에서는 감독보다 배우나 그들이 사용하는 언어에 주목한다. 제작이 아니라 콘텐츠의 내용에 방점을 찍기 때문이다.

산업적 맥락의 국적성 기준이 주로 콘텐츠 생산의 물적 토대와 관련된 것이라면, 서사적 맥락의 국적성은 콘텐츠 자체가 표현하는 문화적 정체성을 판별의 기준으로 삼는다. 즉 콘텐츠가 반영하고 있는 역사, 전통, 가치관, 라이프스타일 등을 통해 작품의 국적성을 규정하는 것이다. 서사적 맥락에서 판단하는 국적성은 콘텐츠가 특정 국가나 민족의 고유한 문화적 정체성을 어떻게 재현하고 표현하는지에 주목한다. 소재, 인물, 주제의식, 가치관, 정서 등 서사를 구성하는 제반 요소가 특정 문화의 고유성을 뚜렷하게 담아낼 때, 우리는 그 콘텐츠에 국적성이 두드러진다고 말할 수 있을 것이다.

실제로 많은 콘텐츠가 자국의 역사, 전통, 설화, 민담 등 고유한 문화 원형을 소재로 삼아 문화적 정체성을 구현해왔다. 영화 〈미나리〉는 미국을 배경으로 하고 있지만 인물의 배경이나 한국적 정서, 모티프를 서사로 풀어내어 국적성을 뚜렷이 드러내는 대표적 사례라고 할 수 있다. 특정 국가의 고유한 문화적 기반 혹은 세계관에 토대한 스토리텔링은 문화 콘텐츠에 차별화된 국적성을 부여하는 핵심 기제로 작용한다. 나아가 문화 콘텐츠의 서사는 단순히 자국 문화의 재현에 그치지 않고, 그것을 창조적으로 변주하고 새로운 의미를 부여하는 능동적 실천이기도 하다. 원형 신화를 현대적으로 재해석한 드라마 〈도깨비〉, 한국 근현대사를 다룬 영화 〈암살〉은 익숙한 문화적 모티프를 창의적으로 변용함으로써 한국적 정서와 미학을 새롭게 구현한 사례다. 따라서 서사적 맥락에서 콘텐츠의 국적성을 사유한다는 것은 결국 콘텐츠가 어떠한 문화적 가치와 상상력을 작품 속에 담아내고 있는가에 대한 가치 판단이다.

수용자 경험 맥락에서 본 국적성:
문화적 공감과 상상적 동일시

국적성 분류에서 매우 흥미로운 시도는 수용자 경험과 인식 맥락에서 분류하는 것이다. 특정 국가의 정체성을 담지한 콘텐츠가 수용자에게 어떻게 받아들여지고 공감을 불러일으키는지, 그 맥락에서 국적성의 의미와 작용을 살펴보는 것은 중요한 논점이 될 수 있다. 수용자 경험의 맥락에서 볼 때, 문화 콘텐츠의 국적성은 무엇보다 공감의 기제로 작용한다. 특정 국가의 언어, 관습, 정서, 가치관 등을 반영하는 콘텐츠는 그 문화권에 속한 수용자에게 친숙하고 밀접한 경험을 제공한다. 자신들의 일상과 문화적 기억을 투영하는 콘텐츠에서 수용자는 정서적 유대감과 심리적 위안을 얻는다. 이런 의미에서 콘텐츠의 국적성은 문화적 정체성을 확인하고 공유하는 매개이자, 수용자의 자기 인식과 소속감을 강화하는 기제로 기능한다.

수용자 경험의 맥락에서 국적성을 분류한다면, 수용자가 드라마를 보고 한국 드라마로 인식했다면 그것은 곧 한국 드라마다. 얼핏 단순하고 거친 분류 방법으로 보일 수도 있지만, 한류 현상이 한국의 대중문화가 외국에서 인기를 끄는 현상이라는 것을 생각하면 콘텐츠의 정체성에 관한 매우 의미 있는 시각과 논리가 아닐 수 없다. 정체성은 타인과 구별되는 자기 자신에 대한 존재론적 인식이다. '나'의 정체성은 다른 사람과 '구분'되는 것으로 확립된다. 따라서 정체성은 불변의 본성이라기보다는 상대적이고 동태적인 의미를 띤다. 이런 의미에서 콘텐츠의 정체성은 수용자의 경험적 인식에 의지한다. 그렇지만 수용자 경험은 앞서 말한 콘텐츠의 산업적 맥락과 서사적 맥락을 바탕으로 형성된다는 점을 유의해야 한다. 즉 K-콘텐츠의 인기 요인과 정체성은 산업적 맥락과 서사적 맥락이 중층적으로 결합하여 형성되는데, 수용자는 경험을 통해 이를 해석하고 인식하는 것이다.

콘텐츠의 국적성은 수용자에 의해 경험되고 해석될 때 실제로 의미를 갖는다. 문화 콘텐츠의 국적성은 수용자 경험의 맥락에서 공감과 상상적 동일시를 매개하는 주요한 기제로 작용한다. 그러나 콘텐츠 국적성은 단순히 자문화 중심적 동일시에 그치지 않는다. 오히려 타문화에 대한 이해와 공감을 매개하는 데 콘텐츠 국적성의 심층적 의의가 있다. 세계화 시대 수용자는 디지털 네트워크를 통해 다양한 콘텐츠를 활발히 소비하면서 특정 국가의 이국적이고 신선한 문화를 경험한다. 한국의 문화적 가치와 정서가 담긴 K-드라마의 서사와 미학은 해외 수용자에게 문화적 차이를 경험하고 상상력을 자극하는 계기가 되는 것이다.

이처럼 K-콘텐츠의 국적성은 수용자로 하여금 문화의 경계를 넘나드는 상상적 동일시를 가능케 한다. 낯선 환경과 인물, 관계에 이입하고 공감하는 과정에서 수용자는 자신의 문화적 정체성을 상대화하고 타자의 관점을 경험하게 된다. 이는 단순히 이국적 취향을 만족시키는 차원을 넘어, 다양성에 대한 이해와 포용의 감수성을 고양한다는 점에서 주목할 만하다. 세계 각국의 수용자가 케이팝에 열광하고 K-드라마에 빠져드는 것은 단지 한국 대중문화의 우수성 때문만은 아닐 것이다. 오히려 콘텐츠를 매개로 타문화의 정서와 가치관을 만나고 보편적 감정을 나누는 과정 자체가 의미 있는 문화 경험이 되기 때문이라 볼 수 있다.

물론 수용자의 상상적 동일시가 곧바로 타문화에 대한 완전한 이해로 이어지는 것은 아니다. 때로는 콘텐츠가 특정 문화의 정형화된 이미지를 재생산하거나 선입견을 강화하는 부작용을 낳기도 한다. 특히 자국 문화의 우월성을 전제하거나 문화적 차이를 절대화하는 콘텐츠의 경우, 수용자의 상상력을 제한하고 타문화에 대한 편견을 심화시킬 수 있다. 따라서 콘텐츠

국적성이 수용자 경험에서 건강하고 생산적인 역할을 하기 위해서는 문화 간 소통과 이해의 가교 역할을 염두에 둔 섬세한 접근이 필요할 것이다.

K-콘텐츠의 개념

K-콘텐츠는 단순히 한국에서 제작된 콘텐츠를 지칭하는 것이 아니라, 복합적이고 역동적인 개념이다. 이 개념의 핵심은 '한국성'에 있다. 여기서 K는 단순한 국적 표시가 아닌, '한국적인 것'에 대한 기대와 인식을 포함한다. 한국성은 한국의 역사, 문화, 생활 방식 등에 내재된 특성을 포괄하는 개념이지만, 고정불변한 것이 아니다. 한국성은 외래문화와의 지속적인 접촉과 융합 과정에서 형성되고 변화한다. 이는 K-콘텐츠가 단순히 전통적인 한국 문화의 재현이 아니라, 현대적 맥락에서 재해석되고 재창조된 문화적 산물임을 의미한다. 따라서 K-콘텐츠는 현재의 한국성을 반영하는 동시에, 그 한국성 자체를 끊임없이 재정의하는 역동적인 과정의 결과물이라고 할 수 있다. K-콘텐츠의 또 다른 중요한 특징은 수용자의 경험적 인식을 통해 형성된다는 점이다. 즉, K-콘텐츠는 제작자의 의도나 콘텐츠의 원산지만으로 규정되는 것이 아니라, 전 세계 수용자들이 이를 경험하고 인식하는 과정에서 '한국 스타일'로 인지되는 것이다. 이 과정에서 산업적, 서사적 맥락이 중요한 역할을 한다. 예를 들어, 케이팝의 독특한 제작 시스템이나 K-드라마의 서사 구조 등이 수용자에게 '한국적인 것'으로 인식되는 것이다.

결국 K-콘텐츠는 하나의 시스템 개념으로 이해할 수 있다. 이것은 한국의 문화 산업, 글로벌 문화 흐름, 수용자의 경험이 복합적으로 작용하여 형성되는 특정한 문화적 헤게모니를 의미한다. 이러한 관점에서 K-콘텐츠

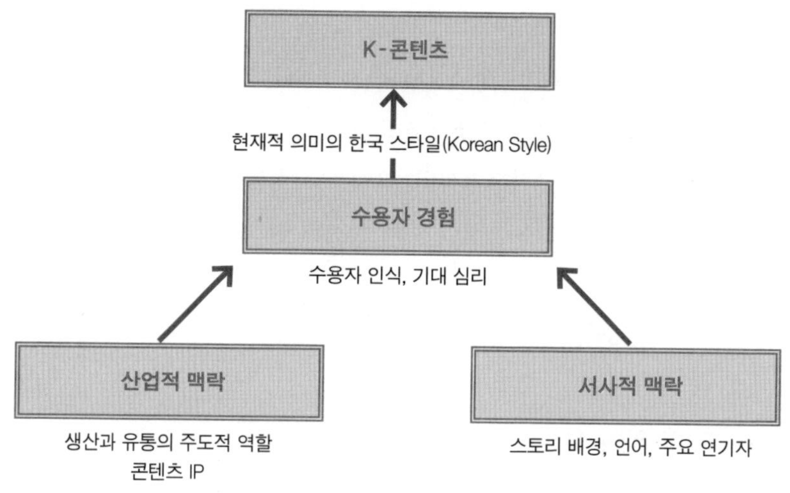

〈K 콘텐츠의 개념도〉

는 '현재의 한국성을 반영하고, 수용자가 경험적으로 인식할 수 있는 한국 스타일의 콘텐츠'로 정의할 수 있다. 이것은 고정된 개념이 아니라 계속 변화하고 발전하는 동적인 개념으로, 한국 문화와 글로벌 문화의 상호작용 속에서 새롭게 정의된다.

K-콘텐츠의 개념은 국적성과 아울러 일종의 변증법적 관계에서 이해될 필요가 있다. K-콘텐츠는 한국이라는 특정한 문화적 맥락에 뿌리내리면서도, 동시에 그 경계를 넘어 글로벌 문화 지형과 적극적으로 소통하고 교류한다. 이러한 과정에서 K-콘텐츠는 한국 문화의 고유성을 보편적 감수성으로 승화시키는 한편, 다양한 문화적 차이를 창조적으로 아우르는 포용력을 발휘하게 된다. 이것은 곧 K-콘텐츠가 로컬과 글로벌, 특수성과 보편성을 넘나드는 혼종적이고 역동적인 문화 형식으로 진화하고 있음을 의미한다. 이런 맥락에서 K-콘텐츠의 국적성은 정체성을 구성하는 핵심 요

소이면서 동시에, 그 정체성이 고정불변의 실체가 아닌 다양한 문화적 조우와 혼종 과정에서 끊임없이 재구성된다는 사실을 보여주는 일종의 상징적 장치로 이해될 수 있을 것이다. K-콘텐츠의 국적성은 한국이라는 특정 국가의 문화적 정체성을 담지하면서도, 그것을 고정된 실체로 환원하지 않고 오히려 보다 복합적이고 유동적인 문화 실천의 장으로 열어가는 매개로 작용한다는 것이다.

한국 콘텐츠와 K-콘텐츠의 구별

K-콘텐츠의 인기는 수용자가 경험한 기대 심리에 바탕을 둔다. 개별의 독립 콘텐츠였던 한국의 대중문화 콘텐츠가 수용자의 경험을 통해 'K-콘텐츠'라는 통합적인 정체성을 획득한 것으로 이해할 수 있다. 앞서 말한 것처럼 'K'는 한국적인 것을 의미한다. 그렇지만 굳이 한국의 전통을 찾거나 한국적인 소재, 배경에 집착할 필요는 없다. 해외의 K-드라마 수용자들은 한국의 역사, 사회, 문화적 가치에 집착하지 않고 향유자 입장에서 총체적인 '한국성'으로 K-콘텐츠를 인식하기 때문이다. 이러한 수용자의 관점을 고려하지 않고 오로지 산업적이나 서사적 맥락에서 국적성 측면의 특성만을 논의한다면 K-드라마의 초국적 수용 현상을 올바로 이해할 수 없다. 한류 현상의 중심에 있는 대중문화 콘텐츠는 정체되어 있지 않으며 역동적이고 복합적이다.

모든 한국 음악이 케이팝이 아니듯이 모든 한국의 콘텐츠가 K-콘텐츠는 아니다. '한국 콘텐츠'와 'K-콘텐츠', 얼핏 유사해 보이는 이 두 용어는 미묘하지만 중요한 차이를 내포하고 있다. 이 차이는 단순히 명칭의 문제를 넘어, K-콘텐츠의 정체성과 브랜드 가치가 글로벌 시장에서 어떻게 인식되고 재구성되는지를 보여주는 단서라 할 수 있다. '한국 콘텐츠'는 말 그대로 한국에서 만들어진 콘텐츠를 총칭하는 개념이다. 이때 '한국'은 콘텐츠 제작 주체이자 원산지로서 의미를 갖는다. 즉, 한국 콘텐츠는 한국이라는 지리적, 문화적 배경 하에서 생산된 콘텐츠의 총체를 지칭한다. 한편 K-콘텐츠는 한국 콘텐츠 가운데 해외에서 인기를 끌며 한국 문화의 브랜드 가치를 대표하는 콘텐츠를 가리키는 개념이다. 'K-'라는 접두어는 이제 단순한 국가명의 약자를 넘어 하나의 문화 브랜드로 자리 잡았다. K-콘텐츠는 한국적 정서와 가치를 바탕으로 하면서도 세계인의 공감을 얻어낸 콘텐츠, 한국 문화의 세계화를 견인하는 콘텐츠를 의미하는 것이다. 이렇게 한국 콘텐츠와 K-콘텐츠를 구별한다면 해외 제작자가 능동적으로 한류를 재매개하여 혼종화된 콘텐츠를 제작하는 이른바 한국인 없는 K-콘텐츠도 가능하다. K-콘텐츠는 한국 콘텐츠가 지닌 고유한 문화적 특성과 미학을 바탕으로 하되, 그것을 세계인이 향유할 수 있는 보편적 콘텐츠로 재구성한 결과물인 것이다.

K-콘텐츠의 대표주자 격인 케이팝과 K-드라마는 혼종성을 띤다. K-콘텐츠는 글로벌 대중문화의 양식과 코드를 적극적으로 수용하고 한국적 요소와 융합함으로써 독특한 문화적 형식을 창출해왔다. 케이팝은 힙합, R&B, EDM 등 서구 음악 장르와 한국의 아이돌 시스템, 멜로디한 감성을 결합한 혼종의 산물이다. 또한 K-드라마는 할리우드 영화의 스펙터클과 한국 특유의 정서를 혼합한 독특한 서사와 스타일을 선보인다. 이처럼 K-콘텐츠는 자국 문화와 외래문화의 창조적 접합을 통해 기존의 문화적 경계를 넘나드는 새로운 문화 형식을 탄생시킨 것이다.

혼종성에 관한 문화 연구는 기존의 탈제국주의나 탈근대의 논리로 단순히 외부의 문화적 구성 요소를 모아두는 '샐러드 그릇' 담론에서 전 지구적이면서 동시에 지역적인, 그리고 이를 역동적으로 재창조하는 탈영토적인 글로컬한(glocal) 융합을 강조하는 것으로 확장되고 있다. K-콘텐츠의 혼종성도 동서양의 문화 구성 요소가 고유한 속성을 가진 채 단순히 모아진 것이 아니라 융합을 통해 새로운 탈영토적 문화 변용을 성취한 것으로 재개념화해야 할 것이다.

K-콘텐츠는 혼종의 문화 요소가 모여서 만들어진 융합 콘텐츠이며, 여기에 수용자가 자발적으로 참여하면서 초지구적 콘텐츠를 향유하고 있다. K-콘텐츠의 K 접두어는 국적성을 뛰어넘는 혼종의 한국을 뜻하며 '한국발(發) 세계향(向)'의 기표(記標, Signifiant)이면서 동시에 차별화된 글로컬 혼종성의 기의(記意, Signifie)를 가지고 있다. 결론적으로 K-콘텐츠는 한국 국적의 콘텐츠가 아니라 한국 스타일 콘텐츠로 개념화된다.

케이팝과 K-드라마의 장르화 . 4

케이팝은 이미 장르다

케이팝이 'Korean Popular Music', 즉 한국의 대중음악을 영어로 지칭하면서 만들어진 용어라는 데 이의를 제기할 사람은 별로 없을 것이다. 그렇지만 모든 한국의 대중음악이 케이팝은 아니다. 예를 들어 트로트 음악은 케이팝에 포함되지 않는다. 그렇다면 케이팝은 어떤 음악을 말하는가? 독특한 음악적 스타일과 미학, 퍼포먼스, 비주얼, 산업 시스템 등을 아우르는 복합적인 개념이다. 좁은 의미에서 케이팝은 1990년대 후반 이후 아이돌 그룹을 중심으로 발전해온 한국의 댄스 음악 장르를 가리킨다. 넓게는 발라드, 힙합, 록 등 다양한 장르의 한국 대중음악까지 포괄하는 개념으로 사용되고 있다. 특히 2000년대 후반 이후 케이팝은 아시아를 넘어 유럽, 미주 등 전 세계로 수출되며 글로벌 대중문화 현상으로 발전했다. 이 과정에서 케이팝은 독특한 음악 장르이자 문화 브랜드로 인식되기 시작했다.

말레이시아 서점에서 판매 중인 블랙핑크 관련 책

이러한 인식에서 케이팝은 다음과 같이 개념화할 수 있다. 1) 시기적으로는 1990년대 후반 이후 등장한 아이돌 그룹 중심의 댄스 음악과 청소년 팝 음악을 총칭하는 개념이다. 2) 장르적으로는 댄스 팝, 힙합, R&B, 일렉트로닉 등 서구 대중음악의 흐름을 적극 수용하면서도 한국적인 멜로디와 감성을 가미한 독특한 스타일의 융합 장르다. 3) 산업적으로는 기획사 중심의 아이돌 육성 시스템을 통해 대규모로 생산, 유통, 소비되는 문화 상품의 성격이 두드러진다. 철저한 트레이닝을 통해 스타를 양성하고, 이들을 전면에 내세운 마케팅 전략이 케이팝의 특징이라고 할 수 있다.

콘텐츠 산업에서는 다른 콘텐츠와 구별되는 통합적인 정체성의 요소를 '장르'로 유형화한다. 즉, 장르란 작품의 내용, 형식, 스타일 등에서 나타나는 공통적인 특징을 기준으로 콘텐츠를 분류하는 방식이다. 장르는 창작자와 향유자 간의 일종의 약속으로, 특정 장르에 속한 작품에 대해 향유자는 어느 정도 예측 가능한 경험을 기대하게 된다. 학자들은 이를 선관념이라고 말한다. 선관념이란 '영화는 이러이러한 속성을 가지고 있다'라는 기대에 따른 관념적 합의를 말하며, 이것이 축적되면서 하나의 장르로 인식된다.[*]

* 강봉래, 〈장르 담론의 비평적 재구성〉, 《문학과 영상》 20권 2호, 문학과영상학회, 2019, 160쪽.

장르는 반복된 습관과 스타일의 체계이며, 텍스트 속에서 반복적으로 등장하는 유사한 요소의 집합이 텍스트의 장르적 요소이고 이를 통해 장르 분류가 가능하다.* 문화 콘텐츠의 장르는 매체와 분야에 따라 다양하게 나눠볼 수 있다. 예를 들어 영화의 경우 액션, 코미디, 로맨스, 공포, SF 등으로 장르를 구분하고, 음악은 클래식, 재즈, 락, 힙합, 댄스 등으로 나눈다. 문학에는 소설, 시, 수필 등의 장르가, 게임에는 RPG, FPS, 스포츠, 퍼즐 등의 장르가 있다. 이처럼 장르는 콘텐츠의 속성을 규정하는 일종의 틀로 기능한다.

* Hoorn, J. F. "How is a genre created? Five combinatory hypotheses. CLCWeb: Comparativ Literature and Culture, 2(2), 2000, p.3.

케이팝의 장르적 특성	
음악적 혼종성과 독창성	힙합, R&B, 댄스 팝, 일렉트로닉 등 서구 대중음악의 다양한 장르와 스타일을 적극적으로 수용
	케이팝만의 음악적 문법: 후렴구 중심의 기억이 쉬운(catchy) 멜로디, 랩과 보컬의 조화, 중독성 있는 전자 음향 등
아이돌의 집단 퍼포먼스	고도로 훈련된 아이돌 퍼포먼스: 노래와 랩은 물론 춤과 퍼포먼스, 언어, 매너 등 총체적인 교육을 받으며, 철저하게 계획되고 훈련된 무대 준비
	어린 연습생을 발굴해 체계적인 트레이닝을 통해 가수로 데뷔시키는 '아이돌 시스템'
세련된 비주얼과 패션	음악 외적인 요소에 투자: 비주얼과 패션(헤어스타일, 의상, 액세서리)
	뮤직비디오와 앨범 재킷, 무대 의상 등 시각적 요소: 케이팝의 비주얼 미학 추구
체계적 프로듀싱 시스템	기획사를 중심으로 아티스트 발굴과 육성, 음악과 무대 기획, 마케팅과 유통에 이르는 전 과정이 유기적으로 통합된 시스템
	효율적이고 체계적인 생산-유통 시스템: 유튜브, 소셜미디어 등 디지털 플랫폼을 적극 활용한 온라인 마케팅 전략
기획사와 팬덤의 상호작용	열성적이고 능동적인 팬덤 문화: 단순한 음악 소비를 넘어, 아이돌의 일상과 활동을 적극적으로 팔로우하고 응원
	기획사의 팬덤 프로듀싱: 초국가적 팬덤 네트워크 형성, 팬심(fan-made) 콘텐츠의 활발한 생산

케이팝은 여타 음악과는 정체성이 구별되는 '장르'다. 케이팝은 해외에서 인기를 얻고 있는 한국 음악 가운데, 아이돌 중심의 댄스 음악을 지칭하는 장르다. 장르는 수용자에게 특정 스타일에 대한 기대를 유발한다. 케이팝을 생각할 때 아이돌 그룹의 다이나믹한 보컬과 역동적인 댄스 등 어떤 '스타일'을 기대하고 떠올릴 수 있기에 케이팝은 이미 장르로 자리 잡았다. 케이팝이 고유한 장르적 특성을 갖추게 된 것은 음악적 요소, 퍼포먼스와 비주얼, 산업 시스템 등 다양한 측면에서 스타일의 표준화가 결합된 결과라고 볼 수 있다.

케이팝은 음악적 혼종성과 독창성, 아이돌 퍼포먼스와 비주얼, 체계적인 기획과 마케팅, 팬덤 문화 등 다양한 측면에서 고유한 특성을 발전시켜왔다. 이러한 요소가 유기적으로 작용하면서 케이팝은 글로벌 대중음악 시장에서 독특한 스타일과 인지도를 형성하게 되었고 하나의 장르로 자리매김할 수 있었던 것이다.

K-드라마의 장르화 가능성

K-드라마가 글로벌 미디어 시장에서 독자적인 장르로 자리매김할 수 있는가? K-드라마의 장르화 가능성을 탐색하기 위해서는 그 특성, 현재의 위치, 앞으로의 과제를 종합적으로 고려해야 한다. K-드라마는 이미 나름의 독특한 문법과 관습을 구축하고 있다. 로맨스와 가족 드라마를 중심으로 한 서사 구조, 클리셰를 활용하면서도 반전을 가미하는 플롯 전개, 감각적인 영상미 등이다. 이러한 특성은 K-드라마만의 고유한 정체성을 형성하는 데 기여한다. 예를 들어 〈오징어 게임〉과 〈이상한 변호사 우영우〉는 서로 다

른 장르와 주제를 다루고 있지만, 둘 다 K-드라마라는 우산 아래에서 글로벌 시청자들의 관심을 받았다. 이것은 K-드라마가 개별 작품을 넘어, 하나의 통합된 문화 스타일로 인식되고 있음을 시사한다.

말레이시아 디저트 전문점에서 준비한 '오징어 게임 달고나' 행사

K-드라마의 장르화를 추진하는 핵심 동력은 두 가지로 볼 수 있다. 첫째는 지속적인 향유를 원하는 글로벌 팬들의 욕망이다. K-드라마 팬들은 한 작품을 즐긴 후 유사한 감동과 즐거움을 다른 K-드라마에서도 경험하길 기대한다. 둘째는 이러한 팬들의 욕구를 포착하고 활용하는 글로벌 OTT 플랫폼의 전략이다. 넷플릭스와 같은 플랫폼은 'K-드라마' 카테고리를 별도로 만들어 큐레이션 서비스를 제공함으로써, K-드라마의 장르적 정체성을 강화하고 있다. K-드라마는 서로 비선형적 상보(相補)관계를 이루고 있으며 향유자들의 경험과 인식은 상호작용을 통해 더 많은 시청을 견인한다.* 특정 텍스트끼리가 아니라 여러 K-드라마에 작동하는 상보관계에는 통합적인 장르적 정체성이 자리 잡고 있다. K-드라마의 장르화를 가져오는 촉매는 향유를 지속적으로 구축하고 강화하며 확장하려는 팬

* OTT 플랫폼에서 이루어지는 콘텐츠 소비가 반드시 개봉 일시에 따라 선형적으로만 이루어지는 것은 아니기에 향유에 대한 기여는 역방향으로 작동할 수도 있다. 일반적으로 미리 개봉된 〈오징어 게임〉 향유자가 〈이상한 변호사 우영우〉의 시청으로 유입되지만, 역으로 〈이상한 변호사 우영우〉가 미리 개봉된 다른 K-드라마의 향유에 기여하기도 한다.

들의 욕망과 이를 활용하는 글로벌 OTT 플랫폼의 전략이다.

그렇지만 K-드라마가 케이팝처럼 장르로 자리 잡기 위해서는 몇 가지 중요한 과제를 해결해야 한다. 우선, 한국적 로컬리티를 바탕으로 하되 글로벌 시청자들이 공감할 수 있는 보편적 가치와 감성을 담아내는 것이 중요하다. 〈오징어 게임〉이 한국의 특수한 사회 문제를 다루면서도 전 세계적인 불평등 이슈와 연결시킨 것은 좋은 예다. 또한 영상미, 연출, 연기, OST 등에서 K-드라마만의 독특한 스타일을 확립해야 한다. 이것은 단순한 시각적 화려함이 아닌, 내용과 형식의 유기적 조화를 의미한다. K-드라마가 직면한 또 다른 과제는 언어와 문화적 장벽의 극복이다. 드라마는 음악보다 언어 의존도가 높아, 문화적 맥락에 대한 이해가 더 필요하다. 이를 위해 효과적인 번역과 현지화 전략, 문화적 코드의 보편화가 요구된다. 동시에 산업적 측면에서도 혁신이 필요하다. 기획-제작-유통 전 과정에 걸친 시스템 혁신을 통해 글로벌 스탠다드에 부합하는 고품질 콘텐츠 생산 체계를 구축해야 한다.

K-드라마도 패턴이 만들어지고 콘텐츠 스타일에 대한 일정한 기대 심리가 정착되면서 장르로서 기능하기 시작했다. 향유자는 K-드라마에서 한국 배우들이 등장해 한국적인 서사 배경에서 벌어지는 전형적인 사건과 장면을 기대한다. 이러한 기대 심리가 축적되면서 'K-드라마'라는 장르가 완성된다. K-드라마의 장르 정체성을 매개하는 것은 향유자이며, K-드라마에 작동하는 기대 심리의 바탕에는 K-드라마의 장르 정체성이 자리 잡고 있다. 장르 정체성을 구현하는 것은 산업적, 서사적 맥락을 해석한 향유자의 능동적인 인식과 경험이며, 이것의 핵심은 지속적으로 향유하고자 하는 향유자의 욕망이다.

K-콘텍스트, 향유자 중심의 맥락적 한류 . 5

한국의 대중문화 콘텐츠가 텍스트로서 소비되는 데에 그치지 않고 현지인들이 한국적 맥락과 가치를 수용함으로써 '한 걸음 더 나간 한류' 현상이 자리 잡게 되었다. 이것이 'K-콘텍스트 한류'다. K-콘텍스트 한류란 단순히 한국의 대중문화 상품을 소비하는 것을 넘어, 한국의 문화적 맥락과 라이프스타일을 이해하고 공감하며, 나아가 이를 벤치마킹하는 현상을 의미한다. 문화 수용자가 K-컬처의 정신과 가치를 이해하고 공감하며 이를 자신의 삶에 접목시키고자 하는 것이 K-콘텍스트 한류의 핵심이다.

한국 문화에 대한 깊이 있는 이해와 공감

K-콘텍스트 한류의 첫 번째 측면은 한국 문화에 대한 깊이 있는 이해와 공감이다. 이것은 단순히 케이팝을 듣거나 한국 드라마를 시청하는 것을 넘어,

그 속에 담긴 한국의 문화적 코드와 사회적 맥락을 이해하는 것을 의미한다. 예를 들어, 〈오징어 게임〉과 같은 글로벌 히트작은 단순한 서바이벌 게임 드라마가 아니라, 한국 사회의 극심한 경쟁과 불평등 문제를 반영한다. 해외 향유자들은 이를 통해 한국 혹은 글로벌 사회의 현실을 간접적으로 경험하고, 자국의 상황과 연결 지어 깊이 공감하게 된다. 또한 케이팝 아이돌의 팬 문화를 통해 한국의 집단주의적 문화와 '정(情)' 문화를 이해하게 된다. 팬들은 단순히 음악을 즐기는 것을 넘어, 아이돌과 함께 성장하고 있다는 감정적 유대감을 형성하며, 이는 한국의 독특한 인간관계 문화를 반영한다.

이러한 맥락적 이해는 한국 문화에 대한 더 깊은 관심으로 이어지며, 한국어를 학습하고 한국 역사를 탐구하며 한국 여행을 통해 한국의 전통문화를 체험하고 싶다는 욕망으로 확장된다. 결과적으로, 한류 팬들은 한국 문화의 단순한 소비자가 아니라 문화 실천을 통해서 한국의 문화 콘텐츠를 이해하고 전파하는 향유자로 진화하게 된다. 한국 문화 콘텐츠에 대한 이해는 단순히 의미를 파악하는 것이 아니라, 향유자의 선이해(예견)와 한국 문화 텍스트의 의미 지평이 만나 새로운 이해를 창출하는 과정이다. 한류 팬들은 자신의 문화적 배경(선이해)을 가지고 한국 문화를 접하며, 이 과정에서 자신의 이해 지평과 한국 문화의 의미 지평이 만나 '이해의 융합'이 일어난다. 이러한 관점에서 한류는 단순한 문화 콘텐츠 상품의 소비가 아니라, 적극적으로 해석하고 의미를 창출하는 과정이 된다.

향유자는 한국 문화를 '체험'하는 과정에서 자신의 문화적 경험과 한국 문화가 교차하는 지점을 발견한다. 이것은 단순한 이해를 넘어 '체화된 이해'로 볼 수 있으며, 한류 팬들이 한국 음식을 직접 만들어 먹거나, 케이팝 안무를 따라 추는 행위로 나타난다. 체화된 이해의 과정에서 한류 팬들은 한국 문화를 자신의 문화적 맥락으로 '번역'한다. 이 과정에서 원래의 한국 문화와 팬들의 문화가 혼종화되어 새로운 문화 형태가 만들어진다. 예를 들어, 케이팝의 글로벌한 인기는 한국의 음악적 요소와 각국의 음악 전통이 만나 새로운 형태의 음악 문화를 창출하는 과정으로 볼 수 있다. 따라서 한국 문화의 맥락적 이해와 공감에 기초한 K-콘텍스트 한류는 단순한 문화 소비를 넘어선 복잡하고 다층적인 상호작용임을 알 수 있다.

한국식 라이프스타일 추구

K-콘텍스트 한류는 한국의 라이프스타일에 대한 글로벌 팬들의 관심과 동경으로 나타나고 있으며, 다양한 영역에서 한국식 일상 문화와 생활 방식을 받아들이고 적용하려는 노력으로 이어지고 있다. 따라서 한식, 한복, 한옥 등 전통문화부터 K-뷰티, K-패션 등 현대 라이프스타일까지 다양한 분야가 주목받고 있다. 또한 한국의 야식 문화, '빨리빨리' 정신도 드라마나 예능을 통해 소개되면서 한국식 라이프스타일에 대한 관심으로 이어지고 있다. 이러한 일상 문화의 확산은 K-콘텍스트 한류의 저변을 넓히는 데 기여한다. 그렇지만 한국 라이프스타일을 추구하는 것이 단순한 모방이 아니라 한류 향유자가 자신의 기존 '세계'에 한국적 요소를 도입함으로써 새로운 형태의 '세계-내-존재'를 구성하는 것으로 이해해야 한다. 예를 들어, K-뷰티 루틴을 도입하는 것은 단순히 화장품을 사용하는 것이 아니라, 자기 관리와 아름다움에 대한 새로운 존재 방식을 채택하는 것이다.

한류 팬들은 실제 한국인의 일상보다는 미디어를 통해 재현된 이상화된 한국 라이프스타일을 추구한다고 볼 수 있다. 이것은 실제 한국의 현실과는 괴리가 있을 수 있지만, 그 자체로 새로운 문화적 실재를 만들어내는 과정이다. 예를 들어, 드라마나 케이팝 뮤직비디오를 통해 재현된 '이상적인' 한국 생활을 추구하는 것이다. 그래서 K-콘텍스트 한류는 단순한 한국 따라 하기가 아니라, 자신의 삶의 방식을 능동적으로 선택하고 구성해 나가는 과정이다. 케이팝 팬덤 활동에 참여하는 것은 단순한 취미가 아니라, 자신의 정체성과 삶의 의미를 구성하는 실존적 선택인 것이다.

K-콘텍스트 한류는 향유자가 자신의 존재 방식을 재구성하는 능동적인 과정이다. 단순한 문화 소비를 넘어, 자신의 정체성과 가치관을 재구성하는 복잡한 과정이다. 한국의 집단주의적 가치관이나 '빨리빨리' 문화를 받아들이는 것은 자신의 기존 가치 체계와의 협상과 통합을 필요로 한다. 이 과정에서 한국적 라이프스타일은 변형되고 재해석되며, 각 문화권의 맥락에 맞게 변용된다. 예를 들어, 무슬림 사회에서는 삼겹살 대신 치킨을 함께 먹으며 한국인의 식사 문화, 사회적 교류 방식을 경험하고자 하는 욕구를 실현한다.

한국 대중문화 산업 시스템 벤치마킹하기

K-콘텍스트 한류의 세 번째 측면은 한국 대중문화 산업 시스템을 벤치마킹하는 현상이다. 한류의 성공은 단순히 콘텐츠의 품질만으로 이루어진 것이 아니라, 체계적인 산업 시스템의 결과물이라는 것도 엄연한 사실이다. 케이팝, 웹툰 등 한국 대중문화 콘텐츠의 성공 이면에는 기획사의 아이돌 육성 시스템, 웹툰 플랫폼의 작가 발굴 및 지원 체계 등이 있었다. 이러한 한국 대중문화 산업의 시스템과 노하우는 이제 전 세계 문화 산업의 벤치마킹 대상이 되고 있다.

K-콘텍스트 한류는 콘텐츠 자체뿐 아니라 그 기반이 되는 산업 시스템의 전파까지 포괄하는 개념이다. 어린 나이부터 시작되는 체계적인 트레이닝, 팀 구성 전략, 다양한 콘텐츠를 통한 팬 소통 등은 많은 국가가 벤치마킹하고자 하는 모델이 되었다. 해외에서 한국 케이팝 시스템을 모방하는 이유는 잠재력 있는 아티스트를 발굴해 춤, 노래, 언어, 연기 등 다방면의 종합적인 교육을 통해 대중문화 스타로 키워내는 한국 기획사의 노하우를 높이 평가하기 때문이다. 또한 콘셉트 관리로 강력한 브랜드를 형성하고 글로벌 진출을 이뤄내는 프로듀싱을 배우고자 함이다. 물론 이 시스템의 이면에는 표준화된 트레이닝으로 인한 다양성과 개성의 부족, 장기 계약으로 인한 부당한 조건이나 권리 제한 등 윤리적 측면에서 여러 과제를 안고 있는 것도 사실이다. 그렇지만 중국, 일본, 동남아시아 국가들은 한국식 아이돌 육성 시스템을 도입하여 자국의 대중문화 산업을 발전시키려 노력하고 있다. 또한, 한국 드라마와 영화 제작 시스템도 주목받고 있다. 동시간대 방영제도, 작가 중심의 제작 시스템, 웹드라마와 같은 혁신적인 포맷 등은 글로벌 콘텐츠 제작의 새로운 모델이 되고 있다. 태국이나 베트남에서 한국 드라마를 모방한 작품이 여럿 발견되는 것도 이러한 맥락에서 이해할 수 있다.

한편, 한류의 글로벌 성공을 자국 콘텐츠 산업 진흥의 모델로 삼고자 하는 여러 국가의 시선은 주로 한국 정부의 역할에 집중되어 있다. 그러나 한류 성공에 있어 정부의 실제 영향력에 대해서는 국내에서 다양한 논란이 존재한다. 많은 이들은 한류의 핵심 동력이 대형 엔터테인먼트 기업의 혁신과 투자, 아티스트와 제작자의 창의성에 있다고 주장한다. 이들은 한류의 성공이 정부 지원보다는 글로벌 수용자의 선택에 따른 자연스러운 결과이며, 유튜브나 넷플릭스 같은 글로벌 플랫폼의 영향력이 더 중요했다고 본다. 그러나 외국에서는 민간 부문의 역할과 시장의 자율성보다는 '모델화가 수월한'

정부의 체계적인 지원과 정책을 벤치마킹 대상으로 삼고자 하는 것으로 이해할 수 있다. 이러한 현상은 이제 한류가 단지 텍스트가 아니라 시스템으로 받아들여지고 있다는 방증이다.

K-콘텍스트는 한류 파동의 핵심이다

K-콘텐츠 한류가 알갱이에 기초하였다면 K-콘텍스트 한류는 파동으로 확산되는 바탕이다. K-콘텍스트를 통해 한국의 문화와 정서가 전파되고, 이를 뒷받침하는 산업 시스템이 주목받으며, 나아가 한국의 일상 문화와 라이프스타일까지 확산된 것이다. 그동안의 한류는 케이팝, K-드라마, K-무비 등 개별적이고 독립적인 문화상품(콘텐츠/입자)의 글로벌 소비에 초점이 맞춰져 있었다. 하지만 앞으로의 한류는 콘텐츠를 넘어, 한국적 정서와 가치, 한국적 시스템, 라이프스타일(콘텍스트/파동)이 세계로 확산되고 영향을 미치는 현상이 될 것이다.

K-콘텍스트 한류는 한국 문화 전반에 대한 총체적 이해와 공감의 확대를 의미한다. K-뷰티는 단순히 한국 화장품을 사용하는 것이 아니라, 한국인의 아름다움에 대한 철학과 가치관을 이해하고 실천하는 라이프스타일을 의미한다. K-푸드 역시 한국 음식을 먹는 데 그치지 않고, 한국 식문화의 정신과 의미를 공유하는 것이다. 이처럼 K-콘텍스트 한류는 한국적인 것의 본질과 가치를 세계인들과 나누는 문화 교류의 새로운 패러다임이 될 것이다. 결론적으로 K-콘텍스트 한류는 K-콘텐츠에 녹아든 한국의 문화와 정서가 전 세계인들과 공명하는 현상이라 할 수 있다. 이는 한국에 대한 이해와 공감의 확산이라는 점에서 의미가 있다. K-콘텍스트 한류는 한류 담

론의 깊이와 폭을 더욱 확장시킬 것으로 기대된다.

한류는 바라보는 관점에 따라 콘텐츠로 인식되기도 하고 콘텍스트로 이해되기도 한다. 그러나 중요한 것은 이 둘 사이의 역동적인 상호작용이다. 앞으로의 한류는 콘텐츠와 콘텍스트의 창의적 융합과 상호작용을 통해 더욱 진화할 것이다. 개별 콘텐츠의 질적 향상과 함께 이를 아우르는 문화적 스토리텔링과 한국만의 독특한 세계관 구축이 한류 성장의 핵심 과제가 될 것이다. 결론적으로 K-콘텍스트 한류는 K-콘텐츠에 녹아든 한국의 문화와 정서가 전 세계인들과 공명하는 현상이라 할 수 있다. 이것은 한국에 대한 이해와 공감의 확산이라는 점에서 큰 의미가 있으며, 한류 담론의 깊이와 폭을 더욱 확장시킬 것으로 기대된다.

6. K-컬처, 한류의 글로벌 문화 실천

K-컬처는 한국의 대중문화를 토대로 글로벌 수용자 문화와의 창조적 융합을 통해 형성된 새로운 형태의 초국가적 문화 현상이다. K-컬처는 전 세계 팬들의 일상과 가치관에 깊이 관여하며 팬들의 능동적 참여를 통해 새로운 형태의 문화적 실천을 만들어내고 있다. 여기에서는 K-컬처의 다면적인 특성을 세 가지 핵심 개념을 중심으로 살펴보고자 한다. 그것은 '접근 수월한 현대성(Affordable Modernity)', '융합적 혼종성(Fusion Hybridity)', '실천적 열망(Aspirational Exercise)'이다. 이 세 가지 특성은 K-컬처가 글로벌 문화 시장에서 독특한 위치를 차지하고 지속적으로 영향력을 확대할 수 있게 한 핵심 요인들이다.

접근 수월한 현대성

K-컬처의 가장 주목할 만한 특성 중 하나는 '접근 수월한 현대성'이다. 이

개념은 K-컬처가 전 세계 각지의 향유자에게 현대적이고 세련된 문화적 경험을 비교적 수월하고 저렴하게 제공한다는 것을 의미한다. 이것은 단순히 경제적인 측면에서 저렴하다기보다는 문화적, 심리적, 기술적 측면에서의 접근성이 우선되는 개념이다.

K-컬처가 가진 포용적인 접근성은 해외 팬들이 더 편안하게 '현대성'을 추구하고 향유할 수 있는 문화적 플랫폼을 제공하기 때문이다. 특히 주목할 만한 점은 K-컬처가 미국이나 서구권 또는 중국, 일본과 같은 전통적인 제국주의 국가들의 문화적 헤게모니와는 다른 차원의 문화 경험을 제공한다는 것이다. 한국은 역사적으로 제국주의적 팽창이나 문화적 지배의 경험이 없는 국가로서, 글로벌 팬들에게 문화적 부담감이나 거부감 없이 다가갈 수 있는 독특한 위치에 있다. 이러한 한국의 포지셔닝은 해외 팬들이 심리적 방어막을 낮추고 더 자연스럽게 문화를 수용할 수 있게 만드는 중요한 요인이 된다. 더욱이 K-컬처는 최첨단 현대성을 구현하면서도, 이를 강압적이거나 일방적인 방식이 아닌 친근하고 부드러운 방식으로 전달한다. 예를 들어 케이팝은 서구의 첨단 음악 제작 기술과 퍼포먼스를 수용하면서도, 이를 한국적 감성과 정서로 재해석하여 새로운 형태의 문화적 경험을 창출한다. 이것은 문화적 우월성을 내세우지 않으면서도 세련되고 현대적인 문화를 전파할 수 있는 독특한 방식이다. K-드라마나 예능 프로그램에서도 이러한 특징이 잘 드러난다. 첨단 도시 환경과 현대적 라이프스타일을 보여주면서도, 인간적 가치와 정서적 교감을 중시하는 내용은 글로벌 팬들에게 현대성에 대한 새로운 시각을 제시한다. 이는 기존의 서구 중심적 현대화 담론이나 거대 문화권의 압도적인 영향력과는 다른, 보다 친근하고 수용 가능한 형태의 현대성을 제시하는 것이다.

K-컬처가 '접근 수월한 현대성'이라는 특성을 갖게 된 배경에는 한국

대중문화의 독특한 역사적, 경제적 맥락이 자리 잡고 있다. 한국은 20세기 후반 급속한 경제 발전을 이루면서 전통과 현대, 동양과 서양의 문화를 급격하고 독특하게 융합시켰다. 이 과정에서 한국은 서구의 현대성을 단순히 모방하는 데 그치지 않고, 놀라울 정도로 빠른 시간에 이를 재해석하고 재창조하는 능력을 발휘했다. 이러한 문화적 융합과 재창조 과정은 한국의 압축적 근대화 경험과 맞물려, 현대성에 대한 독특한 해석과 표현 방식을 만들어냈다. 이러한 역사적 배경은 결과적으로 서구에 비해 상대적으로 저렴하면서도 현대적이고 세련된 대중문화 상품을 생산할 수 있는 토대가 되었다. 한국의 문화산업은 제한된 자원과 시장 규모의 한계를 극복하기 위해 효율적인 제작 시스템과 창의적인 마케팅 전략을 발전시켰고, 이는 글로벌 시장에서 경쟁력 있는 문화 상품을 만들어내는 원동력이 되었다.

특히 한국이 압축적 근대화를 겪으면서도 전통적 가치와 현대성을 조화롭게 융합해낸 경험은, 비슷한 도전에 직면한 많은 국가의 팬들에게 현실적인 롤모델이 된다. 이는 서구의 현대성을 맹목적으로 추종하지 않으면서도, 자국의 문화적 정체성을 유지하며 발전할 수 있다는 희망적 메시지를 전달한다. 또한 K-컬처는 디지털 기술과 소셜미디어를 활용한 쌍방향 소통을 통해, 문화적 위계질서 없이 팬들과 평등한 관계를 형성한다. 이러한 접근 방식은 기존의 일방적인 문화 전파 방식과는 차별화되며, 팬들이 능동적으로 문화를 해석하고 향유할 수 있는 환경을 조성한다. 결과적으로 K-컬처는 제국주의적 문화 헤게모니의 부담감 없이, 현대성을 자연스럽게 받아들이고 즐길 수 있는 문화적 플랫폼을 제공하고 있다. 이러한 특성은 K-컬처가 글로벌 문화 시장에서 독특한 위치를 차지하게 된 핵심적인 이유이며, 지속적인 성장과 영향력 확대의 원동력이 되고 있다.

'접근 수월한 현대성'을 제공하는 K-컬처의 확산은 여러 가지 중요한 함의를 지닌다. 첫째, 문화 민주화에 크게 기여한다. 고품질의 대중문화 콘텐츠를 더 많은 사람이 경험할 수 있게 되면서 문화 경험의 격차가 줄어든다. 특히 개발도상국이나 신흥 경제국의 소비자에게 이는 큰 의미를 가진다. 이전에는 경제적, 지리적 제약으로 인해 접하기 어려웠던 현대적이고 세련된 대중문화 콘텐츠를 이제는 쉽게 즐길 수 있게 된 것이다. 둘째, K-컬처의 성공은 글로벌 문화산업의 새로운 모델을 제시한다. 이것은 반드시 거대한 자본이나 오랜 전통이 있어야만 글로벌 문화 시장에서 성공할 수 있다는 기존의 통념에 도전한다. 셋째, K-컬처는 비서구권 문화의 글로벌화라는 점에서 주목할 만한 문화 현상이다. 그동안 글로벌 문화 시장은 주로 서구, 특히 미국 중심의 문화 상품이 주도해왔다. 그러나 K-컬처의 성공은 비서구권 문화도 글로벌 무대에서 주목받을 수 있으며, 독특한 가치를 인정받을 수 있다는 것을 보여준다. 이것은 글로벌 문화의 다양성을 증진시키고, 문화 간 대화와 교류를 촉진하는 데 기여한다.

융합적 혼종성

K-컬처의 두 번째 주요 특성은 '융합적 혼종성'이다. 이것은 K-컬처가 다양한 문화적 요소를 창의적으로 결합하여 새로운 문화 형태를 창조해내는 능력을 의미한다. K-컬처는 아시아적 요소, 글로벌 트렌드, 현대적 감성을 독특하게 융합하여, 기존에 없던 새로운 문화적 경험을 제공한다. 이러한 융합적 혼종성은 K-컬처가 글로벌 시장에서 독특한 정체성을 유지하면서도 폭넓은 향유자층에게 어필할 수 있는 핵심 요인이다. 융합적 혼종성의 배경에는 한국의 독특한 역사적, 문화적 경험이 자리 잡고 있다. 한국은 오

랜 시간 동안 중국, 일본 등 주변 강대국의 영향을 받으면서도 독자적인 문화를 발전시켜왔다. 20세기에는 서구 문화의 유입, 일제 강점기, 한국전쟁, 급속한 산업화와 민주화 등 격변의 시기를 겪으며 다양한 문화적 요소를 흡수하고 재해석하는 과정을 거쳤다. 이러한 역사적 경험으로 한국 문화는 다양한 요소를 융합하고 새로운 것을 창조해내는 능력을 갖게 되었다.

케이팝은 융합적 혼종성을 가장 잘 보여주는 사례다. 케이팝은 서구의 음악 장르인 팝, 힙합, R&B, 일렉트로닉 등과 한국의 아이돌 육성 시스템, 아시아의 그룹 댄스 문화를 독특하게 융합시켰다. 예를 들어, BTS의 음악은

말레이시아 라마단 바자회에서 판매하는 한국 퓨전 음식

힙합을 기반으로 하면서도 한국적인 정서와 현대적인 프로덕션을 결합했고, 뮤직비디오에서는 한국의 전통 요소와 현대적인 비주얼을 조화롭게 융합했다. 이러한 융합으로 케이팝은 글로벌 시장에서 '익숙하면서도 새로운' 매력을 발산할 수 있었다.

K-드라마 역시 융합적 혼종성의 좋은 예시다. K-드라마는 서구의 서사 구조와 제작 기법을 수용하면서도, 한국적인 정서와 가치관을 담아내고 있다. 예를 들어, 〈도깨비〉와 같은 작품은 한국의 전통적인 설화를 현대적으로 재해석하면서, 글로벌 관객들도 공감할 수 있는 로맨스와 판타지 요소를 결합했다. 또한 〈오징어 게임〉은 한국의 사회적 이슈를 다루면서도, 글로벌 관객들이 쉽게 이해할 수 있는 서바이벌 게임이라는 보편적 포맷을 활용했다.

K-뷰티 산업에서도 융합적 혼종성이 두드러진다. K-뷰티 제품은 한방(韓方)과 같은 전통적 요소와 최신 글로벌 뷰티 트렌드를 결합한다.

K-푸드의 세계화 과정에서도 융합적 혼종성이 나타난다. 한국의 전통 음식이 현지화 과정을 거치면서 새로운 형태로 재탄생하고 있다. 예를 들어, '불고기 버거'나 '김치 타코'와 같은 퓨전 음식은 한국 음식의 맛과 재료를 서구의 익숙한 음식 형태와 결합해 새로운 음식 경험을 창출한다.

이러한 융합적 혼종성은 K-컬처에 여러 가지 강점을 제공한다. 우선, 글로벌 시장에서의 높은 적응력과 수용성을 확보한다. K-컬처는 다양한 문화적 요소를 포함하고 있기 때문에, 서로 다른 문화권의 사람들이 각자의 관점에서 공감할 수 있는 요소를 찾을 수 있다. 이는 K-컬처가 다양한 시장에 빠르게 적응하고 폭넓게 향유되는 원동력이 된다. 또한, 다양한 요소를 융합하는 과정에서 새로운 아이디어와 표현 방식이 끊임없이 생성된다. K-컬처가 지속적으로 새로워지고 역동적인 문화 콘텐츠로 자리매김하게 된 핵심 배경이다. 융합 과정에서 발생하는 창의적 마찰과 긴장은 끊임없는 혁신의 원천이 되어, K-컬처가 글로벌 문화 시장에서 트렌드를 선도하는 위치에 서게 했다. 아울러 융합적 혼종성은 K-컬처의 지속가능성을 높이는 요인이 된다. 다양한 문화적 요소를 유연하게 수용하고 재해석하는 능력은 급변하는 글로벌 문화 환경에서 K-컬처가 끊임없이 진화하고 적응할 수 있게 하는 것이다. 결론적으로, K-컬처의 융합적 혼종성은 글로벌 문화 시장에서 독특한 정체성을 유지하면서도 폭넓은 향유자층에게 어필할 수 있게 하는 핵심 요인이다.

실천적 열망

K-컬처의 세 번째 주요 특성은 '실천적 열망'이다. 이것은 K-컬처가 단순한 문화 소비의 대상을 넘어서, 문화 향유자가 추구하고자 하는 일종의 '열망적 실천'으로 작용한다는 것을 의미한다. 이러한 특성은 K-컬처가 전 세계 팬들의 일상생활과 가치관에 깊이 관여하며, 그들의 행동과 라이프스타일에 실질적인 영향을 미치는 중요한 요소가 되었음을 보여준다. 실천적 열망은 여러 가지 측면에서 나타난다.

첫째, 적극적인 참여와 모방이다. 케이팝 팬들은 단순히 음악을 듣는 데 그치지 않고, 아이돌의 댄스를 따라 추고, 패션을 모방하며, 음악 비디오를 재창작하는 등 적극적으로 참여한다. 예를 들어, BTS의 'Permission to Dance' 챌린지나 'How You Like That' 댄스 커버 열풍은 전 세계 팬들의 적극적인 참여와 실천을 보여주는 대표적인 사례다.

둘째, K-컬처는 자기 개선의 도구로 활용된다. 많은 팬이 케이팝 아이돌의 자기관리 방식, 노력하는 태도, 목표 지향적인 태도를 롤모델로 삼아 자신의 삶에 적용하려 한다. 예를 들어, BTS 멤버의 자기 계발 노력이나 꾸준한 연습 과정을 담은 콘텐츠는 팬들에게 자기 개선의 동기부여가 되고 있다. 이것은 단순한 연예인 팬덤 문화를 넘어서, 개인의 성장과 발전을 추구하는 문화로 발전하고 있다.

셋째, K-컬처는 새로운 기술과 능력을 습득하는 계기가 된다. 많은 K-컬처 팬들이 한국어를 배우기 시작하거나, K-뷰티 기술을 익히고, K-푸드 요리법을 습득하는 등 실질적인 기술과 지식을 쌓아가고 있다. 전 세계적으로 한국어 학습자 수가 증가하고 있으며, 이들 중 상당수가 케이팝이나 K-드라마를 통해 한국어에 관심을 갖게 된 경우다. 이는 K-컬처가 단순한 엔터테인먼트를 넘어 교육적, 실용적 가치를 지니고 있음을 보여준다.

넷째, K-컬처는 새로운 커뮤니티와 사회적 관계를 형성하는 매개체가 된다. 전 세계 K-컬처 팬들은 온라인과 오프라인에서 다양한 활동을 통해 새로운 커뮤니티를 형성하고, 사회적 관계를 확장해 나간다. 케이팝 팬클럽의 자선 활동이나 환경 보호 캠페인 참여는 K-컬처를 매개로 한 사회적 실천의 좋은 예시다.

말레이시아 일본 소매업체 이온(AEON)에서 판매하는 방탄소년단 스니커즈 제품

다섯째, K-컬처는 글로벌 시민의식과 문화적 다양성을 체험하는 통로가 된다. K-컬처 팬들은 한국 문화를 접하면서 자연스럽게 다른 문화에 대한 이해와 존중을 배우게 된다. 이것은 궁극적으로 글로벌 시민으로서의 의식을 함양하는 데 기여한다. 예를 들어, 많은 케이팝 아티스트가 UN 등 국제기구와 협력하여 전개하는 캠페인은 팬들에게 글로벌 이슈에 대한 관심과 참여를 독려하고 있다.

실천적 열망으로서 K-컬처의 영향은 개인 차원을 넘어 사회적, 경제적 차원으로 확장되고 있다. 개인 차원에서는 자기 개발과 정체성 형성에 영향을 미치고, 사회적 차원에서는 새로운 형태의 공동체와 문화적 실천을 만들어내며, 경제적 차원에서는 관련 산업의 성장으로 이어지고 있다. 많은 K-컬처 팬들은 한국식 스킨케어 루틴을 일상적으로 실천하고 있으며, 이것은 K-뷰티 관련 제품 시장의 성장으로 이어지고 있다. 한국 음식에 관심을 가지는 사람들이 늘어나면서, 해외 한국 식품 시장이 확대되고 있는 것도 K-컬처 파동의 결과다.

이상과 같이 K-컬처는 글로벌 문화 생태계를 재편하고 새로운 문화적 가치를 창출하는 가능성을 보여준다. 많은 국가와 문화권에서 K-컬처를 따라 하고자 하는 현상이 나타나고 있다. 이것은 단순히 문화 콘텐츠의 모방을 넘어, 한국의 문화산업 시스템, 마케팅 전략, 팬덤 문화 등을 벤치마킹하는 형태로 나타난다. 이러한 특성은 K-컬처가 글로벌 문화산업의 새로운 모델로 자리 잡았음을 보여준다.

그러나 K-컬처의 급속한 확산은 여러 가지 도전 과제를 제기하고 있는 것도 사실이다. K-컬처가 한국적 특성과 글로벌 보편성 사이의 균형을 어떻게 유지할 것인가는 중요한 과제다. 너무 한국적이면 글로벌 시장에서 수용성이 떨어질 수 있고, 반대로 너무 글로벌화되면 K-컬처만의 독특한 매력을 잃을 수 있기 때문이다. 또한, 문화적 전유에 대한 비판도 제기될 수 있다. 다양한 문화적 요소를 차용하는 과정에서 원래 문화의 맥락과 의미가 왜곡될 수 있기 때문이다. 이러한 도전 과제를 어떻게 극복하고, 앞서 언급한 세 가지 핵심 특성을 어떻게 발전시키고 균형을 이루어 나가느냐에 따라 K-컬처의 미래가 결정될 것이다.

2장

말레이시아 한류를 통한 × 제유적 상상력

●○●

이번 장은 흥미로운 사례 연구다. 말레이시아라는 특정 지역의 사례를 통해 전체 한류 현상의 주목할 만한 특징을 찾아내어 제유적(提喩的) 의미를 읽어내고자 한다. 제유는 전체 속에 내포된 어떤 특성을 표시하는 작용을 통해서 현상을 규정한다(구모룡 2007). 〈떡장수와 호랑이〉 설화에서 아이들이 '손'을 통해 엄마를 확인하는 것은 전형적인 제유적 상황이라 할 수 있다(박현수, 2008). 이 접근 방식은 우선 말레이시아라는 특정 지역에 초점을 맞춤으로써, 한류가 실제로 어떻게 수용되고 변용되는지 상세히 관찰할 수 있다. 이것은 한류의 복잡한 역학을 이해하는 데 큰 도움이 된다. 미시적 접근을 통한 거시적 이해는 한류 연구에 새로운 차원을 더한다고 판단한다. 개별 국가의 구체적인 사례를 통해 전체 한류 현상의 본질과 특징을 추론할 수 있으며 이것이 바로 '제유적 상상력'을 펼치는 것이다. 제유적 상상력은 필자의 수사(修辭)로서 부분으로 전체를 구상하는 인지 능력을 말한다.

이 방법은 문화적 맥락의 중요성을 강조한다. 말레이시아의 고유한 문화적 배경 속에서 한류가 어떻게 해석되고 수용되는지 살펴봄으로써, 문화 교류의 역동성과 현지 향유자의 문화적 실천을 부각시킬 수 있다. 이것은 한류의 보편성과 특수성을 동시에 이해하는 데 유용한 시각을 제공한다고 생각한다. 이번 장에서는 OTT 환경에서 촉발된 전 지구적 문화 접근성의 확대가 한류 수용자의 능동적 문화 실천을 강화하는 과정에 주목하고, 말레이시아의 K-드라마 수용을 사례로 삼아 한류 문화 현상의 정경(情景)을 탐구하고자 한다.

말레이시아에서의 한류 현상을 엄정하게 논의하고, 보다 통찰력 있는 분석의 대상으로 삼으려면, 현지 문화 수용자의 K-드라마에 대한 인식과 경험을 제대로 읽어내고 그 문화적인 정경을 구성해 볼 필요가 있다. 정경은 물리적으로 만들어지는 자연 풍경이 아니라 문화 향유자가 지각하고 감지할 때 만들어지는 인식의 구성물이다. 집을 한 채 그릴 때에는 그 집만 보이지만 한 채 두 채 계속해서 그리다 보면 마을 전체가 보인다. K-드라마에 대한 수용 경험과 문화적 실천을 통해 총체적인 한류 경험을 알아보고 제유적 상상력을 통해 그 정경을 그려보고자 하는 것이다. 결국 한류 정경(Hallyu-scape)은 한류를 향유하는 수용자의 문화적인 실천과 경험의 시공간으로 구성되는 풍경이다.

말레이시아에서의 한류 정경을 제대로 포착하기 위해 여러 문헌 자료, 산업 데이터, 한류 콘텐츠 향유자 및 전문가와의 심층 면접 그리고 언론의 담론 분석 등 여러 수단과 방법이 동원되었다. 구체적인 자료 수집 방법은 이 책의 말미에 정리해 두었다. 필자는 이렇게 얻은 자료를 기반으로 글로벌 OTT 플랫폼 등장 이후 말레이시아에서의 K-드라마 수용 양상을 살펴보고 향유자 경험의 변화와 문화 실천을 탐구하였다. 이 장의 내용은 그 결과와 함의를 통해 한류의 새로운 문화 지형인 한류 정경을 포착하여 담론화한 것이다.

이러한 제유적 접근은 한류 연구에 현장감 있는 서사를 제공한다고 판단한다. 구체적인 사례를 통해 한류 현상을 더욱 생생하고 실감 나게 서술할 수 있어, 독자의 이해와 공감을 높일 것이라고 기대한다. 이러한 시도는 한류라는 복잡하고 다면적인 현상을 보다 체계적이고 심도 있게 이해하는 데 기여할 것이다.

1. 왜 말레이시아인가

한류는 혼류(混流)다. 한류는 본질적으로 혼종성과 유동성을 가진 문화 현상이라는 의미이다. 혼류의 흐름을 가장 잘 읽을 수 있는 곳은 바로 해외 한류 현장일 것이다. 한류 수용자의 문화적 실천은 수용 사회의 정치, 사회, 문화, 경제 환경에 영향을 받는다. 따라서 수용자의 사회적 맥락과 조건을 이해하고 미디어 환경을 분석하는 현장의 콘텍스트 연구가 중요하다. 현장(現場)은 현상(現像)에 대한 접근을 최적화한다.

그렇다면 그 많은 한류 현장 가운데 말레이시아를 특정하여 분석하는 이유는 무엇인가? 무엇보다 말레이시아는 다양한 민족 구성과 언어로 인하여 다양성과 혼종성이라는 특질을 갖고 있으며, 외래 문화의 유입과 수용에도 개방성을 보인다. 또한 동남아시아에서는 가장 발달된 정보통신 인프라를 갖고 있어서 디지털 미디어 환경에서 복합적이고 혼성적인 전 지구적 문화 흐름을 읽어내는 데에 최적의 대상으로 판단된다.

문화적 다양성과 혼종성

말레이시아는 말레이계(57.9%), 중국계(22.6%), 인도계(6.6%), 기타 외국인으로 구성된 다민족 국가다. 말레이어가 공용어이지만 영어 및 중국어를 혼용해서 사용한다. 이슬람교를 믿는 무슬림이 인구의 대다수를 차지하지만, 힌두와 불교문화가 공존하며, 말레이시아 헌법은 종교의 자유를 보장한다. 이렇듯이 말레이시아는 여러 민족과 언어, 종교가 어우러져 다문화적 혼종성을 보인다. 음식 문화는 말레이시아의 혼종성을 가장 잘 보여주는 사례다. '나시르막'은 말레이 요리지만 중국식 조리법이 가미되어 있고, '락사(Laksa)'는 말레이, 중국, 인도 요리의 특징이 혼합된 대표적인 음식이다. 페라나칸(Peranakan) 요리는 말레이와 중국 문화의 융합을 잘 보여주는 독특한 요리 문화를 보여준다.

페라나칸은 말레이시아의 다문화주의를 잘 보여준다. '페라나칸'은 말레이어로 '현지에서 태어난'이라는 뜻인데, 주로 15~17세기 말라카해협으로 이주해 온 중국인 남성과 현지 말레이 여성 사이에서 태어난 후손을 가리킨다. 그래서 '해협 중국인(Straits Chinese)'이라고도 불린다. 페라나칸 문화의

락사(좌), 다양한 페라나칸 요리(우)

매력은 바로 'melting pot'이라고 불리는 독특한 혼합에 있다. 상상해보라. 중국의 비단옷을 입고 말레이 향신료를 넣은 요리를 먹으면서 영어로 대화를 나누는 사람들을! 이것이 바로 페라나칸의 일상이다. 페라나칸 요리는 '노냐(Nyonya)' 요리라고 불린다. 중국 요리법에 말레이 향신료를 듬뿍 넣어 만든 노냐 음식은 그야말로 입안에서 문화의 융합을 경험하게 해준다. 새콤달콤한 락사나 닭고기를 향긋한 향신료와 함께 끓인 아얌 부아 켈루악((Ayam Buah Keluak) 같은 요리를 먹다 보면, 맛있는 역사에 빠져드는 기분이 든다. 페라나칸 여성이 입는 화려한 크바야(Kebaya)와 남성이 입는 바틱 셔츠는 다채로운 색상이 정말 아름답다. 또한 집 장식과 도자기는 예술의 경지에 이른

동서양 문화가 어우러진 페라나칸 문화를 볼 수 있는 페라나칸 맨션

말레이시아 최근 역사 요약

1. 말레이시아 역사는 1400년경 말라카 술탄국에서 시작되었다. 술탄(Sultan)은 이슬람교 국가에서 군주를 뜻하는 말이다. 전성기에 술탄국 영토는 말레이반도 동해안과 수마트라 대부분을 포함했다. 말라카는 동아시아와 중동을 잇는 전략적 위치 덕분에 번영했고, 동남아시아의 주요 향신료 무역 중심지로 부상했다.
2. 1511년 말라카가 포르투갈의 지배를 받으면서 말라야의 식민 시대가 시작되었다. 이후 1641년 네덜란드, 1824년 영국-네덜란드 조약을 통해 영국의 지배를 받게 되었다. 영국의 식민 통치가 가장 오래 지속되었다. 영국은 말레이 통치자들이 관리하던 모든 말라야 행정을 통합했고, 이것은 현지 주민들의 불만을 초래했으며 일부는 식민 통치에 맞서 봉기했지만 곧 진압되었다.
3. 1920년대와 1930년대에 많은 말라야 주민이 중동이나 현지에서 교육을 받기 시작했으며 이들 지식인들은 민족주의를 내세우며 침략자를 몰아내고 독립 정부를 수립하고자 했다. 그러나 1941년 말 일본군의 상륙으로 말라야는 또 다른 식민 시대를 맞이하게 되었다. 일본은 1945년 항복할 때까지 말라야를 점령했다.
4. 일본이 항복한 후 영국이 복귀하여 군정을 펼쳤다. 1946년 영국은 말라야 연방을 설립했지만 왕실 제도와 말레이인의 특권을 폐지하려 한다는 이유로 말레이인들의 반발에 부딪혔다.
5. 툰쿠 압둘 라만의 등장은 말라야 민족주의자들의 투쟁에 희망을 주었다. 그가 결성한 동맹당(Alliance Party)은 영국이 말라야인에게 자치권을 부여하도록 하는 계기가 되었다. 말레이인, 중국인, 인도인 3대 민족 집단의 단결로 1957년 8월 31일 독립을 선포했다.
6. 1963년 9월 16일, 말라야, 싱가포르, 사바, 사라왁이 통합되어 말레이시아 연방이 탄생했다(브루나이는 제외). 이로써 말레이시아라는 새로운 국가가 형성되었다.
7. 1965년 말레이시아 연방에서 축출된 싱가포르는 독자적으로 새로운 국가가 되었다.

중국식 도자기에 열대 꽃무늬를 그려 넣은 독특한 스타일을 보여준다. 페라나칸은 언어에도 재주가 있어서 영어, 말레이어, 중국어를 자유자재로 섞어 쓰는 '바바 말레이(Baba Malay)'라는 독특한 방언을 만들어냈다. '만글리시(말레이어와 영어의 혼합)'나 '만동(광동어와 말레이어의 혼합)'과 같은 혼종 언어를 일상적으로 사용한다. 공식 문서나 간판에서도 여러 언어가 함께 사용되는 것을 흔히 볼 수 있다. 이들이 나누는 대화를 듣고 있으면 마치 언어의 서커스를 보는 것 같다.

페라나칸 문화는 다양성이 어떻게 아름답고 풍성한 문화를 만들어낼 수 있는지를 보여주는 살아있는 증거다. 페라나칸은 동양과 서양, 전통과 현대가 절묘하게 어우러진 문화의 크로스오버로서 다양성의 아름다움을 생생하게 보여준다.

이렇듯 말레이시아의 다문화적 혼종성은 일상생활에서 뚜렷하게 나타난다. 이러한 혼종성은 오랜 세월 동안 다양한 문화가 공존하고 상호작용한 결과로 볼 수 있다. 건축과 도시 경관에서도 다문화적 혼종성이 나타난다. 말라카의 역사적 건물은 포르투갈, 네덜란드, 영국 식민 시대의 영향과 현지 말레이 양식이 혼합되어 있다. 쿠알라룸푸르의 도시 경관은 현대적 고층 빌딩과 전통적인 말레이, 중국, 인도 양식의 건물이 공존하는 모습을 보여준다. 이것은 단순한 문화의 공존을 넘어 새로운 문화를 창출하는 역동적인 과정을 반영하고 있으며, 말레이시아의 독특한 국가 정체성을 형성하는 중요한 요소가 되고 있다.

문화적 유연성과 개방성

말레이시아는 역사적으로 인도와 중국으로부터 많은 영향을 받았으며 서구와 일본의 식민 지배를 받았다. 말레이시아는 1511년 포르투갈이 말라카를 점령하면서 서구의 침략을 받았고 17세기에는 네덜란드가, 19세기에는 영국이 본격적으로 말레이반도에서 식민지를 경영하게 된다. 이러한 역사적 배경으로 인해 말레이시아는 외래문화의 유입과 수용에 개방성을 가지게 되었다. 말레이시아의 개방성은 역사적 배경과 다민족 사회 구조에 깊이 뿌리박혀 있다. 이러한 특성으로 인해 말레이시아는 동남아시아에서 가장 다양하고 역동적인 문화 환경을 가진 국가가 되었다.

앞서 말한 것처럼 현대 말레이시아 사회는 말레이계, 중국계, 인도계를 주축으로 하는 다민족으로 구성되어 있다. 각 민족 집단은 고유의 언어, 종교, 관습을 유지하면서도 서로 조화롭게 공존하는 지혜를 배우게 되었다. 이러한 지혜는 '다양성 안의 통합(Unity in Diversity)'이라는 국가 모토에 잘 반영되어 있다. 이것은 말레이시아의 문화적 개방성이 단순한 이상이 아닌 현실임을 보여준다. 말레이시아의 개방성은 종교 측면에서도 두드러진다. 이슬람이 국교지만, 불교, 힌두교, 기독교 등 다양한 종교가 공존한다.

각 종교의 주요 축제일이 국가 공휴일로 지정되어 있어, 서로 다른 종교와 문화에 대한 이해와 존중을 보여준다. 예를 들어, 일부 중국계 무슬림은 이슬람 의식과 함께 조상 숭배 의례를 병행하기도 한다. 또한 '타이푸삼'과 같은 힌두교 축제에 다양한 인종과 종교를 가진 사람들이 함께 참여한다. 전통 말레이 의상인 '바주 쿠룽'에 서양식 재킷을 결합하거나, 히잡을 현대적인 스타일로 변형하여 착용하는 등 전통과 현대, 동양과 서양의 요소가 혼합된 패션도 흔히 볼 수 있다. 또한 다른 인종 간의 결혼이 증가하면서, 결혼식에서 여러 문화의 의례가 함께 진행되는 경우가 많아졌다. 예를 들어, 중국계와 말레이계의 결혼식에서 양측의 전통 의상을 모두 착용하고 두 문화의 의식을 병행하는 모습을 볼 수 있다. 교육 시스템에서도 다언어 정책을 채택하고 있어, 말레이시아 학생들은 어린 시절부터 다양한 언어와 문화에 노출된다. 이것은 글로벌 시대에 필요한 문화적 유연성과 개방성을 기르는 데 도움이 된다.

말레이시아의 개방성은 외국 문화 수용에서도 잘 나타난다. 역사적으로 오랜 식민지 경험이 말레이시아인의 유연성과 적응력을 키웠을 테지만, 이들의 외국 문화 수용은 자국 문화의 정체성을 해치지 않고 오히려 풍성하게 만드는 방식으로 이루어지고 있다는 점도 주목할 만하다. 이러한 개방성이 항상 순탄한 것만은 아니다. 때로는 다양한 민족 간, 종교 간 갈등이 발생하기도 했다. 그럼에도 불구하고 말레이시아 사회는 지속적인 대화와 타협을 통해 문제를 해결해 나가고 있다. 역사적 배경, 다민족 사회 구조, 다양한 종교, 교육 시스템, 외국 문화 수용 등 다양한 측면에서 확인되는 개방성은 말레이시아를 문화적으로 풍요롭고 역동적인 국가로 만들어주는 동시에, 글로벌 시대에 필요한 문화적 유연성과 적응력을 갖추게 해주는 중요한 자산이 되고 있다. 이러한 말레이시아의 특성은 특히 한류 문화 수용에 있어서 개방적이고 유연한 문화 지형을 만들고 있으며, 대중문화의 초국가적 공유와 전 지구적 문화 흐름을 읽고자 할 때 매우 적절한 연구 사례를 제공한다.

문화적 교차와 연결성

말레이시아는 동남아시아의 대륙 지역(mainland)과 도서 지역(archipelago)을 연결하는 지정학적 교차로에 위치한다. 이러한 지정학적 위치는 다양한 문화가 교차하고 연결되는 특징을 부여했다. 말레이반도는 유라시아 대륙의 동남부에 위치한 반도로, 말레이시아 서부를 이루고 있다. 반도는 북쪽으로는 태국과 국경을 접하고 있으며, 남쪽으로는 싱가포르와 연결되어 있다. 이 반도는 대륙부와 해양부를 연결하는 교량 역할을 하며, 대륙 문화와 해양 문화가 만나는 지점이기도 하다. 말레이반도와 보르네오섬에 걸쳐 있는 말레이시아의 지형적 특징도 다양한 문화의 공존을 가능케 했다. 반도와 섬이라는 지형은 각기 다른 생태와 환경을 가지고 있어 다양한 생활 방식과 전통을 낳았다. 또한 반도는 대륙부와 해양을 연결해주는 통로 역할을 해 문화 전파에 유리했다. 인도양과 남중국해를 연결하는 말라카해협은 동서양을 잇는 해상 실크로드였고, 이를 통해 인도, 중국, 아랍의 상인들이 왕래하며 문물을 교류했다. 이 과정에서 다양한 문화가 말레이시아에 스며들어 토착화되었다.

문화적 교차성과 연결성은 오늘날 말레이시아의 매력이자 경쟁력의 원천이 되고 있다. 특히 서아시아에서 이슬람이 전해져 말레이 문화와 융합되었으며, 중국과 인도로부터는 불교와 힌두교가 전파되어 말레이시아 종교 지형에 큰 영향을 미쳤다. 이러한 역사적 배경은 말레이시아가 이슬람과 여타 문화의 만남과 융합을 보여주는 대표적인 국가로 자리매김하는 데 기여했다. 말레이시아는 아랍과 인도네시아의 이슬람 문화권을 연결하는 교량으로서 여타 아시아 국가에게는 이슬람 문화권으로 진출하는 관문 역할을 하고 있다. 말레이시아는 이슬람 금융, 할랄 산업 등 이슬람 경제 분야에서 선도적인 역할을 하면서도, 글로벌 경제에 적극적으로 참여하고 있다. 이것은 말레이시아가 이슬람과 여타 문화 간의 가교 역할을 하며, 상호 이해와 협력에 기여하고 있음을 보여준다.

더불어 말레이시아의 지식 생태계는 동양과 서양, 전통과 현대를 잇는 역할을 한다. 아시아적 가치와 글로벌 규범의 조화 등 다양한 문화 담론이 말레이시아에서 활발히 이루어지고 있는데, 이것은 말레이시아가 단순히 다양한 문화의 병존을 넘어, 상호 이해와 존중, 협력을 바탕으로 한 문화적 연결성을 추구하는 의미 있는 모델을 보여준다고 할 수 있다.

말레이시아를 주목하는 이유

한류 현상을 연구하기 위해 말레이시아를 주목하는 또 다른 이유는 말레이시아가 도시국가인 싱가포르를 제외하고는 동남아시아에서 가장 앞선 디지털 인프라와 미디어 산업 환경을 가지고 있기 때문이다. 2023년 5월 기준 말레이시아의 인구는 약 3,438만 명이며 도시 인구의 비율은 78.3%, 평균 연령은 30.8세다. 말레이시아는 전체 가구의 99%가 TV를 보유하고 있고 유료 채널 가입자가 688만 가구에 이르러 유료 채널 가입률이 83.2%다.* 여기에다 최근 말레이시아는 매년 7%에 이르는 높은 경제 성장을 바탕으로 중산층의 소득 수준이 향상되었으며 다른 동남아 국가에 비해 구매력이 뛰어나다. 또한 말레이시아에서는 K-드라마, 케이팝뿐만 아니라 한국의 음식

* 말레이시아 콘텐츠 산업 동향 2022년 04호, KOCCA

'코스모뷰티 말레이시아 2019 전시회' 한국관 모습

과 뷰티 등 다양한 한류 상품이 인기리에 소비되고 있으며 한류 팬들의 적극적인 커뮤니티 활동이 이루어지고 있다. 한국국제문화교류진흥원에서 발표한 해외 한류 실태 결과보고서에 따르면 말레이시아는 한국 드라마 경험률과 브랜드파워 지수가 가장 높은 국가이다. 따라서 말레이시아는 디지털 미디어 환경에서 한류를 통한 문화 흐름을 읽어내는 데에 적실한 연구 대상으로 여겨진다.

더욱이 말레이시아는 미래 아시아 한류를 주도하는 핵심 지역이자, 한한령 이후 성장하는 아시아 문화 시장으로서도 관심을 끌고 있다. 한류 문화 현상을 개별적인 이벤트가 아닌 문화 흐름의 구조적인 전개로 접근한다면, 말레이시아는 경제적 위상뿐 아니라, 콘텐츠 산업 분야의 잠재력 측면에서 구조적 전환의 주역이 될 가능성이 높은 나라다. 또한 말레이시아는 공연 등 음악 산업의 성장성이 높은 지역일 뿐 아니라, 게임 및 애니메이션 등 CG 기반의 디지털 콘텐츠 산업에서 글로벌 기업과 연계한 제작 역량을 갖추고 있다는 점에서 콘텐츠 산업 측면에서 성장성을 기대해볼 수 있는 국가로 평가된다. 아울러 넷플릭스, 디즈니플러스와 같은 글로벌 OTT 플랫폼이 전략 시장으로서 아세안 지역에 주목하고 있다는 점도 함께 고려할 필요가 있다.

이러한 배경에서 말레이시아의 수용자가 한류를 어떻게 경험하고 이해하는지를 파악해 보는 것은 글로벌 문화 흐름을 이해하는 단초가 될 것이다. 즉, 말레이시아의 수용자가 한류 콘텐츠에 접근하고 수용하는 시공간적 조건인 이용 맥락(use context) 속에서 새로운 인식의 틀로 한류 현상을 짚어보고자 하는 것이다.

2. 말레이시아 사례로 보는 한류의 다성성

한국과 말레이시아는 1960년 수교 이래 경제, 문화, 인적 교류를 꾸준히 늘려왔으며 매년 100만 명 이상이 양국을 왕래하고 있다. 말레이시아에서 한류는 단순한 대중문화 트렌드를 넘어, 문화 교류와 상호 이해의 매개체로 자리 잡았다. K-드라마, 케이팝, 영화 등 다양한 장르의 한국 콘텐츠가 말레이시아인들에게 사랑받으며, 한국 문화에 대한 관심과 호감도가 높다. 특히 한국 드라마는 말레이시아에서 한류의 중심축 역할을 해왔다. 2002년 말레이시아의 지상파 채널 TV3에서 한국 드라마 〈겨울 연가〉가 최초로 방송된 이후 〈가을 동화〉, 〈꽃보다 남자〉, 〈대장금〉 등이 방송되면서 한류 열풍이 시작되었다. 특히 말레이시아 최대의 유료 방송 사업자인 아스트로(Astro)에서 한국방송 전문 채널 'One HD'를 송출하면서 지속적으로 한국 프로그램이 현지에서 방송되기 시작했고 이후 'KBS World' 채널을 비롯한 여러 한국 채널이 인기리에 말레이시아에서 방송되고 있다.

케이팝도 말레이시아 내 한류 확산에 큰 역할을 하고 있다. 동방신기,

소녀시대 등 2세대 아이돌부터 방탄소년단, 블랙핑크, 뉴진스 등 최근의 글로벌 스타에 이르기까지, 다양한 케이팝 아티스트가 말레이시아에서 굳건한 팬덤을 형성하고 있다. 케이팝은 여느 나라에서처럼 역동적인 퍼포먼스, 세련된 뮤직비디오, 패셔너블한 스타일로 말레이시아 젊은 층의 감성을 사로잡고 있다. 나아가 한류는 말레이시아 내 한국 상품 소비 증가, 한국어 학습 열풍, 한국 관광객 증가 등 경제·사회·문화 전반에 걸쳐 영향력을 발휘하고 있다. 한국 화장품, 의류, 식품 등이 말레이시아에서 높은 인기를 끌고 있으며, 많은 말레이시아 젊은이가 한국어를 배우고 한국 유학을 선택하고 있다. 또한 말레이시아인들이 한국 드라마 촬영지나 케이팝 콘서트를 경험하기 위해 한국을 방문하는 사례도 크게 증가하고 있다.

OTT 서비스 확산과 K-콘텐츠 인기 현상

코로나19를 겪으면서 말레이시아에서도 OTT 서비스 시장이 크게 성장했다. 극장보다는 집에서 즐기는 새로운 영상 소비 양식을 찾게 되었으며 결과적으로 OTT 서비스가 빠르게 확산되었다. 언제 어디에서나(time & place shift) 콘텐츠를 향유할 수 있는 OTT의 특성으로 K-콘텐츠의 시청 빈도가 크게 증가했다.

> OTT 서비스가 도입된 이후에 한국 드라마를 더 많이 보게 된 것은 분명해요. 한류 드라마를 집에서뿐만 아니라 사무실에서도 시간이 나면 시청할 수 있어요. 출퇴근길에도 짬을 내서 봐요. 예전에는 TV로 봤는데, 지금은 스마트폰을 많이 보니깐 가능해졌어요. (F-1, 30대 여, 중국계, 회사원)

말레이시아인이 OTT 서비스 플랫폼에서 가장 선호하는 콘텐츠는 바로 한국 콘텐츠다. 여성 시청자의 68%, Z세대의 62%가 K-드라마를 가장 선호하는 장르로 꼽았다(The Trade Desk & KANTAR, 2023). 이러한 경향으로 OTT 플랫폼 사업자들은 한국 콘텐츠의 경쟁력을 확인했고 그에 따라 K-드라마 수급에 정성을 기울였다.

> 저희 회사를 비롯해서 대부분의 글로벌 OTT 플랫폼은 한국 드라마를 굉장히 중요하게 생각해요. 아시아 태평양 국가의 콘텐츠 중에 다른 나라에서도 충분히 소구되는 드라마는 단연 한국 드라마라고 할 수 있어요. (E-1, 글로벌 OTT 플랫폼 임원)

> 엔터테인먼트 프로그램도 한국에서 만든 것이 최고예요. 〈런닝맨〉이 인기가 아주 좋아서 우리 회사 고위층에서는 더 많은 한국 콘텐츠를 가져오기를 원했어요. 웬만큼 비용이 들더라도 한국에서 바로 수입해서 틀기로 했어요. 그래서 한국에서 방송이 나간 후 24시간 만에 바로 우리 플랫폼에서 프로그램을 볼 수 있게 되었어요. 외국 프로그램이 이렇게 바로 방송되는 것은 말레이시아에서 최초였고 우리 회사로서는 아주 의미 있고 성과를 내는 시도였다고 생각합니다. (E-4.2, 말레이시아 플랫폼 콘텐츠 수급 담당 부사장)

글로벌 OTT 플랫폼이 한국 드라마를 수급하기 위해 노력을 기울임에 따라 한국 콘텐츠의 도달률은 지속적으로 상승하고 있다. 옆의 그림은 동남아시아에서 한국 콘텐츠 도달률을 보여주는데, 시장조사 기관 미디어 파트너스 아시아는 2021년에는 〈오징어 게임〉이, 2022년에는 〈이상한 변호사 우영우〉가, 2023년에는 〈더 글로리〉가 한국 콘텐츠의 도달률 상승에 촉매가 되었다고 분석한다.

코로나 이후 OTT 서비스가 영상 콘텐츠 시장에 본격적으로 자리 잡으면서 이용자들은 플랫폼 갈아타기를 그다지 꺼려하지 않는다. 일반적으로 구독형(SVOD) 기반의 OTT 서비스는 인터넷 서비스와 연계되어 있는 통신사의 유료 방송에 비해 구독과 해지가 수월하다. 즉 경쟁력 있는 콘텐츠의 수급 여부에 따라 신규 가입과 이탈이 발생하기 마련이다. 구독자를 록인(lock-in)하기 위해서는 이용자에게 어필할 수 있는 콘텐츠를 계속해서 공급해주어야 하는데, K-드라마는 신규 가입자 유치와 기존 가입자 이탈 방지에 큰 영향력을 발휘하므로 말레이시아의 플랫폼은 경쟁력 있는 한류 드라마의 수급에 촉각을 곤두세우고 있다.

한국 드라마를 수급하는 것은 시청자를 잡아두는 데 매우 중요한 전략입니다. 우리 플랫폼의 주 시청자는 20대부터 40, 50대까지입니다. 이들을 위해 우리는 로컬 말레이시아 드라마와 일본 드라마를 준비합니다. 그렇지만 시

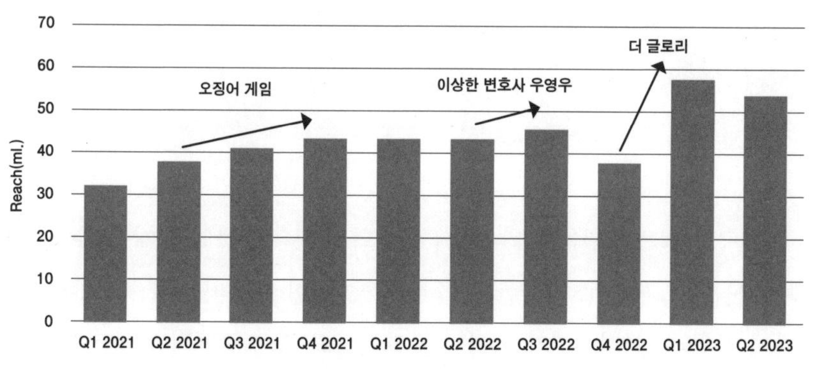

〈동남아시아 OTT 플랫폼에서 시기별 한국 콘텐츠 도달 증가율〉

청자에게 가장 강력하게 영향력을 행사하는 것은 한국 드라마입니다. 젊은 층에게 최고로 인기 있는 프로그램은 단연 한국 드라마입니다. (E-5; 말레이시아 로컬 OTT 플랫폼 책임자)

K-드라마를 좋아하는 이유

말레이시아의 플랫폼이 K-드라마를 더 많이 수급하게 만든 동력은 시청자의 선호와 요구다. K-드라마는 폭넓은 시청자에게 어필할 수 있는 다양한 소재, 감각적인 비주얼, 몰입감을 제공하는 스토리라인, 연출의 완성도, 탄탄한 연기력, 매력적인 배우 등으로 현지인들에게 큰 사랑을 받고 있다.

말레이시아에서 한국 드라마 인기 정말 좋아요. 한국에서 유행하는 말로 표현하자면 "여기 난리 났어요."(웃음) 한국 드라마는 말레이시아 드라마에 비해 매우 잘 만드는 것 같아요. 스토리라인이나 설정이 훨씬 전문적이라고 느껴져요. 특히 전문직을 묘사할 때 제대로 자료조사 해서 정말로 진짜같이 만드는 것 같아요. 예를 들어 의학 드라마에서 의료에 관한 사실적인 정보에 기반하여 전문적으로 만드는 것을 보고 매우 프로페셔널하다고 느꼈어요. (F-4; 20대 여, 말레이계, 대학생)

한국 콘텐츠가 말레이시아에서 선호되는 이유를 물었을 때 말레이시아 수용자들은 그야말로 다양한 답을 내놓았다. 한 수용자는 K-드라마에는 "남녀 간의 사랑 이야기가 아름답게 그려지고 있어 로맨틱한 즐거움을 준다"라고 답했다. 또 다른 응답자는 "가족에 대한 사랑이나 희생, 의리 등 아시아의 가치가 드라마에 잘 녹아있어 보수적인 이슬람 문화가 영향을 크게 미치는 말레이시아에서 K-드라마가 거부감 없이 받아들여진다"라고 보았다. 또한 "자본주의의 모순 등 지구촌 어느 사회에서나 발생할 수 있는 사회적 이슈를 K-드라마가 환기해서 말레이시아뿐만 아니라 전 지구촌에서 공감을 얻는 것"이라고 응답한 이도 있었다.

> 한국 드라마에서 남녀 주인공을 보면 가슴이 설레요. 너무 잘생기고 예뻐요. 매력적인 주인공들이 하는 사랑이 한국 드라마에 빠져들게 하는 이유예요. 나도 한번 그렇게 해보고 싶어요. (F-6, 20대, 여, 인도계, 대학생)

> 한국 드라마는 서구 드라마에 비해서 무슬림인 제가 보기에 편안해요. 무슬림 문화인 말레이시아인도 가족에 대한 사랑과 어른에 대한 공경을 강조하거든요. 이런 점은 말레이시아와 한국이 비슷한 것 같아요. 이러한 아시아적 가치가 한국 드라마에 잘 표현되어 있어 말레이시아에서 인기를 끄는 것 같습니다. (F-3, 30대 여, 말레이계, 회사원)

> 〈오징어 게임〉 같은 드라마를 보면 전 세계 어디에서나 찾아볼 수 있는 빈부 격차나 사회 현상을 고발하고 있어요. 이런 점이 한국 드라마가 말레시이아 사회에서 인기를 얻는 원인이라고 생각해요. 사람 사는 세상은 어디나 비슷해서 공감할 수 있거든요. (F-2, 60대, 남, 중국계 은퇴자)

> 말레이시아에서 한국 드라마가 인기 있는 이유는 감수성, 라이프스타일, 가치, 가족관계에 비슷한 요소가 많아서입니다. 감정선이 비슷하고 문화적으로 표현 방식이 유사해서 한국 드라마를 받아들이게 됩니다. 서양 드라마를

볼 때는 뭔가 공허한 감정을 느끼게 되는데, 한국 드라마는 그 빈 부분을 채워줍니다. (E-7, 말레이시아 현지 대학교수)

한국 드라마의 강점은 스토리가 어떻게 전개될지 짐작할 수 없다는 거예요. 그래서 정말 재미있게 볼 수 있어요. 그리고 잘생기고 예쁜 배우들이 정말 연기도 잘 해요. 캐릭터를 완벽하게 소화하는 것 같아요. (F-9, 30대 남, 말레이계, 회사원)

말레이시아는 여타 아시아 지역에 비해서 콘텐츠 소비 수준이 높아요. 폭력적이지 않고 성적으로 문란하지 않은 '클린(clean) 콘텐츠'로서 한국 드라마는 부모와 자식이 함께 봐도 문제가 없으면서 작품의 품질도 우수합니다. 그래서 한국 드라마가 인기리에 수용되고 있다고 판단합니다. (E-1, 글로벌 OTT 플랫폼 임원)

이상과 같이 K-드라마가 말레이시아에서 큰 인기를 얻는 원인에 대해 수용자들이 다양한 의견을 내놓고 있다. 말 그대로 '다성성(多聲性, polyphony)'이다. '다성성'은 러시아의 문학이론가 미하일 바흐친이 문학 작품에서 다양한 목소리와 관점이 공존하며 상호작용하는 현상에 이름을 붙인 것이다. 말레이시아 한류 수용자들은 K-드라마의 소구 요인에 대해 다양한 층위에서 이렇게 '다성적인' 답을 내놓았다. 이것은 같은 한류 텍스트라도 수용자의 맥락에 따라 각기 다른 방식으로 소구되는 것을 의미한다. 말레이시아인의 마음을 움직이고 관심을 갖게 하는 힘은 텍스트 자체보다는 K-드라마를 받아들이는 수용자의 맥락에서 나오는 것이다.

다성성과 한류 단일 원인론의 소거

다성성은 세계의 복잡성과 인간 경험의 다양성을 인정하는 관점이다. 문화현상을 단일한 내러티브로 환원하기보다 다양한 목소리와 차이를 인정할 때, 우리는 더 풍성하고 민주적인 사회적 담론을 형성할 수 있다. 이러한 시각은 한류 문화현상을 이해할 때에도 중요한 시사점을 제공한다. 한류는 다양성을 포용하고 문화 간 대화를 이끌어내는 개방적인 문화현상이라 할 수 있다. 실제 케이팝은 말레이시아 내 다양한 인종과 문화 집단을 아우르는 연결고리가 되고 있다. 다민족 국가인 말레이시아에서 케이팝은 말레이계, 중국계, 인도계 등 서로 다른 배경을 가진 젊은이들을 하나로 묶어주는 문화 코드로 기능한다. 이것은 케이팝 자체의 다성적 특징, 즉 혼종적 음률, 다채로운 장르 융합, 다국적 아이돌 멤버 구성 등이 말레이시아의 다문화적 맥락과 공명한 결과라 볼 수 있다.

문화의 흐름은 개인이나 문화가 타자와 소통하며 서로 영향을 주고받는 역동적인 과정이다. 문화 간 대화와 교류는 자기 정체성을 확립하는 동시에 타자에 대한 이해와 수용을 촉진하여 새로운 의미가 창발한다. 이러한 과정이 비옥한 문화적 토양을 창출하고 인류 보편의 가치를 모색하는 기반이 되는 것이다. 한류라는 문화현상을 분석함에 있어 이러한 관점을 견지한다면, 우리는 고정된 틀에 갇히지 않고 다채롭고 생성적인 문화의 정경을 포착할 수 있을 것이다.

이러한 사실은 이제 한류의 '단일 보편 원인론'을 소거해야 한다는 근거를 제공해준다. 한류는 다양한 수용자의 문화적인 상상과 상호작용, 접합 과정을 통해 비로소 생성되는 문화 현상이기 때문이다. 그동안 언론과 산업 관계자, 학자들을 중심으로 한류의 원인을 찾고자 하는 많은 시도가 있어왔지만 그 어느 것 하나 만족스러운 답이 되지 못한 것이 사실이다.

짧게나마 짚어보자면 첫째, 한류를 단순히 '문화 상품의 우수성' 때문이라고 보는 관점은 문화 교류의 다면성을 간과한 것이다. 물론 드라마, 음악 등 한국 대중문화 콘텐츠의 높은 완성도와 창의성이 한류 확산의 기반이 된 것은 사실이지만, 그것만으로 한류의 인기를 모두 설명할 수는 없다. 콘텐츠의 내재적 가치뿐 아니라 특정 시기 특정 지역의 사회 문화적 조건, 수용자의 정서와 취향, 미디어 환경과 플랫폼의 발달 등 다양한 요인이 작용해 한류의 확산을 가능케 했다고 봐야 할 것이다.

둘째, 문화적 근접성 혹은 유사성이 한류 콘텐츠 수용에 중요한 요인이 된다고 보는 견해다. 가치관, 정서, 라이프스타일이 유사할수록 콘텐츠에 대한 공감과 몰입이 수월해진다는 것이다. 실제 동아시아의 한류 현상을 살펴보면 일견 수긍이 가는 논리다. 그렇지만 이는 문화 간 차이와 다양성을 간과할 위험이 있다. 남미를 비롯해 문화적으로 먼 국가에서도 한류가 인기를 끌고 있는 현상, 한 국가 내에서도 계층과 세대에 따라 한류 수용 양상이 다른 현실을 설명하기 어렵다. 또한 근접성 자체가 고정불변한 것이 아니라 상호 교류 속에서 변화한다는 점, 차이를 매력으로 느끼며 이국적인 콘텐츠를 찾는 수용자의 욕구를 간과하게 되는 약점이 있다.

셋째, 한류를 전략적 상품화의 결과로만 보는 것 역시 한류의 다양한 맥락을 도외시하는 것이다. 한국 엔터테인먼트 기업의 글로벌 전략이 한류 성장의 중요한 기반이 되었던 것은 사실이지만, 그것만으로는 한류의 다양한 층위를 설명하기 어렵다. 한국 문화에 대한 현지인의 자발적 관심, 초국가적 팬덤 형성, 한류의 수용과 전유는 자본의 논리만으로 설명할 수 없는 한류 현상의 핵심적인 부분이다.

넷째, 한류를 전 지구적 문화 동질화의 징후로 보는 시각 역시 각 지역의 고유한 문화적 맥락을 간과한 것이다. 한류는 단순히 한국 문화의 일방적 전파가 아니라, 현지의 문화와 교섭하고 혼종화되면서 새로운 로컬 문화를 창출하는 글로컬라이제이션(glocalization) 과정으로 이해되어야 한다. 실제 많은 국가에서 한국의 대중문화가 그 지역 고유의 정서나 문화와 결합되어 독특한 형태로 변용되고 있다.

마지막으로 글로벌 보편성 이론을 들 수 있는데, 한류 콘텐츠가 지니는 보편적 가치, 예를 들어 권선징악, 착한 인물에 대한 동경, 낭만적 사랑 등이 문화적 차이를 넘어 전 지구적으로 호소력을 발휘한다고 본다. 특히 빈부 격차나 자본주의의 폐해를 다룬다거나 해서 보편적 공감을 끌기 때문이라는 것이다. 이것은 최근 한류의 세계적 인기를 설명하는 나름의 근거가 될 수 있지만, 과도한 일반화의 위험 또한 안고 있다. 드라마, 영화, 음악 등 장르에 따라, 또 개별 작품에 따라 보편성의 요소는 다르며, 때로는 특수성이 더 큰 매력으로 작동하기도 한다. 또한 보편성에 대한 해석과 반응도 문화권마다, 개인마다 다를 수밖에 없다.

글로벌 보편성보다는 수용의 맥락을 이해해야

한류가 전 세계적으로 수용된 특질을 '글로벌 보편성'에서 찾으면 발화의 의미가 교란된다. '어떻게 한류 콘텐츠가 전 지구적으로 보편적인 콘텐츠가 되었는가'라는 질문에 '글로벌 보편성이 있었기에 가능했다'라는 동어반복(同語反復)이 되는 것이다. 문제는 '보편성'의 구체적인 동인(動人)과 맥락을 찾는 것이다. 〈오징어 게임〉 혹은 〈기생충〉이 물신화된 자본주의를 비판하기 때문에 글로벌 보편성이 있다는 것은 분명 일정한 설득력이 있지만, 비슷한 주제를 다룬 수많은 드라마가 모두 글로벌 보편성을 획득한 것은 아니다. 단지 공감을 얻을 수 있는 주제를 다루었다고 해서 모든 콘텐츠가 인기를 얻는 것도 아니다. 따라서 '글로벌 보편성'으로 전 세계에서 호명되는 한류의 특질을 일괄해버리는 것은 한류 현상이 가지는 다층적인 성격을 단순화할 위험이 있다.

한류에 대한 절대적인 수용 원인이란 것은 있을 수 없다. 문화적 근접성이나 혼종성 등 단일 시각으로 해석하려는 시도에서 벗어나 수용 경로나 요인들 간의 관계를 폭넓게 고려하는 총체적 접근이 필요하다. 한류의 세계적 열풍을 자칫 보편성이라는 정형적 틀에 꿰맞춰 버리는 것이 아니라, 초국적 보편성을 성취하는 복합적이고 다층적인 원인에 대해 맥락적으로 해석해야 한다. 즉, 한류 현상을 단일한 원인에서 찾기보다는 문화 수용자의 의미 작용, 취향적 선택, 이것을 만들어나가는 아비투스와 이를 추동한 사회 문화적 맥락과 미디어 환경을 동태적으로 포착해야 하는 것이다. 따라서 단일한 기준으로 한류 현상을 재단하기보다는, 한류가 다양한 맥락 속에서 생성, 변화하며 새로운 문화 지형을 만들어가는 역동적 과정임을 주목할 필요가 있다.

한류 담론의 전환: .3
침략 담론에서 벤치마크 모델로

최근 몇 년간 말레이시아 언론에서는 한류에 대한 보도와 논의가 크게 증가했다. 한국 대중문화에 대한 자국민의 관심이 높아지면서, 한류는 말레이시아 대중문화 담론의 중요한 주제로 자리 잡았다. 말레이시아 언론은 한류를 단순한 문화 트렌드를 넘어, 말레이시아 사회에 다양한 영향을 미치는 복합적인 현상으로 바라보고 있다. 이 글에서는 말레이시아 한류 담론의 지형 변화를 문화와 경제, 정책과의 연계를 고려해 복합적인 관점에서 분석한다. 말레이시아에 있어서 자국의 미디어-콘텐츠 산업은 미래 성장 가능성이 있는 주요한 영역이며, 한국은 아시아 국가 중 이 분야에서 글로벌 성과를 거둔 참조(參照) 대상이기도 하다.

한편으론 자국 문화와 전통 보호의 관점에서 한류에 대해 비판적으로 접근하는 태도 역시 공존한다. 2010년대 중반을 기점으로 OTT 플랫폼이 한국 드라마 확산에 큰 영향을 미쳤고, 이와 동시에 말레이시아에 한류가 확산되면서 이를 문화제국주의 현상으로 받아들이는 사람들이 나타나면서

반한류 움직임이 일어나기도 했다. 일례로 한류가 무슬림 젊은 층의 가치관과 신념에 부정적 영향을 끼칠 수 있다며 외래문화를 경계하는 현상이나, 한류의 일방적인 수출에 따른 반감이 형성되면서 한류에 대해 부정적인 인식이 확산되기도 했다.

한편, 드라마 콘텐츠가 관광·패션 등 관련 산업 분야에 미친 경제적 효과를 의식하여 문화산업을 정부 차원에서 지원해야 한다는 논의 역시 확대되었다. 특히 말레이시아 학자들은 한류의 성공에는 한국 정부의 지원이 작용했다고 평가하며 말레이시아 대중문화에 대한 본격적인 정책적 지원이 필요하다고 주장했다. 말레이시아는 아세안 중에서 한국과 지속적으로 무역 및 경제 교류가 증가하고 있는 국가로 경제 성장에 따라 문화산업을 새로운 동력원으로 주목하고 있다. 특히 한국 드라마가 소비재 산업, 관광업과 같은 산업 분야와 연계하여 새로운 경제적 성과를 창출하는 것에 주목하며 한국을 모범사례로 들어 자국의 문화산업 육성을 강조하고 있다. 일례로 말레이시아 정부는 2020년까지 말레이시아를 선진국 대열에 진입시키고자 1991년에 제시한 비전 2020(Wawasan 2020)의 일환으로 2009년에 문화산업을 국민총생산(GDP)에 기여하는 주요 산업으로 육성하겠다는 국가창조산업정책(DIKN, Dasar Industri Kreatif Negara)을 발표하였다. 또한 이슬람 국가라는 정체성을 유지하면서 고유문화를 확산하려는 관점으로 문화산업을 진흥하려는 정책적 지원이 가시화되기 시작하였다. 이는 대외적으로 문화산업을 진흥하여 경제적 성장을 이루려는 시도인 동시에 자국 문화 보호를 위해 힘쓰고 있다는 것을 보여준다.

이상의 논의는, 말레이시아에서 전개되는 한류 담론을 다각도로 짚어볼 필요가 있음을 시사한다. 즉 말레이시아를 한류의 강력한 수용 국가이자 한류로 경제적 효과를 창출하는 시장으로 설명하던 논의에서 나아가 넷플릭스로 촉발된 한류의 확산이 말레이시아에서 어떻게 수용되고 있는지를 살펴볼 필요가 있는 것이다. 이를 위해 말레이시아 현지 언론이 한류를 바라보는 방식을 살펴보고 한류에 대한 이해를 심화, 확장하고자 한다. 특히 넷플릭스의 등장을 기점으로 말레이시아 언론 기사의 지형을 살펴보는 방식으로 담론의 전환을 파악하고자 한다.

한류 담론 분석의 배경

미디어 수용은 단순히 개인 차원에서 마감되는 것이 아니라 사회 분위기나 언론의 담론 지형 등 사회적인 차원에서 매개된다. 이러한 관점에서 언론의 담론을 통해 말레이시아에서 K-드라마를 어떻게 인식하고 받아들이는지, 사회적 수용 측면에서 분석해보고자 한다. 말레이시아는 글로벌 OTT 중심의 영상 미디어-콘텐츠 시장의 변화를 수용자 개인 측면에서뿐만 아니라, 사회적 수용의 관점에서 창조산업에 대한 국가 전략 대응 방안으로 한류 콘텐츠 문화산업을 바라볼 수 있는 위상을 갖고 있다. 넷플릭스가 불러일으킨 글로벌 영상 미디어-콘텐츠 산업의 변화에 대한 위기와 기회의 관점이 충돌하는 가운데, 한류 문화현상에 대한 말레이시아 현지의 논의 지형을 파악하고자 한다.

언론에서 다루는 뉴스는 현실 자체라기보다는 현실을 일정한 방식으로 재구성해 전달하는 것이다. 여러 학자가 미디어를 사건이나 이슈를 전달하는 객관적 매개체가 아니라 세계를 재구성하는 이야기꾼(storyteller)으로 규정한다. 이것은 언론이 현실을 특정한 방식으로 구성한다는 구성주의 관점으로 볼 수 있는데, 구성주의 관점에서는 언론이 프레임(frame), 즉 "뉴스가 어떤 특정 사건이나 이슈를 일정한 방식으로 의미 짓는 틀"을 갖고 있다고 본다. 따라서 언론의 프레임을 분석하는 것은 언론이 현실을 어떤 의미 틀로 수용자에게 전달하는지, 세상에서 발생하고 있는 각종 사건이나 이슈를 어떠한 프레임으로 재구성하여 보여주는지를 밝히는 것이다(이희영, 김정기 2016). 프레임의 변화를 검토하는 중요한 이유는 주요 텍스트의 '합리성'을 구성하는 사회적 합의와 논리의 변화를 언론의 담론을 통해 확인할 수 있기 때문이다. 특정 국가의 담론은 다수의 주체가 참여해서 형성하고 발전시키게 되며, 이들은 뉴스라는 형태를 통해 포착되고 충돌하며 확산된다(박대민, 이규탁 2022). 따라서 주요 시기의 언론 텍스트를 분석하되, 이를 통해 해당 지역에서 주요 주체들의 핵심 주장과 논거 들을 파악하고, 때로는 일관된, 때로는 상충되는 주장들이 어떻게 공존하고 충돌하며 확장하는지를 파악할 필요가 있다. 담론 분석에 있어서 특히 중요한 것은 주제와 논거 측면에서 확장과 충돌이 어떤 시기에 어떤 사건을 계기로 집중적으로 나타나는지를 검토하는 것이다.

이런 점에서 글로벌 OTT의 성장은 특히 미디어-콘텐츠를 둘러싼 논의의 전환에 있어서 중요한 요소가 된다. 기존에 국가 단위의 정책과 규제가 영향력을 발휘하던 방송 미디어와 달리, 온라인 통신망을 통해 직접 콘텐츠를 유통할 수 있는 글로벌 플랫폼은 이질적인 문화 요소의 침입과 이에 대한 통제 불가능이란 불안을 일으킨다는 점에서 다수의 국가가 부정적으로 대응해왔다. 이는 한국도 마찬가지였으나, 흥미롭게도 넷플릭스를 통해 글로벌 한류 확장의 기회 역시 확대되면서, 넷플릭스를 '침략자'가 아닌 '동반자'로 인식하는 논의가 팽팽한 균형을 이루고 있다. 이와 관련된 언론의 논의는 침략자와 동반자라는 양면성에 대해 각자 나름의 정당성을 확보하기 위한 전략을 활용한다. 이때 동원되는 논리들, 즉 사회 보호와 경제 성장과 같은 언술의 변화에 주목할 필요가 있다. 여기에서는 이러한 관점에서, 말레이시아 언론으로 파악할 수 있는 담론의 지형 변화를 검토하고자 한다. 이 같은 시도는 사회적 담론을 텍스트로 삼아 그 자체로 분석하는 데에 그치지 않고 담론이 만들어내는 사회적 효과를 읽어내기 위한 것이다.

한류 담론 분석 방법

OTT 플랫폼 도입 이전과 이후 말레이시아에서 한류 콘텐츠에 관한 언론의 주요 논의를 분석하여 한류 담론의 변화를 파악해보자. 이를 위해 말레이시아 주요 일간지의 온라인신문과 인터넷신문 14개 매체를 분석 대상으로 선정하였다. 선정 기준은 크게 3가지 요소를 고려했다. 첫째, 대표성을 확보하기 위하여 일간지 발행 부수가 많은 신문사를 분석 대상으로 포함했다. 둘째, 말레이시아의 다양성을 반영하여 말레이어, 영어, 중국어 신문사를 분석 대상에 포함했다. 셋째, 발행 부수를 집계할 수 없는 온라인 뉴스의 대표성을 높이고자 페이스북의 이용 행위(좋아요) 개수가 높은 신문사 사이트를 분석 대상으로 했다. 넷째, 보수와 진보 이념 성향을 대표하는 신문사 사이트를 선정했다. 다섯 째, 연예 전문 인터넷 신문사를 분석 대상으로 포함했다. 이상의 기준에 따라 선정한 분석 대상 언론사는 다음 페이지의 〈표〉와 같이 정리할 수 있다.

기사 표집을 위하여 온라인 뉴스 신문기사 검색은 언론사에서 운영하는 인터넷 사이트의 기사 검색 서비스와 구글 검색 기능을 이용했다. 분석 대상은 2016년 1월 1일부터 2022년 12월 31일까지 6년 동안 보도된 기사를 기준으로 선정했다. 2016년 이후를 분석 기간으로 설정한 이유는 다음과 같다.

〈언론 담론 분석 대상〉

신문사	페이스북 '좋아요'	신문사 발행 부수	언어	비고
Berita Harian Online	5.70	439,095	말레이어	발행 부수 세 번째로 많은 말레이어 신문사
Utusan Online	2.12	994,601	말레이어	발행 부수 첫 번째로 많은 말레이어 신문사
he Star Online	1.38	1,041,618	영어	발행 부수 가장 많은 영어 신문사
Bernama	0.76	N/A	영어	온라인 국영 통신사
Harakah Daily	1.02		말레이어	보수 성향 신문사
Malaysiakini	1.82	N/A	영어	온라인 진보 성향 신문사
The Sun Daily	0.1	612,894	영어	영어 일간지 중 발행 부수 두 번째로 많은 신문사
Sin Chew Daily	2.13	717,425	중국어	중국어 일간지 중 발행 부수 가장 많은 신문사
Borneo Post	0.19		영어	동말레이시아(사바, 사라왁) 최대 지역 신문사
Hype Malaysia	0.15	N/A	영어	연예 전문 신문사
Cilisos	0.09	N/A	영어	연예 전문 신문사
Says	0.99	N/A	영어	연예 전문 신문사
New Straits Times	0.82	249,790	영어	영어 일간지 중 발행 부수 세 번째로 많은 신문사
Kosmo Digital	0.54	794,104	말레이어	발행 부수 두 번째로 많은 말레이어 신문사

첫째, 2016년은 미국 OTT 업체 넷플릭스가 말레이시아에 서비스를 시작하면서 OTT 시장이 성장한 시기이다. 넷플릭스가 서비스를 시작한 2016년을 기점으로 해외 거대 OTT 사업자들이 말레이시아 시장에 진출하였고, 현지 미디어 기업도 해외 OTT 시장과 경쟁하기 위하여 양질의 콘텐츠를 제공하여 경쟁력을 갖추기 시작했다. 이를 구체적으로 살펴보자면, 2016년 넷플릭스와 홍콩의 OTT인 뷰(Viu)가 말레이시아에 진출하였고, 2018년에는

미국의 OTT 서비스인 Yupp TV가, 2019년에는 아마존프라임(Amazon Prime)과 아이원더(iwonder), 무비(Mubi)가 현지에 서비스를 시작하였다. 2021년에는 미국의 거대 OTT 기업 디즈니플러스 핫스타(Disney+ Hotstar)와 미국의 라이온스게이트 플레이(Lionsgate Play), 방글라데시의 빈지(Binge) 등이 현지에 서비스를 시작하였다. 말레이시아 최대 위성채널인 아스트로(Astro)는 2010년 자체 OTT 플랫폼 아스트로 고(Astro Go)를 출시한 이후 2021년 6월 새로운 OTT 플랫폼 수카(Sooka)를 선보였다. 수카는 스포츠 생중계, 말레이시아와 한국 콘텐츠 등을 서비스하는 모바일 전용 OTT다.

둘째, 2016년 넷플릭스가 콘텐츠 생산과 유통, 소비 영역에 새로운 변화를 가져오면서 한류 콘텐츠 보급에 기여했다. 넷플릭스는 기존의 방송사와 달리 이용자에게 시간과 공간의 제약 없이 한류 콘텐츠를 제공하여 한류 시장 성장에 큰 역할을 했다.

셋째, OTT 시장이 커지면서 국내 및 해외 OTT 사업자들은 경쟁력을 높이는 방안으로 한류 콘텐츠 유통이라는 전략을 구사하기 시작하였다. 말레이시아 이용자들은 K-드라마를 비롯해 한국 콘텐츠를 다수 보유하고 있는 OTT 플랫폼을 많이 이용하는 것으로 나타난다. 따라서 2016년 넷플릭스의 말레이시아 진출 이후 한국 드라마를 중심으로 한 한류 콘텐츠가 빠르게 확산되었다.

기사 표집을 위한 검색 키워드는 '한국 드라마'의 영어 단어인 'Korea(n) drama'로 설정하였다. 검색된 기사 중 한류 행사가 단순하게 언급된 기사와 연구 목적과 관련 없는 기사는 분석 대상에서 제외하고 491건의 기사를 검토했다. 표집된 기사는 크게 문화와 경제 및 정책 영역으로 나누어 분류하고, 문화 영역은 다시 일반 단신 및 가십성 기사와 한국 문화에 대한 비평(문화-한국 관련), 말레이시아 문화 및 사회 비평성 기사(문화-말레이시아 관련)로 분류했다. 경제 분야도 한국 드라마와 연계성을 다룬 기사와 단순 광고 목적 등의 단신을 구분했다. 정책 논의는 표집 단계에서 한국 드라마와 관련된 자국 및 주변국 정책 기사를 대상으로 하여 별도의 분류를 하진 않았다. 이러한 분류 결과, 단신과 가십성 기사, 광고성 기사 등 241건은 텍스트 분석 대상에서 제외하고 252건의 기사를 집중적으로 검토했다.

말레이시아 언론의 한국 드라마 관련 논의는 크게 나누어 2016년부터 2019년까지, 그리고 2020년 이후로 나누어 살펴볼 수 있다. 먼저 문화적 관점에서 한류에 대한 논의는 크게 한국과 관련된 기사와 말레이시아 문화에 대한 기사로 구분할 수 있다. 이들 기사는 특히 2020년부터 크게 늘어나는 경향을 보이는데, 2016~2019년에는 자국 문화에 대한 비중이 더 높았다면, 2020년 이후로 한국 문화에 대한 논의도 함께 크게 늘어나는 경향을 확인할

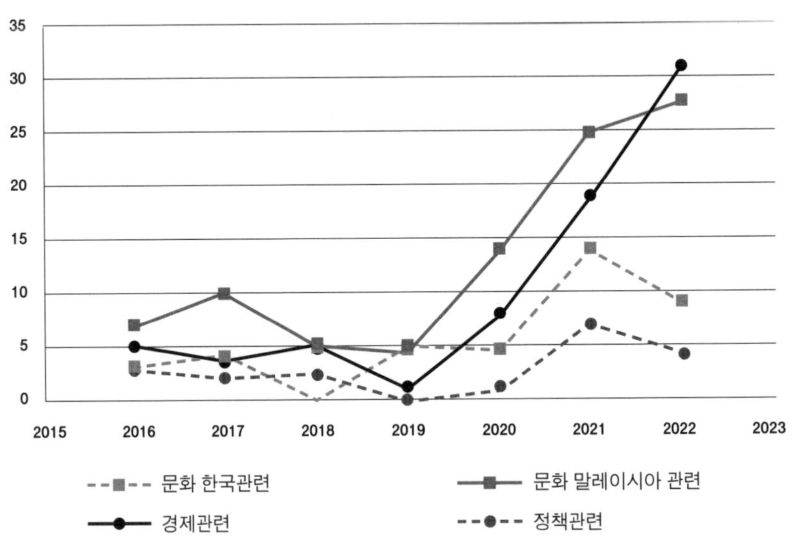

〈말레이시아 언론의 '한국 드라마' 관련 기사 추이〉

수 있다. 경제와 정책 관련 논의 역시 2020년을 기점으로 양적으로 늘어나는 추세를 보여준다. 이는 기존에 '문화'를 중심으로 논의되던 한류와 한국 드라마가 경제와 정책의 주요 의제로 이동·확장되고 있음을 보여준다. 이런 점에서 주요 논의의 흐름을 시기에 따라 나누어 살펴보고자 한다.

한국 드라마에 대한 언론 담론 분석을 위해 말레이시아의 언론 기사를 수집하여 텍스트 분석을 통해 문화적 담론, 경제적 담론, 정책적 담론으로 범주화하는 작업부터 시작했다. 분석 시기에 따른 담론별 범주화된 기사의 양적 추이를 그래프로 나타내면 옆의 그림과 같다.

이 그림에서 2020년을 기점으로 관련 기사가 양적으로 크게 늘어난 것을 확인할 수 있다. 구체적인 분석을 위해 해당 기사의 원문을 검토하고, 핵심 주장과 논거 등을 바탕으로 시기와 영역에 따른 논의의 흐름을 파악하고자 했다. 특히 2019~2020년을 중심으로 나타난 주요 논의의 변화에 주목했다.

자국 문화 보호론의 확장과 균열(2016~2019년)

언론에서 제기하는 담론은 사람들의 관심을 특정 쟁점으로 유도하여 문제에 대한 대응을 촉발한다. 말레이시아에서 한류에 관한 정책 담론은 OTT 도입 초기에는 주로 한국 콘텐츠의 말레이시아 진입에 대한 방어 논리를 촉발하는 데 활용되었다. 2016~2017년 말레이시아에서 한류 콘텐츠에 대한 부정적인 기사를 찾아보는 것은 그리 어렵지 않다. 한국 드라마를 우선 먹기에는 좋지만 건강에는 악영향을 끼치는 인스턴트 라면에 비유한 기사가 좋은 예다.

외국 드라마는 인스턴트 라면과 같다. 한국 드라마는 10대에게 가장 사랑받는 드라마로 매일 반복해서 편성 시간을 채우며 다양한 이야기와 연기, 잘생기고 예쁜 배우들을 앞세워 시청자를 TV 화면 앞으로 끌어들이고 있다. 드라마의 이야기는 말레이시아의 전통과 규범에 어긋난다 (...) 계속 이렇게 된다면 말레이시아 문화의 존엄이 사라지게 될 것이고 공동체 문화는 크게 위협을 받을 것이다. 청소년들이 말레이성을 잃게 된다면 우리는 누구를 탓할 것인가? (Berita Harian, 17/11/04)

사회 문제가 정책의제로 설정되기 위해서는 쟁점화를 주도하는 행위자 또는 이슈를 확대할 사건이 필요하다. 이를 위한 정책의제 설정에는 은유나 스토리텔링, 프레이밍 등 여러 기법이 사용된다. 미디어가 생산하는 담론은 특정 사건에 대한 기사 선택과 배제를 통해 사실을 재구성하기 마련이다. 미디어 담론이 특정 사건에 대한 특정 의미를 창출하는 대표적 전략 중 하나가 바로 미디어 프레임이다. 아래 기사는 한류 콘텐츠 선호가 정신 질환을 불러일으킬 수도 있다며 부정적 프레임을 씌우는 사례다.

"케이팝의 인기는 CWS(Celebrity Worship Syndrome, 연예인 숭배 증후군)를 초래한다. 이 증후군은 공부에 집중하기 어렵고 사회 적응을 힘들게 하며 성적 환각과 이중인격과 같은 만성 정신 질환을 겪을 수 있는 새로운 정신 질환으로 분류된다"라고 말했다. 후심(의료 전문가)은 최근 자신의 병원에 한국 연예인에 집착하는 10대 청소년 환자가 늘고 있어 이러한 현상이 매우 걱정스럽다고 말했다. (Berita Harian, 16/10/03)

이러한 부정적 프레임은 해외 콘텐츠에 대한 방어 담론에 근거를 제공한다. 태국, 중국 등에서 한국 드라마 〈태양의 후예〉가 인기를 끌자 독재자가 선호하는 콘텐츠라는 독특한 프레임으로 해석하면서 한류 콘텐츠에 대한 대응을 정책의제로 설정하기 위해서 쟁점화를 시도한 것도 눈에 띈다. 아래 기사는 쿠데타로 정권을 잡은 태국의 군부 지도자가 애국주의를 고취하고 군인들을 미화하기 위해 〈태양의 후예〉 시청을 권한다는 내용이다.

> 군부 지도자는 태국인들에게 애국적인 한국 드라마를 보라고 촉구한다. (...) 내가 본 것은 애국심, 희생정신, 명령을 충실히 따르고 책임을 다하는 시민상이 드라마에 들어 있다는 것이다. (The Sun Daily, 16/03/17)

말레이시아에서 한국 드라마와 관련된 방어적 담론을 구성하는 핵심 주제는 '자국 문화 보호론'이라 할 수 있다. 자국 문화 보호론이 등장한 배경으로는 먼저 이슬람 문화를 고려하지 않을 수 없다. 일부 이슬람 강경주의자들은 한류가 이슬람의 가치와 신념에 반하는 문화를 전파한다고 인식하며 이슬람 신자의 마음을 어지럽히는 '노란 문화(budaya kuning)'라고 비난한다. 특히 말레이시아에서는 한류 팬덤 문화가 무슬림 여성을 성적으로 유혹하여 맹목적으로 헌신하게 만드는 정신병의 일종이라고 비판한다. 또한 10대 무슬림 여성만이 아니라 기혼 여성도 팬덤을 즐기는 양상은 보수적인 문화 규범이 퍼져 있는 말레이시아 사회에서 비판의 대상이 된다. 당시 신문 기사를 보면 무슬림 여성의 팬덤 문화를 부정적으로 보도하고 있다는 것을 알 수 있다.

> 상담가인 후심 살레(Hushim Salleh)는 잘 알려지지 않은 연예인 숭배 증후군(CWS)은 10대들이 연예인의 사랑을 받고 있다는 착각에 빠져 우울증, 환상

에 시달리는 병이라고 말했다. (Berita Harian, 16/10/03).

저 연예인이 잘생겼다, 이 연예인이 잘생겼다고 칭찬하는 부끄러운 모습은 사라져야 한다. 마치 남편이라도 되는 것처럼 말이다. 우리나라 여성들이 한국 남자 연예인에게 지나치게 몰두하고 있다. 한국 연예인이 더 낭만적이라는 생각에 물든 것이다. (Says, 17/02/02)

말레이시아 문화 보호 담론의 다른 측면에는 자국 문화산업의 위기감이 자리 잡고 있다. 한류의 수용이 말레이시아 문화의 정체성을 위협하는 것을 넘어 자국 문화산업에 부정적인 영향을 끼칠 수 있다고 보는 것이다. 특히 2016~2017년에 한국을 소재로 삼은 콘텐츠를 제작한 감독과 배우를 비판하는 여론이 강하게 형성되었다. 또한 한류 콘텐츠가 유입되면서 상대적으로 경쟁력이 약한 자국 문화산업 발전에 악영향을 끼칠 수 있다고 우려하는 담론이 나타났다.

〈김치 청년의 사랑(Cinta Teruna Kimchi)〉의 배우 나짐 오스만(Nazim Othman)과 감독 헤이칼 하니파(Heykal Hanifah)는 말레이시아 작품에 외국 문화를 무게감 있게 다루었다는 비난을 받았다.(Berita Harian, 16/02/04)

한국, 인도네시아, 태국, 필리핀 드라마가 유입되고 있다. 우리 시청자들은 외국 드라마를 매우 흥미롭게 보고 좋은 점수를 준다. 시청자들은 왜 외국 드라마에 빠지는 것일까? (...) 우리 드라마는 말레이 정체성을 잃어가고 있다. 우리 국민은 말레이 정신이 깃든 드라마를 보고 싶어 한다.(Berita Harian. 17/11/03)

모든 채널에서 해외 방송을 볼 수 있다. 10대에게 가장 사랑받는 한국 드라마 이외에 인도, 멕시코, 필리핀, 홍콩 드라마 그리고 시청자 수요가 높은 인도네시아 드라마까지 말이다. (...) 해외 드라마의 편성 비율이 높아지면 국내 드라마 편성 비율이 낮아진다. 그 결과 우리 제작자와 감독, 배우의 일이 줄어들고, 드라마 제작 편수도 줄어 많은 업계 종사자가 실직하게 된다. (Berita Harian.17/11/26)

다만, 자국 문화 보호 관점과 더불어 한류의 성과에 대한 논의도 공존하고 있다. 말레이시아에서 본격적인 한류의 시작을 알린 드라마 〈겨울 연가〉를 재조명하며 한류 확산이 국가 이미지 제고에 긍정적인 영향을 미쳤고 나아가 한국의 위상을 높이는 데 커다란 역할을 했다는 점에 주목하는 것이 대표적이다.

약 15년 전 말레이시아인들은 전 세계적인 열풍을 일으킨 한국 드라마 〈겨울 연가〉를 접했다. 이 상징적인 시리즈는 말레이시아를 포함한 전 세계가 한국 드라마에 입문하는 계기를 마련했다. 음식, 패션, 뷰티, 드라마, 음악 등 한국에 대한 열정적인 지지가 오늘날까지도 계속되고 있다. (Borneo Post, 17/05/14)

한국 드라마 〈겨울 연가〉를 보고 남이섬과 서울을 찾는 사람들이 많아졌고 촬영지를 방문하는 관광 상품도 만들어졌다. (Borneo Post, 18/08/22)

특히 한국 드라마가 넷플릭스에서 본격적으로 배급되는 2018년을 기점으로 점차 긍정적인 논조가 늘어나기 시작했다. 아래 기사는 2018년 5월 9

일에 실시한 말레이시아 선거 결과를 분석하면서 여전히 봉건적인 말레이시아의 정치 상황과, 같은 아시아 국가인 일본과 한국의 정치와 경제 발전을 비교 소개한다. 특히 한국 드라마를 포함한 문화 상품이 한국의 국제적 이미지를 높이고 문화 강국으로 만들었으며 이 과정에서 한국 정부의 집중 지원을 강조한다. 한국의 사례를 본받아 말레이시아 정책에 지표로 삼아야 한다고 주장하는 것이다.

> 말레이시아는 오랫동안 부패와 스캔들로 인해 국제적 이미지가 손상되었다. 하지만 2018년 5월 9일 선거를 통해 새 정부가 들어서면서 국가 이미지 쇄신의 기회를 맞았다. (…) 전쟁의 폐허에서 일어난 일본은 세계에 새로운 모습을 보여주었고, 세계인이 일본 제품을 선호하게 되었다. 일본은 세계적으로 소프트 파워를 확산시켰고, 그 힘은 일본 제품이 전 세계 소비자의 마음속에 자리 잡는 데 도움을 주었다. (…) 한국은 1997년 금융위기 이후 정부의 전략적 투자와 국민들의 노력으로 문화 산업을 육성했다. 초고속 인터넷 구축, 드라마 수출 지원, 케이팝 아이돌 육성 등 다양한 정책을 통해 문화 수출국으로 거듭났다. (…) 젊은이들은 한국 문화에 매료되었고, 백인 젊은 여성들은 한국 드라마를 제대로 감상하기 위해 한국어를 배우고 있다. 이제 우리는 한국 패션, 대중 가요, 드라마, 음식, 김치, 커피가 유행하는 것을 목도한다. (Malaysiakini, 18/06/08)

이상의 논의를 정리하면 다음과 같다. 먼저 이 시기에는 주로 방어적 관점에서의 자국 문화 보호론이 주류를 이루었고, 다수의 논의가 '문화' 영역에 집중되어 있었다. 다만, 넷플릭스의 영향력이 커지고 한국 드라마가 글로벌 시장에서 인지도가 높아지자 이를 새로운 경제적 기회로 활용해야 한다는 목소리가 함께 커지고 있었다. 이는 기존의 '방어적 담론' 중심의 지형에 균열이 나타나고 있음을 보여준다. 즉, 이 시기는 넷플릭스와 글로벌 미디어-콘텐츠 산업의 변화에 대해, 한류와 한국 드라마라는 현상에 대해 방어적 태도로 일관하는 문화적 보수주의가 주도하는 가운데, 문화-경제 관점의 대항 논의가 공존하며 변화의 가능성을 암시한 시기라고 할 수 있다.

한류의 긍정적 가치에 대한 주목과 자국 산업 육성론의 확산(2020년~2022년)

언론 담론의 변화가 본격화된 것은 2020년이었다. 이 시기부터 '자국 문화 보호' 관점의 기사에 비해 한국 문화산업의 성과를 강조하고, 문화산업 경쟁력 제고를 주장하는 논의가 크게 확대되었다. 이는 2020년대 초반 방탄소년단의 빌보드 차트 진입, 영화 〈기생충〉의 아카데미 작품상 수상 그리고 넷플릭스 오리지널 한국 드라마 〈오징어 게임〉이 전 세계 90여 개 나라에서 1위를 차지하는 등 가시적인 성과가 드러나는 과정 중에 나타난 변화였다. 한류의 경제적 효과와 연관 산업의 파생 효과에 초점을 맞추어 문화정책과 지원 전략이 필요하다는 논조가 문화 관련 기사의 다수를 차지했다.

이들 기사는 대부분 한류가 정부의 지원을 통해서 발전할 수 있었다고 분석하고 한국과 말레이시아의 문화 관련 정책을 비교하면서 말레이시아에도 이와 유사한 정책적 지원이 필요하다고 제언하고 있다. 이를 위해 구체적으로 미디어 산업 분야에서 한국 드라마와 같은 제작 환경이 마련되어야 하며, 말레이시아 창조산업에 변화를 꾀하기 위해서는 한국을 모방해야 한다는 여론이 나타난다. 이처럼 현지 언론은 OTT 플랫폼을 통해 콘텐츠가 전 세계적으로 확산된 한류의 경쟁력을 조명하며 한국의 모범 사례를 참고한 정책적 지원 방안 모색을 강조했다.

> 한국은 창조산업 분야의 미디어 산업을 진흥하고자 모든 시간과 노력을 쏟는다. (Utusan, 21/11/13)

> 전 세계적인 한국 음악, 드라마, 영화 열풍은 엔터테인먼트 산업이 경제 성장에 있어 중요한 산업이 되었다는 것을 증명한다. (Kosmo, 22/06/24)

> 우리도 적극적이고 공격적으로 영화와 음악의 영향력을 전 세계적으로 확장하는 한국을 모범 사례로 주목해야 한다. (Utusan Malaysia, 22/12/11)

> 국가의 엄청난 투자와 노력으로 현재 세계적인 문화 강국이 된 한국을 보자. 음악과 연기 등 문화 상품이 전 세계적으로 영향을 끼치고 있다. 방탄소년단 등 케이팝, 〈오징어 게임〉과 같은 인기 있는 드라마 시리즈 그리고 영화 〈기생충〉은 전 세계를 정복했다. 우리도 재능과 창의성은 부족하지 않기에 모든 정부 부처의 도움만 있으면 된다. (Utusan Malaysia, 22/12/25)

또한 한류 콘텐츠 확산이 경제적 발전과 더불어 사회적, 문화적 이득에 크게 기여한다는 점을 짚어내면서 한류 콘텐츠가 말레이시아에 긍정적으로 공헌하는 수단이 될 수 있다는 주장이 확대되기 시작했다. 한류가 문화를 향유하는 대중에게 가치를 전파하는 매개체가 될 수 있어, 문화 발전 및 전파에 기여한다는 논리가 대표적이다. 한류 콘텐츠가 단순한 쾌락을 위한 소비가 아니라 사회적 담론을 반영하고 정신적, 교육적 가치와도 밀접한 관련이 있다고 바라보는 논의도 이러한 '긍정 담론'의 사례라 할 수 있다. 2010년대 후반까지 한류 콘텐츠가 이슬람교도의 정체성 확립에 부정적인 영향을 끼친다는 사실에 주목했다면, 2020년대에 들어오면서 한류 콘텐츠가 로컬의 문화적 가치를 글로벌하게 확산하고 전파되는 매개체 역할을 담당하고 있다는 점에 주목하며, 콘텐츠를 통해 말레이시아 문화를 보다 넓은 지역으로 전파할 수 있다는 것이다.

> 한때 사랑 이야기와 멜로 장르로 유명했던 한국 드라마는 심리학, 철학 및 역사 이야기를 다루면서 영향력을 넓히고 있다. (...) 또한 예술과 엔터테인먼트 분야는 이슬람 가르침을 전파하는 매개체로 활용할 수 있다. (Harakah Daily, 20/09/07)

이런 점에서, 한류 드라마가 사회 문제의 원인에서 해결의 수단이 되는 '담론의 전환'을 확인할 수 있다. 담론이 미디어를 통해 대중의 마음을 휘어잡는 정치력을 행사할 때, 한류에 대한 말레이시아 사회의 태도는 바뀌게 된다. 한류 드라마가 자살, 정신병 등과 같은 말레이시아의 사회적 문제를 해결하기 위한 수단이 될 수 있으며 콘텐츠가 갖는 긍정적인 효과를 강조하는 기사가 나타나고 있는 것이다. 이는 이슬람 보수주의자들 사이에서 한류가 부정적으로 거론되는 담론에 대한 반박으로서 한류가 말레이시아 청소년의 정신 건강에 긍정적인 영향을 끼치고 있다고 주장한다는 점에서 흥미로운 부분이다.

> 가족이나 개인적인 이유로 공허함을 채우려고 한국 드라마를 보는 사람들도 많다. 이들은 드라마로 도피하지만 동시에 현실을 잘 알고 있다. (Utusan

Malaysia, 21/10/21)

2020년 이후 말레이시아 언론에서는 한류의 경제적 효과에 초점을 맞추어 문화 정책과 제반 전략이 필요하다는 논지의 기사가 주류를 이루기 시작한다. 특히 문화산업 영역에서 한국과 말레이시아의 협력 가능성에 대한 논의가 확대되었다.

다음과 같은 기사는 이러한 관점을 잘 드러내준다. 아래 첫 번째 기사는 말레이시아 통신 멀티미디어부(KKMM)가 국립영화개발공사(FINAS)를 통해 오스카에 도전하는 프로젝트를 발표한 내용으로, 한국 사례를 참고하여 예산 확보와 전략 수립을 강조한다. 두 번째 기사는 한국 등을 사례로 삼아 자국의 '창조 산업(Creative Industry)' 육성을 해야 한다는 점을 강조한다. K-콘텐츠를 생산해내는 한국의 사례를 참조하고 그 경험을 통해서 말레이시아의 콘텐츠 산업을 육성해야 한다는 것으로 담론의 흐름에 큰 변화가 나타난 것이다.

> 한국이 오스카상을 받기까지 30년이 걸렸으니 우리도 예산을 만들어 전략을 수립하자. (Malaysiakini, 20/06/16)

> 영화 마을의 목적은 한국과 중국의 발자취를 따라 말레이시아의 창조 산업을 육성하는 것이다. (Berita Harian, 21/09/28)

2022년에 이르러서는 아예 영화, 드라마, 케이팝뿐만 아니라 한류 열풍의 파생 상품이라 할 수 있는 음식, 관광에 이르기까지 문화산업 전반에 대해 한국으로부터 배워야 말레이시아의 산업을 육성할 수 있다는 논의로 확장된다.

방탄소년단, 넷플릭스의 디스토피아 드라마 〈오징어 게임〉 등 한국 문화에 대한 열풍에 힘입어 지난해 한국 김치 수출액은 10.7% 급증한 1억 6000만 달러를 기록했다. (Malaysiakini, 22/09/30)

이러한 변화는 2020년 이후 글로벌 한류의 확산에 대한 프레임이 이동했음을 보여준다. 2020년은 〈오징어 게임〉 등 한류 콘텐츠가 세계적으로 경쟁력을 갖춘 시기이자 코로나19로 한류의 도화선이 된 OTT 시장의 확대가 가속화된 시점이기도 하다. 또한 한국 음식, 패션, 뷰티 등 타 산업으로의 파급에 대한 논의 역시 확대된 시점이다.

막대한 투자를 한 한국 정부의 노력이 어떻게 세계적 수준의 대중문화를 탄생시켰는지 배워야 한다. 한국은 음악과 드라마 등 문화 창작물로 세상에 큰 영향력을 미치고 있다. 케이팝과 방탄소년단, 〈오징어 게임〉 등 인기 시리즈, 영화 〈기생충〉이 세계를 제패하는 성과를 자랑할 수 있게 되었다. (Utusan Malaysia, 22/12/25)

이때 '한국 드라마'는 자국 문화에 영향을 주는 침략자가 아니라, 미래 성장 산업의 벤치마킹 사례로서 새로운 위치를 갖게 된다. 이는 국가 기구의 공식적인 발언에서도 확인할 수 있다. 말레이시아 관광예술문화부 장관이 한류를 통해 관광산업을 진작시키는 한국을 거론하며 한류의 파급 효과를 강조하고 나선 것이 대표적이다. 이에 호응하듯, 다수 언론에서 벤치마크의 필요성을 주장하고 있다.

말레이시아는 한국이 한류로 관광업을 진흥하는 현상을 보고 배워야 한

다.(Berita Harian, 22/10/18)

이상의 논의를 정리하면 다음과 같다. 2015년 일본을 시작으로 2016년 한국을 포함하여 홍콩, 싱가포르, 말레이시아 등 아시아 시장에 본격적으로 진출한 넷플릭스는 이 지역에서 소구력이 높은 한국 드라마에 주목하고 전략적으로 투자하기 시작했다. 코로나19로 인한 비대면 상황은 글로벌 OTT 플랫폼을 통한 콘텐츠 소비를 부추겨 한국 드라마가 전 세계적으로 호명받는 계기를 제공했고, 2021년 넷플릭스에 공개된 〈오징어 게임〉은 단순히 시청률 세계 1위 프로그램이 아니라 넷플릭스 역사상 가장 흥행한 작품이 되었다.

넷플릭스를 통해 한국 드라마가 크게 흥행하면서 말레이시아 언론이 한국 문화를 인식하고 보도하는 논조에도 큰 변화가 찾아온다. 넷플릭스가 등장하기 전에는 케이팝, K-드라마와 같은 한국 미디어가 현지 문화와 가치에 미치는 영향에 대해 우려를 표하는 등 '자국 문화 보호론' 관점으로 보는 경우가 많았다. 그러나 넷플릭스의 영향력이 커지고 플랫폼 내 K-드라마의 인기가 높아지면서 말레이시아 내 한류 콘텐츠를 둘러싼 담론은 우호적 시각으로 전환되었다. 스트리밍 플랫폼을 통해 말레이시아 사람들이 한국 콘텐츠에 쉽게 접근하고 즐길 수 있게 되었으며, 세계적으로 한국 대중문화의 인지도와 인기를 높이는 데에도 도움이 되었기 때문이다.

넷플릭스에서 K-드라마의 인기는 한국 미디어와 문화 수출로 창출될 수 있는 경제적 가치를 부각시켰고, 말레이시아 언론사들 사이에서 한국 콘텐츠의 비즈니스 잠재력에 대한 관심을 불러일으켰다. 즉, 한류 콘텐츠와 넷플릭스의 결합이 일종의 '신산업 진흥' 전략으로 인식되기 시작한 것이다. 이로 인해 언론의 담론은 한국 드라마 확산에 따른 문화적 함의보다는 경제적 이익에 더 큰 초점을 맞추게 되었다. 즉 자국 문화 보호 시각에 바탕을 둔 방어 담론이 어느 틈엔가 한국을 본받아 자국의 콘텐츠 산업을 키워야 한다는 경제적 가치 중심 담론으로 전환된 것이다. 이는 넷플릭스를 비롯한 글로벌 OTT의 도입과 확장으로 담론의 '경제화'가 초래되었다고 볼 수 있으며, 한류 콘텐츠의 인기는 말레이시아에서 정책 담론의 전환을 가져올 수 있는 '기회의 창'을 열었다는 점에서 이후 한류와 글로벌 OTT 플랫폼에 대한 보다 긍정적인 수용을 기대하게 하는 변화라 할 수 있다.

한류 담론 전환의 함의

지금까지 넷플릭스가 글로벌 시장으로 영향력을 확장하는 2016년 이후부터 2022년에 이르기까지 말레이시아 언론이 한국 드라마를 중심으로 제기하는 담론의 변화에 주목했다. 주요 언론 기사의 변화를 추적하고 검토하는 과정에서, 2016~2019년 시기에 '자국 문화 보호론'이라는 보수주의 관점의 논의가 주류를 이루던 상황에서 2020년을 계기로 문화의 경제적 가치에 주목하고, 이러한 방법론의 모델로서 한류를 주목하기 시작했음을 확인할 수 있었다. 한국 드라마와 넷플릭스와의 만남이 열어준 '기회의 창'은 말레이시아 한류 담론에서 문화=정체성에서 문화=경제로 프레임의 전환이 나타난 것이다. '한류 담론의 경제적 전환(economic turn)'이라고 지칭할 수 있는 이러한 변화는 경제 성장의 새로운 방법론을 찾고자 '글로벌 OTT 플랫폼과 로컬 콘텐츠의 확장을 위기가 아닌 기회'로 파악하고자 하는 논의의 비중이 높아지는 상황을 잘 보여준다.

다음 페이지 그림은 2020년을 기준으로 말레이시아 언론의 담론 전환을 시각적으로 보여준다. 흥미로운 것은 2020년이라는 변곡점이다. 말레이시아에서 K-드라마에 관한 언론의 담론은 앞서 확인한 말레이시아 언론의 '한국 드라마' 관련 기사 추이에서 알 수 있듯이 양적으로 뚜렷한 증가세를 보여준다. 아울러 2020년을 기점으로 '자국 문화 보호론'에 가세한 부정적인 문화 담론에서 한류를 벤치마크 대상으로 인식하는 긍정적인 경제 담론으로 전환되는 것을 확인할 수 있다. 말레이시아 언론에 나타난 논의는 2020년 즈음하여 주로 한류의 경제적 파급 효과를 강조하는 것으로 전환한다. 기존의 '자국 문화 보호' 논리에 대한 반론으로 '한류의 긍정적 효과'가 등장하기 시작한 것이다. 한류와 K-드라마는 말레이시아가 창조 산업 육성을 위해 참고해야 할 중요한 벤치마크 대상으로 주목받기 시작했다. 이는 단순히 개별 콘텐츠 산업의 성장을 넘어서, 콘텐츠의 글로벌 확산이 가져오는 보다 복합적인 파급 효과를 활용한, 자국 산업의 총체적 성장 방법론으

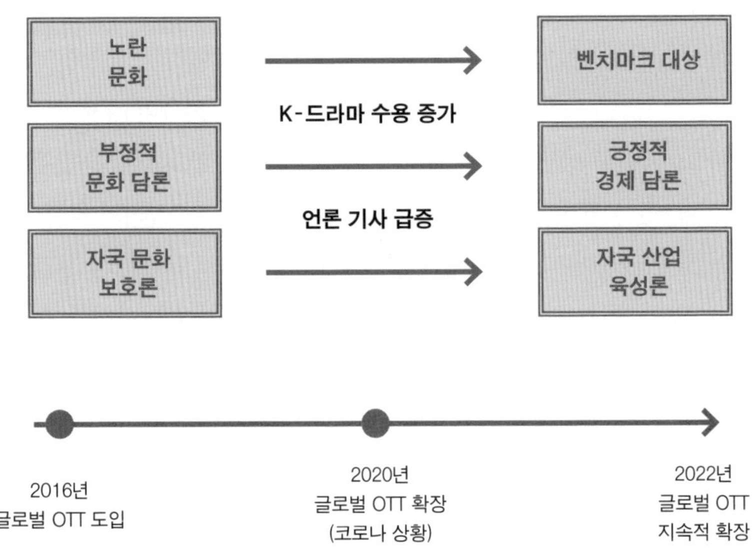

로서 제기된다.

K-드라마의 말레이시아 수용에 있어서 2020년이 전환점을 맞은 이유를 세 가지로 분석할 수 있다. 첫째는 코로나19로 인한 '비선택적' 비대면 상황을 들 수 있다. 2019년 말 중국에서 최초로 보고된 후, 2020년부터 본격적으로 기승을 부리기 시작한 코로나 상황으로 공연과 같은 대면 콘텐츠 분야는 극심한 불황을 맞게 되었으며, 극장도 영화 개봉을 연기하거나 취소하게 되어 시민들은 많은 시간을 집에서 보내며 OTT라는 대안 미디어를 통해 콘텐츠를 향유하는 습관을 가지게 되었다. 이러한 상황과 맞물려 글로벌 OTT의 확장에 편승하여 K-드라마의 접근성과 도달률이 획기적으로 증가한 것이다. 둘째로는 글로벌 OTT는 K-드라마를 수급함으로써 신규 가입자를 유치하고 기존 가입자를 플랫폼에 붙들어두고자 하는 전략을 펼치게 된다. 글로벌 OTT 플랫폼의 대표주자인 넷플릭스가 말레이시아에서 서비스를 시작한 것이 2016년이지만, 〈사랑의 불시착〉, 〈사이코지만 괜찮아〉, 〈이태원 클라스〉 등 본격적으로 K-드라마가 넷플릭스에 탑재되고 인기를 얻은 것은 2020년 이후이기 때문이다. 셋째로는 2020년 8월 후반부터 넷플릭스가 바하사 말레이어(Bahasa Melayu)를 지원하게 되었다는 점이다. 말레이시아는 영어를 공용어로 쓰는 다민족 국가인데, 인구의 약 60%를 차지하는 말레이계는 그들의 전통 언어인 바하사 말레이를 선호한다. 이에 따라 말레이시아에서 K-드라마 수용의 편의성이 크게 증가했다.

이상과 같이 글로벌 OTT는 말레이시아에서 K-드라마 수용에 커다란 전환점을 제공하게 된다. 말레이시아가 창조 산업에 주목한 시점은 2021년 〈오징어 게임〉 성공 이전이었다는 것도 주목할 만한 의미가 있다. 언론 담론의 전환은 특정 개별 콘텐츠가 만든 전환이 아니라 글로벌 OTT로 인해서 K-드라마 수용의 양(量)이 축적되어 어느 순간 질(質)적인 전환이 이루어진 것이다. 이렇듯이 기존에는 자국 문화에 미치는 악영향의 사례로 인식되던 한류는 2020년을 기점으로 자국의 성장 전략의 모델로서 위치가 변화하게 된다. 한국 드라마를 다루는 기사의 영역도 기존의 문화 비평에 제한되지 않고 경제와 정책 관련 논의로 확장되고 있다.

담론의 전환이 갖는 의미는 복합적이다. 먼저 '넷플릭스 효과'의 양면성(침략과 협조) 중에서 '기회'라는 측면에 주목하는 흐름이 나타났다는 점에서, 한류 현상을 문화적 접근보다 경제적 측면에서 바라보는 변화가 나타날 수 있음에 주목해야 할 것이다. 특히 RCEP* 등 자유무역 확대에 대한 대응의 변화 측면에서 앞으로 나타날 변화에 주목할 필요가 있다. 한국 입장에서 '한류의 지속가능성'의 틀로 바라보자면, 문화적 보수주의 관점의 반발보다, 향후 동반 성장의 기대를 지렛대 삼아 협력과 교류의 기회를 넓혀나갈 수 있는 환경이 말레이시아에 마련되고 있다고도 볼 수 있다. 다른 한편으론, 이러한 변화가 한류 관련 논의의 중심이 문화에서 경제로 옮겨가는 맥락 속에서 마련된 것이란 점을 고려할 때, 한류 현상을 문화적 근접성이나 이용자 관점의 논의를 넘어서서 바라볼 필요가 있음에 주목해야 한다. 벤치마크 대상으로서의 한류란 개별 한국 드라마의 수용을 넘어선, 한류라는 하나의 '모델' 수용 과정으로 볼 수 있는 것이다. 이러한 전환이 넷플릭스라는 글로벌 플랫폼을 통해 촉발되었다는 점에서, 한류란 그저 한국의 우수한 콘텐츠 제작 역량의 문제로 좁혀질 수 없는, 훨씬 복잡한 글로벌 미디어-콘텐츠 산업의 관계 속에서 파악되어야 할 현상이라 할 수 있다.

* 역내포괄적경제동반자협정(Regional Comprehensive Economic Partnership)으로서 아세안+6개국 간의 자유무역협정이다.

4. OTT가 한류 팬의 문화적 실천을 거들었다

글로벌 미디어 환경의 급격한 변화 속에서 한류 콘텐츠, 특히 K-드라마의 국제적 유통과 소비 패턴이 크게 변모하고 있다. 이러한 변화의 중심에는 OTT 서비스의 등장과 확산이 자리 잡고 있다. OTT 플랫폼은 시간과 공간의 제약을 뛰어넘어 콘텐츠에 대한 접근성을 혁명적으로 향상시켰고, 이는 특히 해외 시장에서 K-드라마의 향유 방식에 큰 영향을 미치고 있다. 여기에서는 말레이시아에서 OTT 서비스가 K-드라마의 수용과 확산에 미친 영향을 살펴본다. 특히, OTT 서비스 도입 전후의 K-드라마 소비 패턴 변화, 불법 시청 감소, 시청자의 능동성 증가 등을 중점적으로 살펴본다. 이를 통해 OTT 플랫폼이 어떻게 K-드라마의 접근성을 높이고, 시청자의 소비 행태를 변화시켰는지, 그리고 이러한 변화가 한류 콘텐츠의 글로벌 확산에 어떤 의미를 지니는지를 생각해보고자 한다.

불법 사이트를 통한 K-드라마 향유

한국국제문화교류진흥원의 조사에 의하면 동남아시아 주요 국가들의 한류 콘텐츠 접촉 경로는 2017년만 해도 TV가 주된 매체였으나 이후 응답자의 70%가 OTT 서비스를 꼽을 만큼 급격히 매체 이동이 이루어지고 있는 것으로 파악된다.* 필자가 실시한 설문 조사에서도 한국 드라마를 주로 시청하는 매체로 현지의 방송 TV 채널보다 넷플릭스, 유튜브, 아이치이, 뷰 등 스트리밍 서비스를 꼽은 비율이 훨씬 높았다.

아래 표에서 알 수 있듯이 말레이시아에서 불법 사이트를 통해 K-드라마를 시청하는 비율이 28.2%나 된다는 것은 꽤 놀라운 일이다. 여기에 대해

* 2018 해외한류실태조사 결과보고서(제7차), 한국국제문화교류진흥원 2018, p.183; 2023 해외한류실태조사 결과보고서(제12차), 한국국제문화교류진흥원 2023, p.234

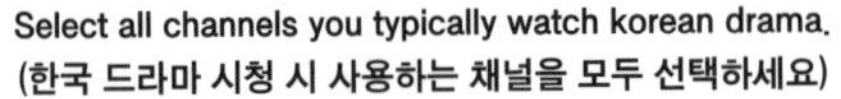

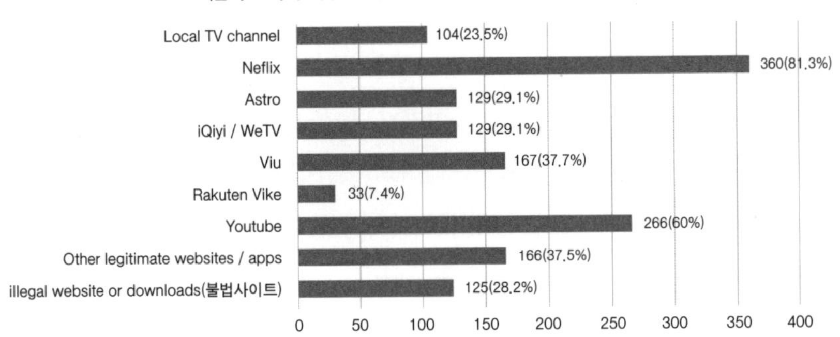

〈한국 드라마 시청 시 이용하는 채널〉

필자는 말레이시아 한류 팬들이 불법 사이트에서 K-드라마를 시청하는 가장 큰 이유가 경제적 동기에 있을 것이라고 지레짐작했었다. 그런데 말레이시아 팬들과 일대일 심층 면접에서 경제적 동기보다 더 중요한 이유를 들을 수 있었다.

> 불법 사이트를 보는 것은 사실 인내심이 필요해요. 광고도 많이 봐야 하고 화질이나 자막이 불량할 때도 많아요. 그렇지만 거기에는 내가 찾는 콘텐츠가 있고 내가 원할 때 접근할 수 있어요. K-드라마가 넷플릭스에 많이 있지만, 거기에 없는 드라마도 불법 사이트에서는 볼 수 있어요. 돈을 아끼려는 이유만으로 불법 사이트를 이용하는 것이 아니라 내가 좋아하는 콘텐츠를 찾아 보기 위해 이용해요. (F-3, 30대, 여, 말레이계, 회사원)

> OTT 서비스 이전에는 주로 유료 케이블 TV에서 한국 드라마를 봤어요. 편성표를 체크하면서 언제 한국 드라마를 볼 수 있는지 알 수 있었고 시간이 되는 경우에는 그 시간에 맞추어 시청했어요. 그렇지만 불법 사이트에는 내가 원하는 프로그램이 대부분 있어서 그쪽 사이트를 통해서 많이 시청했어요. (F-1, 30대, 여, 중국계, 회사원)

이 같은 진술은 말레이시아 향유자가 불법 사이트를 통해 K-드라마를 시청하는 이유가 경제적 동기에만 있는 것이 아니라는 것을 확인할 수 있게 한다. 미디어 콘텐츠에 있어서 지적재산권에 대한 글로벌 차원의 통제가 엄연한데, 불법 사이트를 통한 콘텐츠의 소비와 공유는 그 통제의 빈틈을 노리는 '미디어 해적 행위(media piracy)'다. 말레이시아 젊은이들이 불법 사이트를 이용한 이유는 경제적 요소도 물론 작동하였지만 더욱 중요한 요인은 콘텐츠에 대한 접근 욕망이었다. 말레이시아의 K-드라마 향유자들에게 미디어 해적 행위의 범법성에 대한 의식은 빈약했으며, K-드라마에 대한 접근성을 확장하고 싶은 욕망으로 불법에 대한 불편함과 부담을 희석시키고 있었다. 이것은 미디어 해적 행위가 글로벌 네트워크에 대한 일종의 참여이며 불법 사이트는 이것을 가능하게 하는 통로로 파악했던 포스트식민주의적 미디어 해적 연구의 시각과 일치하는 것이다. 심층 인터뷰에 응한 말레이시아의 한류 팬은 이렇게 말했다.

> 글로벌 OTT가 등장한 이후에는 불법 사이트를 이용할 필요가 없게 되었어요. 물론 돈이 조금 들기는 하지만 불편하게 쓸데없는 광고를 보지 않아도 되고, 무엇보다 불법 행위를 하고 있다는 부담 없이 K-드라마를 마음껏 볼 수 있어서 좋아요. (F-3, 30대, 여, 말레이계, 회사원)

이 견해는 로렌스 량(Lawrence Liang, 2005)이 제기한 '투과적 합법성(Porous Legalities)' 즉 "적절하지는 않지만 미디어, 현대성 및 글로벌화의 복합적 세계에 대한 참여의 길을 스스로 창조하고자 하는" 향유자의 자발적 적극성을 확인해준다. 즉, 불법 사이트를 통한 K-드라마 향유는 단지 돈을 아끼기 위해서만이 아니라, 내가 원하는 콘텐츠가 아카이빙 되어 있고, 언제 어디에서나 접근 가능하기 때문에 향유자들이 유입된 것이다. 이것은 로렌스 량이 제기했던 미디어 해적 행위를 글로벌 네트워크에 참여하는 통로로 재사유하고자 했던 견해와 일치한다. 즉 불법 사이트에서 K-드라마 향유는 '적절함'의 문제로 볼 것이 아니라, 레거시 미디어의 선형적인 콘텐츠 통제에 대한 '대안적 자유로움'이라는 관점에서 불법 사이트의 효용이 발생하고 있다는 시각이다.

미디어 해적 행위는 복합적인 층위를 가진 사회 경제적 현상으로서 한류 콘텐츠의 초국적 유통에는 혁혁한 기능을 담당하였다. 불법에 대한 사회적 인식이 강화되는 긴장 관계 속에서 등장한 글로벌 OTT는 '적절함' 이슈를 희석시키면서 콘텐츠 접근성에 대한 욕구를 충족시켜주었다.

투과적 합법성의 구멍을 메우다

글로벌 OTT는 콘텐츠 전반에 대해 접근성을 높였는데, 특히 K-드라마의 접근성이라는 측면에서 볼 때 매우 의미심장한 역할을 하였다. 물론 이것은 말레이시아만의 상황이 아니라 디지털로 연결된 전 지구적인 현상이다. 그렇지만 말레이시아를 글로벌 OTT와 K-드라마 접근성 증가의 사례로 살펴보는 것은 매우 흥미롭다. 말레이시아는 동남아시아에서 경제적으로 발전한 국가 중 하나로, OTT 서비스를 이용할 수 있는 경제력과 인프라를 갖추고 있음에도 불구하고 불법 사이트를 통한 콘텐츠 유통이 만연해 있었다. 말레이시아의 한류 팬들은 TV나 케이블에서 K-드라마를 편성하지 않으면 불법 사이트나 불법으로 유통되는 저장매체(DVD 등)를 이용해서 시청할 수밖에 없었다.

2016년 넷플릭스와 뷰(Viu)가 서비스를 시작하기 전 말레이시아에서 불법 콘텐츠 이용은 매우 빈번했던 것으로 집계된다. 미국의 소프트웨어 저작권 보호 단체인 비즈니스 소프트웨어 얼라이언스(Business Software Alliance)가 발표한 글로벌 소프트웨어 불법 복제 보고서(Global Software Piracy Report)에 따르면 2016년 기준 말레이시아의 불법 복제 소프트웨어 이용률은 53%로 나타났다. 이것은 인접 국가인 베트남(78%)과 태국(69%)보다는 낮지만 싱가포르(30%)

에 비해서는 훨씬 높은 수치다. 2004년부터 2019년까지 'Korea drama' 관련 말레이시아 구글 트렌드 검색어를 살펴보면 '한국 드라마 다운로드(drama korea download, download drama)', '드라마 온라인(drama online)' 등 '접근 방법'에 대한 검색이 순위권에 오른 것을 아래 그림에서 확인할 수 있다.

이것은 많은 말레이시아의 콘텐츠 이용자가 '무료로 시청하거나 다운로드 할 수 있는 사이트'를 찾는 검색을 통해, K-드라마를 불법으로라도 시청하고자 했을 개연성이 크다는 것을 시사한다. 한편 말레이시아에서 K-드라마 시청 플랫폼이 레거시 미디어에서 OTT로 대거 전환되었다고 여겨지는 2020년부터 2023년 11월까지 말레이시아 구글 트렌드의 검색은 '접근 방법'이 아니라 '시청할 만한 인기 드라마를 찾는' 검색으로 바뀌게 된다. '한국 드라마 (korean drama)', '최고 한국 드라마(drama korea best)', '한국 영

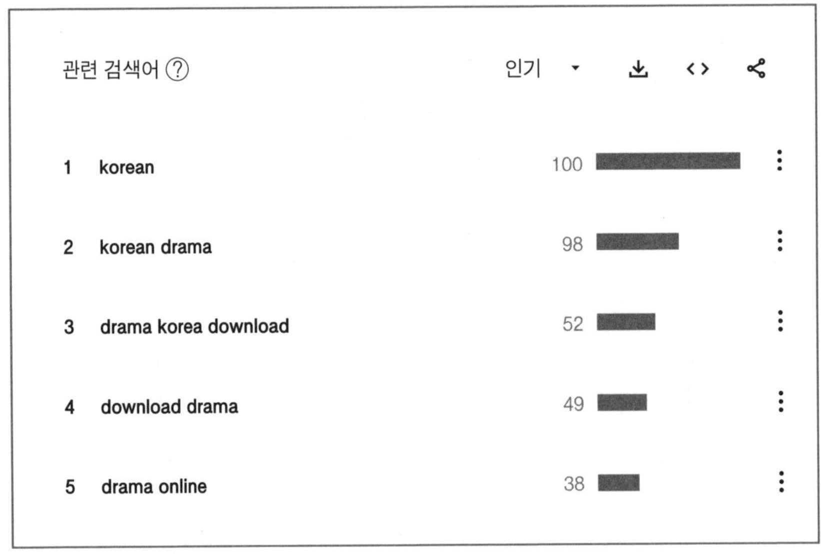

〈2004.1-2019.12 'Korea Drama' 관련 인기 검색어〉

화(movie korea)'가 상위권에 오른 것을 확인할 수 있다.

코로나19 이후 OTT 이용 경험이 늘어나고 다양한 플랫폼 서비스 이용이 가능해지면서 OTT는 K-드라마 시청을 위한 새로운 플랫폼으로 자리 잡았다. 따라서 한국의 방송사에서 편성된 드라마가 유통 시차 없이 곧바로 말레이시아의 OTT 플랫폼에 탑재되는 경우가 잦아졌다. 말레이시아의 OTT 플랫폼은 경쟁력 있는 K-드라마를 탑재할 때 플랫폼의 주요 마케팅 수단으로 홍보하는 등, K-드라마는 말레이시아 OTT 플랫폼의 전략적인 콘텐츠가 되었으며, 그에 비례하여 K-드라마 향유가 수월해졌다. 결론적으로, 글로벌 OTT 서비스의 등장은 말레이시아에서 K-드라마 향유의 패러다임을 바꾸어 놓았다. 이것은 OTT 서비스가 합법적이고 편리한 시청 경로를 제공하면서, 이른바 '투과적 합법성'의 구멍을 메우는 역할을 감당했

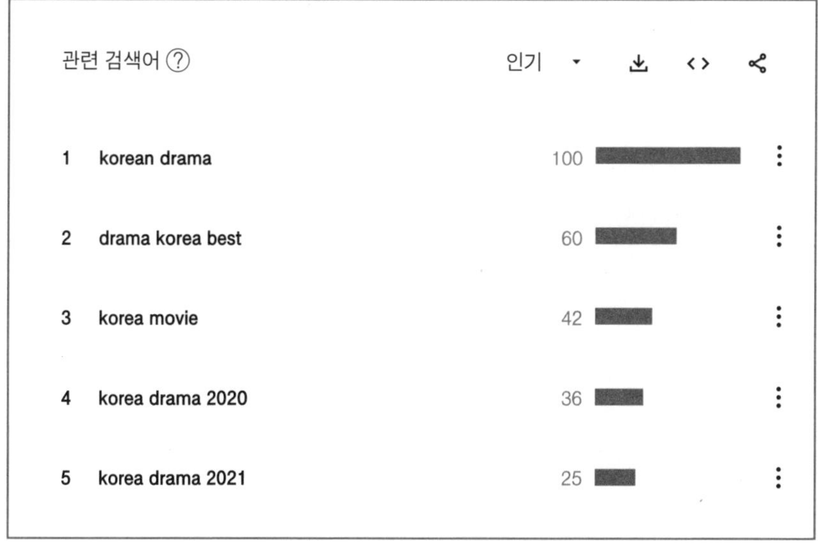

〈2020.01.01.-2023.11.29 'Korea Drama' 관련 인기 검색어〉

다는 것을 의미한다.

OTT가 제공하는 수월한 접근성

OTT 서비스를 통한 K-드라마의 향유 맥락을 이해하려면 무엇보다 시간적, 공간적 구속을 탈피함으로써 수월한 접근성를 획득했다는 것을 살펴봐야 한다. OTT 서비스를 이용하게 됨에 따라 수용자가 원하는 시간에 장소의 제약 없이 선택한 영상 콘텐츠를 향유하게 되었다. 이것은 향유자의 편의성을 강화하였으며 K-드라마에 대한 접근성을 획기적으로 제고했다.

> 예전에는 드라마를 시간에 맞추어 기다려서 봐야 해서, 일이 있거나 다른 약속이 잡히면 놓치기가 일쑤였어요. 지금은 굳이 방송 시간에 맞추지 않아도 언제든 시간 날 때 볼 수 있으니 K-드라마 보기가 훨씬 편해졌어요. (F-3, 30대 여, 말레이계, 회사원)

사실 글로벌 OTT 플랫폼은 구독 기반으로(SVOD) 가입자는 구독료를 내야 콘텐츠 접근이 가능하다. 그렇지만 극장에서 영화 한 편 보는 정도의 금액이면 글로벌 OTT를 구독할 수 있기에 현지 물가 수준으로도 그렇게 부담되는 액수는 아니라고 할 수 있다.

> OTT를 통해 드라마 보는 것을 좋아해요. OTT는 성가신 광고도 없이 안정적으로 프로그램을 제공해줘요. 구독료가 도시에 사는 사람들에게 그렇게 부담이 되지 않는다고 생각해요. 저를 포함해 대부분의 사람들이 가족이나

친구들과 함께 아이디를 공유해서 이용하기 때문에 OTT 구독료가 문제 되지는 않아요. (F-7, 30대, 여, 중국계, 회사원)

OTT를 통한 K-드라마 향유에 경제적 요인은 큰 영향을 미치지 못한 것으로 생각된다. 이것은 말레이시아에서 인터넷 보급률이 95.5%에 달하고 전체 가구의 83.2%가 유료 TV를 시청하는 등 방송·통신 인프라가 잘 되어 있고 동남아시아에서 비교적 가구 소득 수준이 높기 때문에 구독료에 대해 큰 경제적 부담을 느끼지 않는 것으로 보인다.

우리 집에서는 한 달 55링깃(한화 약 16,000원)짜리 가족 요금제를 쓰고 있어요. 극장 영화 두 편 정도 가격인데 저희는 OTT가 훨씬 더 가격 대비 혜택이 좋다고 생각해요. 그리고 아스트로(Astro) 같은 케이블 텔레비전을 볼 때도 시청료를 내기 때문에 큰 거부감은 없어요. (F-8, 20대, 여, 말레이계)

OTT 플랫폼이 제공하는 수월한 접근성은 말레이시아 시청자가 K-드라마를 더욱 쉽고 편리하게 접할 수 있는 환경을 조성했다. 과거에는 K-드라마를 시청하기 위해 특정 시간에 TV 앞에 있어야 하거나, 불법적인 경로를 통해 콘텐츠를 구해야 하는 경우가 많았다. 그러나 넷플릭스, 뷰(Viu) 등의 플랫폼이 말레이시아에서 서비스를 시작하면서 상황이 크게 바뀌었다. 말레이시아 시청자들은 시간과 장소에 구애받지 않고 다양한 디바이스를 통해 최신 K-드라마를 시청할 수 있게 되었다. 아울러 OTT 플랫폼이 말레이어 자막을 제공함으로써 언어 장벽을 낮추어, K-드라마에 대한 접근성을 더욱 높였다.

OTT 서비스는 K-드라마의 유통 및 소비 지형을 레거시 미디어를 통한

2단계 배급에서 DTC(Direct to Consumer)로 변화하여 생산자와 수용자 사이의 게이트키퍼가 사라지게 되었다. 글로벌 OTT 플랫폼은 데이터 기반의 식별된 개인을 대상으로 맞춤형 서비스를 제공한다. 이것은 글로벌 OTT 플랫폼이 이용자 개인을 단위로 프로필을 설정하여 시청 데이터를 축적하고 활용하는 것에 따른 것이다. 이용자 입장에서는 OTT 서비스로 인하여 시간적, 공간적으로 자율성을 획득했으며 더 많은 콘텐츠를 향유할 수 있게 되었다.

> OTT로 내가 보고 싶을 때 한국 드라마를 볼 수 있으니깐 주말에는 밤낮 가리지 않고 몰아서 봐요. 최근에는 볼 만한 게 더 많아져서, 쏟아지는 드라마 다 보려면 시간이 부족할 정도로 K-드라마 시청에 할애하는 시간이 많아졌어요. (F-1, 30대, 여, 중국계, 회사원)

전통 미디어에서는 편성된 시간에 방송되는 프로그램을 놓치면 재방송을 하지 않는 이상 그 프로그램을 볼 기회가 없다. 그렇지만 OTT 서비스에서는 디지털 아카이브에 접속해서 언제든 볼 수 있다. '시간 비구속적 시청'이 가능해짐으로써 가족이나 친구들의 추천은 실제 시청으로 이어진다.

> 넷플릭스에서 재밌는 드라마가 있다고 친구가 얘기하면 찾아보게 돼요. 한국 드라마를 신뢰하기 때문에 추천하는 드라마를 재밌게 볼 수 있어요. 그렇지만 너무나 많은 한국 드라마가 있어서 뭘 볼까 고민이 돼요. 그럴 때는 넷플릭스에서 추천해주는 프로그램 중에 재밌어 보이는 것을 봅니다. (F-10, 중국계, 남, 자영업)

OTT 서비스는 가입자들이 관심 있고 선호할 만한 콘텐츠를 추천하는 큐레이션을 제공하고 있다. 이용자의 과거 경험과 취향에서 데이터를 취합하여 향유자의 선택을 지원하는 시스템이다. 결국 수많은 콘텐츠 라이브러리를 탑재해두고 이용자의 소비를 촉진하는 정교한 장치들이 OTT 서비스에는 마련되어 있고 여기에 올라탄 K-드라마는 수용자에게 수월한 접근성(easy access)을 획득하게 된 것이다.

능동성과 자기 결정권의 강화

OTT 서비스 등장으로 방송 콘텐츠 유통 구조는 매체 중심에서 개별 콘텐츠 중심으로 변화했다. 콘텐츠 플랫폼의 서비스가 그동안 패키저(packager)였다면 이제는 디지털 스토어(store)로 진화한 것이다. 과거 TV 시청이 방송 사업자가 정한 편성에 따라 프로그램을 시청하는 선형적(linear) 행태였다면, OTT 서비스는 시간과 장소 그리고 스크린을 시청자가 직접 선택하는 비선형적(non-linear) 행태로 변모시켰다. OTT 서비스로 인하여 K-드라마는 수용자가 능동적으로 접속 가능한 미디어 정경에 자리 잡게 되었다. 향유자는 K-드라마를 시청하는 시간과 장소, 디바이스에 대한 통제력을 가지게 되었다.

> OTT로 인해 주말에 몰아서 K-드라마를 보게 되었어요. 에피소드가 끝날 무렵 다음 회가 궁금해지기 마련인데, 나도 모르게 다음 에피소드를 계속해서 보게 돼요. 그러다 보면 주말 내내 드라마에 몰입하여 시리즈 전체를 한 방에 끝내는 경우도 있어요. (F-9, 30대, 남, 회사원)

OTT 서비스에서 이용자의 고유한 권리는 클라우드에 존재하는 프로그램에 대한 접근과 선택권이다. K-드라마에 대한 이용자의 선호는 플랫폼으로 하여금 더 많은 K-드라마를 마련하게끔 하였다. 플랫폼은 신규 가입자의 유입과 기존 가입자의 록인(lock-in)을 위하여 효용성이 입증된 K-드라마를 더 많이 진열장에 채워 넣음으로써, K-드라마 선택권은 질적으로, 양적으로 제고되었다. OTT 환경에서 이용자는 마치 편의점에서 음료를 고르듯이 콘텐츠를 선택할 수 있는데, 레거시 미디어 환경에서 선형적으로 이뤄졌던 시청 방식이 향유자 스스로가 시청 계획을 설계하는 능동성을 획득한 것이다.

OTT 서비스가 가져온 향유자의 능동성은 몰아 보기에서 잘 발현된다. 그 외에도 골라 보기, 이어 보기는 '자기 주도적 문화 실천 행위'다. 방송사에서 편성하는 대로 '받아먹는' 것이 아니라, 영화를 고르고, 극장을 선택하고, 관람 시간을 선택하듯이 향유자가 자기 주도적으로 판단하고 실천하게 된 것이다.

> 주중에는 한국 드라마는 보지 않아요. 한번 보게 되면 계속 보게 되어 다음 날 회사에서 일하는 데 지장을 주거든요. 주말에는 맘먹고 몰아 보는 것을 즐겨요. 내가 시간을 조절해서 선택할 수 있는 것이 OTT의 장점인 것 같아요 (F-1, 30대, 여, 중국계, 회사원)

말레이시아의 한류 팬들은 K-드라마를 단순히 개인적 차원의 소비를 넘어 사회적 맥락 속에서 향유하고 있다. 이들은 주변 지인들 사이에서 화제가 된 드라마를 빠르게 시청함으로써 사회적 네트워크 내에서 소속감과 유대감을 형성한다. 특히 친구들과의 대화에서 K-드라마가 주요 화제로 등

장할 때, 이를 시청하지 않은 구성원은 대화에서 소외되지 않기 위해 해당 콘텐츠를 빠르게 시청하는 경향을 보인다. 이러한 현상은 적극적인 정보 공유와 토론 문화를 형성하며, 공통의 문화적 경험을 통한 사회적 연대감을 구축하는 데 기여한다.

> 분명 예전하고 달라진 점은 전에는 내가 놓친 드라마는 재방송을 보기 전에는 그대로 날아가 버리는데 지금은 찾아서 볼 수 있어요. 대화에 동참하고 싶어서 친구들이 추천하는 드라마를 챙겨보는 경우도 많이 있어요. (F7, 30대, 여, 중국계, 회사원)

> 〈이상한 변호사 우영우〉에서 박은빈 보고 나서 그 배우가 나온 전작 드라마를 찾아봤어요. 그렇게 보는 게 좋은 거 같아요. 내가 볼 콘텐츠를 나 자신이 선택한다는 거죠. (F-10, 30대, 남, 중국계, 자영업)

특히 주목할 만한 것은 K-드라마 시청이 단순한 시청 행위를 넘어서는 복합적인 문화적 실천으로 발전하고 있다는 점이다. 한류 문화 수용자들은 드라마의 내용을 향유하는 데 그치지 않고, 이를 일상적 대화와 사회적 관계 속에서 재해석하고 활용한다. 이러한 과정에서 K-드라마는 단순한 외국 콘텐츠가 아닌, 말레이시아 향유자의 일상적 문화 요소로 자리 잡게 된다. 이러한 현상은 한류 문화 향유가 갖는 새로운 가능성을 보여준다. OTT 플랫폼을 통한 K-드라마 향유는 개인의 자기 결정권 확대와 함께 공동체적 가치 창출이라는 이중적 의미를 지니며, 이는 글로벌 미디어 환경에서 한류 문화가 어떻게 수용되고 재해석되는지를 보여주는 중요한 사례가 된다.

OTT를 통한 K-드라마 향유는 상품과 서비스를 즐기는 차원을 넘어서 향유자의 자기 결정권 확대를 의미한다. K-드라마 향유를 통해 어떤 가치를 획득하고 그 가치를 어떻게 향유하는가는 오롯이 그들의 문화 실천에 달려 있는 것이다. 앞으로는 이러한 한류 문화 소비 경향이 말레이시아의 사회 문화적 지형에 어떤 영향을 미칠지 계속 주목할 필요가 있다. 특히 글로벌 OTT 플랫폼의 알고리즘이 시청 선택에 미치는 영향, 한류와 로컬 문화와의 융합 양상, 팬덤 문화의 발전과 변화 양상 등에 대한 심층적인 후속 연구가 필요할 것으로 보인다. 이를 통해 한류 문화 콘텐츠의 로컬 수용 양상에 대한 더욱 풍부한 이해가 가능할 것이다.

말레이시아 사례로 보는 한류 변증법 . 5

변증법은 상반된 요소들의 충돌과 화해를 통해 새로운 통합과 발전이 이루어지는 과정을 설명하는 철학적 방법론이다. 변증법은 일상에서 문화 현상을 설명할 때도 유용하다. 예를 들어 스마트폰과 인터넷의 보급은 소통 방식과 정보 접근 방식을 크게 변화시킴으로써, 일상생활에 혁명적인 변화를 가져왔다. 그러나 기술의 발전은 인간 소외와 개인 정보 침해 등의 문제를 야기하기도 한다. 이에 대한 반발로 디지털 디톡스 같은 움직임이 등장했다. 이러한 사례는 기술 발전으로 인한 변화(테제, thesis)가 기술의 부작용(반테제, antithesis)을 초래하고, 이것은 '기술의 장점을 누리면서도 그 부작용을 줄이기 위해 노력'(통합, synthesis)하는 과정을 거쳐 더 나은 방향으로 발전하고 있는 것을 보여준다.

한류도 문화 현상으로서 갈등과 화해를 통해 새로운 질서와 개념을 창출해 나가는 변증법적 문화 흐름을 보여준다. 한류라고 일컬어지는 한국 대중문화의 세계적인 수용은 21세기 들어 급격하게 확산되며 지구촌 많은 나라에서 문화적 충격과 변화를 일으켰다. 그중에서도 말레이시아는 한류가 어떻게 변증법적 과정을 통해 현지 문화와 상호작용하며 새로운 문화 현상을 창출해내고 있는지 살펴볼 수 있는 흥미로운 사례를 제공한다.

테제: 한류의 등장과 확산

한류의 시작은 1990년대 후반과 2000년대 초반으로 거슬러 올라간다. 한국의 드라마, 영화, 음악 등이 해외로 수출되면서 전 세계적으로 인기를 끌기 시작했다. 이 시기의 한류는 주로 아시아 국가들에서 인기를 얻었으며, 이후 전 세계로 확산되었는데, 말레이시아에 한류 바람이 불게 된 것도 21세기 초반이다. 한국과 말레이시아는 1960년 수교 이래 경제, 문화, 인적 교류를 꾸준히 늘려왔지만, 한류 열풍은 2002년 말레이시아의 지상파 채널 TV3에서 한국 드라마 〈겨울 연가〉를 방송하면서 비로소 시작된다. 이후 계속해서 〈가을 동화〉, 〈꽃보다 남자〉, 〈대장금〉 등이 방송되면서 한류가 본격적으로 자리 잡게 된다. K-드라마가 현지 한류를 불러일으킨 셈이다. 이후 2009년 10월 현지 케이블 TV 사업자인 아스트로(Astro)에서 한국방송 전문 채널 'One HD'를 론칭하면서 한국 프로그램이 현지에서 지속적으로 방송되기 시작했고, 'KBS World' 채널도 말레이시아에 진출하게 된다. TV3를 비롯하여 미디어 프리마(Media Prima)의 8TV와 오썸 미디어(Awesome Media)의 오썸 TV(Awesoem TV) 등 여러 지상파 채널에서 K-드라마는 단연 인기 있는 프로그램이다. 유료 방송에서도 K-드라마 및 한국 연예오락 프로그램 전문 채널이 속속 등장하게 된다. 말레이시아 최대의 미디어 플랫폼 아스트로에서 콘텐츠 수급을 담당하는 임원은 다음과 같이 말한다.

아스트로에서 KBS World 채널을 가져 와서 방송하고 있어요. 베이직 채널에 넣었으니 우리 플랫폼 가입자는 별도로 돈을 내지 않고 한국 드라마를 볼 수 있었다는 얘기지요. 아스트로에서 한국 드라마는 정말 인기가 높아요. 〈태양의 후예〉가 방영되었을 때는 정말 그 인기가 하늘을 찌를 듯하였고 한국 드라마에 대한 요구가 더 많아졌어요. 그래서 우리 플랫폼에서는 SBS와 TVN 그리고 한국 영화를 볼 수 있는 채널들을 들여왔어요. 한국 드라마에 대한 시청자들의 요구가 매우 컸기 때문에 '온 디맨드(on demand)' 즉 주문형 비디오로도 확장했어요. 한국 드라마는 아직까지 우리 플랫폼에서 '넘버 원' 시청률을 보장하는 채널이에요. (E—4.1 말레이시아 플랫폼 사업체 콘텐츠전략본부장)

한국 드라마를 수급하는 것은 시청자들을 잡아두기 위해서 매우 중요한 전략입니다. 우리 플랫폼의 주 시청자는 20대부터 40, 50대까지입니다. 이들을 위해 우리는 로컬 말레이시아 드라마와 일본 드라마 등을 준비합니다. 그렇지만 시청자에게 가장 강력하게 영향력을 행사하는 것은 한국 드라마입니다. 젊은 층에게 최고로 인기 있는 프로그램은 단연 한국 드라마입니다. (E-5; 말레이시아 로컬 OTT 플랫폼 책임자)

말레이시아에서 미디어 플랫폼이 K-드라마를 더 많이 수급하게 만든 동력은 시청자의 선호와 요구다. K-드라마는 폭넓은 시청자에게 어필할 수 있는 다양한 소재, 감각적인 비주얼, 몰입감을 제공하는 스토리라인, 연출의 완성도, 탄탄한 연기력, 매력적인 외모의 주인공 등으로 수용자들에게 큰 사랑을 받고 있다.

한국 드라마의 강점은 스토리가 어떻게 전개될지 짐작할 수 없다는 거예요. 그래서 정말 재미있게 볼 수 있어요. 그리고 잘생기고 예쁜 배우들이 정말 연기도 잘 해요. 캐릭터를 완벽하게 소화하는 것 같아요. (F-9, 30대 남, 말레이계, 회사원)

말레이시아에서 한류를 발화한 것은 K-드라마지만 케이팝의 인기도 못지않다. 말레이시아에서 케이팝 열풍은 2000년대 중반 이후 본격화되었으며, 다양한 사례를 통해 그 인기와 영향력을 확인할 수 있다. 동방신기, 슈퍼주니어, 빅뱅, 소녀시대, 엑소 등 다양한 케이팝 아이돌 그룹이 말레이시아에서 큰 인기를 얻었으며 특히 소녀시대의 〈Gee〉, 싸이의 〈강남스타일〉은 폭발적인 반응을 이끌어냈다. 아이돌 그룹의 음악과 뮤직비디오는 유튜브 등 온라인 플랫폼을 통해 빠르게 확산되며 케이팝 열풍을 주도했고 슈퍼주니어, 빅뱅, 엑소, 방탄소년단 등 유명 아이돌 그룹의 말레이시아 콘서트는 매진 사례를 기록하였다. 콘서트와 팬미팅은 현지 팬들과 직접 소통하며 한류 열기를 높이는 계기가 되었으며 말레이시아 엔터테인먼트 사업자들은 케이팝 콘서트를 적극 유치하며 한류 확산에 기여했다.

또한 말레이시아에서는 케이팝 커버 댄스 대회가 활발히 개최되며, 현지 청년들의 참여가 이어졌다. 케이팝 동호회와 댄스 그룹이 생겨나며, 케이팝을 매개로 한 팬덤 활동이 활발해졌고, 이러한 활동은 케이팝에 대한 현지인들의 관심과 참여를 높이며 한류 저변 확대에 기여했다. 말레이시아의 케이팝 팬들은 한국 아이돌 응원 문화를 적극 수용하며 팬덤 활동을 전개했고 생일 축하 광고, 쌀 기부 등 한국 팬덤 문화가 말레이시아에서도 나타났다. 팬덤은 소셜 미디어를 통해 자발적으로 조직되고 확산되며 한류 열기를 이어나가고 있다.

한류가 말레이시아에서 단순한 대중문화 현상을 넘어 일상생활의 다양한 영역에 영향을 미치는 트렌드로 자리 잡았다는 점에 주목할 필요가 있다. 특히 라이프스타일 측면에서 한국 문화가 말레이시아 사회에 미친 영향력을 분석해 보면 흥미로운 사실을 발견할 수 있다. 우선 패션 산업에서 한국 스타일이 말레이시아 젊은이들 사이에서 크게 유행하고 있다. 한국 브랜드의 옷과 액세서리가 인기를 끌고, 한국 연예인들의 패션 스타일이 모방의 대상이 되고 있는 것이다. 이것은 한국적인 감성과 미적 취향이 말레이시아 소비자들에게 어필하고 있음을 시사한다. 뷰티 분야에서도 한국 화장품과 스킨케어 제품이 말레이시아 시장에서 높은 인기를 구가하고 있다. 한국식

'케이팝 커버댄스 경연대회 2023' 말레이시아 참가자들

메이크업과 스킨케어 루틴이 말레이시아 여성들 사이에서 트렌드로 자리 잡은 것이다. 한국 음식이 말레이시아인들에게 친숙해지고 있는 현상도 주목할 필요가 있다. 현지에 한식당이 증가하고, 김치, 라면 등 한국 식품을 슈퍼마켓에서 쉽게 볼 수 있는 것은 케이팝이나 드라마 등의 콘텐츠를 넘어 한국적 라이프스타일 전반이 말레이시아에 전파되는 현상으로 해석할 수 있다. 이처럼 한국의 라이프스타일 트렌드가 패션, 뷰티, 음식 등 다방면에서 말레이시아 사회에 영향을 주고 있다. 한국에 대한 호감이 문화 전반으로 확산되어, 한류는 이제 대중문화를 넘어선 생활양식으로 자리 잡았다고 볼 수 있겠다.

반테제: 현지 문화와의 충돌

문화 현상은 그 사회의 복합적인 요인과 맞물려 나타나기에, 어떤 문화적 흐름에 대한 테제가 등장하면 반드시 반테제(Antithesis)도 뒤따르기 마련이다. 한류 역시 이러한 문화 현상의 보편적 속성에서 자유롭지 않다. 한류의 영향력이 커질수록 그에 대한 반작용도 나타날 수밖에 없는 것이다. 2015년 1월 말레이시아 쿠알라룸푸르에서 열린 케이팝 그룹 B1A4의 팬미팅 행사가 열렸다. 이날 1,000여 명이 넘는 현지 팬들이 모여 성황리에 행사가 진행되었다. 이 행사의 한국 드라마 따라 하기 이벤트에서 B1A4의 멤버 진영은 히잡을 쓴 무슬림 소녀가 뒤에서 끌어안자 소녀를 와락 껴안고 이마에 입맞춤을 했다. 이 장면을 포착한 영상이 유튜브에 오르면서 심각한 문제가 발생했다. 말레이시아는 공공장소에서 애정을 표현하는 행위를 엄격히 금지하고 있는 이슬람 국가다. 많은 말레이시아인은 이 행동이 말레이시아의 보수적인 문화와 이슬람 가치에 반한다고 비판했다. 특히 일부 이슬람 단체와 정치인들은 강도 높은 비난을 쏟아내며, 한류 콘서트에 대한 규제 강화를 주장하기도 했다. 사태가 커지자 말레이시아연방 이슬람 종교부는 소녀들에게 일주일 안에 자진 출석하지 않으면 체포될 것이며, 이슬람 형법 제29조 '누구나 이슬람교 법률에 따라 모든 공공장소에서 음란행위를 하는 것은 유죄이며 이에 따라 RM1000 이하의 벌금 또는 6개월 이하의 징역에 처한다'라는 규정에 따라 사건을 재판에 넘겨 처벌할 것이라고 밝혔다.

B1A4로서는 당혹스러운 상황이었고 소속사는 "현지 팬미팅은 다양한 문화를 고려해 현지 프로모터가 기획한 것"이라고 해명하며 "참가자에게 미리 공지하고 현장에서도 재차 동의를 구했다"라고 밝혔다. 아울러 행사를 주관한 현지 프로모션 단체가 사과했지만, 파문은 쉽게 가라앉지 않았다. 현지 매체 〈Utusan Malaysia〉와 〈Malaysiakini〉는 B1A4 콘서트 논란을 도덕적 공황(moral panic) 관점에서 분석하며 한류 유입이 말레이시아의 전통문화와 가치를 위협하는 부정적인 측면이 강하다고 주장하였다. 이들은 한류가 말레이시아 젊은 세대의 가치관에 부정적인 영향을 미칠 수 있다고 경고했다.

malaymail online

Last updated Friday, January 23, 2015 04:59pm

Koala Lumpur 31 °C, Mostly Cloudy

Internet users claim K-pop stars molested Malay girls on stage during concert

현지 미디어에 보도된 B1A4 관련 기사

특히 한류 스타들의 행동이 말레이시아의 윤리 기준에 맞지 않는다는 점을 강조하며, 한류에 대한 경계심을 드러냈다.

이 사건은 한류가 확산되면서 기존 문화와 충돌한 사례다. 한류의 급속한 확산은 말레이시아 내에서 현지 문화와의 충돌을 불러일으키며 새로운 문화적 긴장 관계를 형성하고 있다. 말레이시아의 일부 보수 집단은 한국 드라마에 등장하는 음주, 노출, 자유분방한 남녀관계 등이 말레이시아의 전통적 가치관과 이슬람 문화를 훼손할 수 있다고 우려한다. 이는 문화 간 차이에서 오는 가치관 충돌의 대표적 사례로 볼 수 있다. 말레이시아뿐 아니라 일부 국가에서 한류가 외래문화로서 문화적 저항과 갈등을 초래하는 상황은 문화 간 상호작용에서 나타나는 모순과 대립의 한 단면으로 볼 수 있다. 그러나 이러한 모순과 대립은 문화 간 상호 이해와 소통, 새로운 문화적 지평을 열어가는 동력이 될 수 있다. 이것은 문화 흐름에서 나타나는 변증법적 과정에서 필연적인 단계로, 문화 충돌과 갈등을 통해 새로운 통합이 이루어진다. 즉, 한류와 말레이시아 문화의 만남은 단순한 충돌을 넘어 상호 교류와 영향을 통해 보다 풍성한 문화적 담론을 만들어갈 것이다.

통합의 한류

한류가 말레이시아에서 일으킨 문화적 충돌과 긴장 관계는 문화 세계화 시대의 필연적 현상이다. 한국 문화의 유입에 대한 현지 사회의 우려와 반발은 일종의 반테제로 작용하며, 한류의 지속가능성에 대한 도전으로 다가온다. 그러나 이러한 문화적 갈등은 새로운 문화 발전의 계기로 승화될 수 있다. 테제와 반테제의 변증법적 과정을 거쳐, 통합의 한류 문화가 배태될 수 있기 때문이다. 충돌과 갈등 단계를 거치면서 한류는 현지 문화와 융합되어 새로운 문화를 창출하게 된다. 이것이 변증법적 과정의 종착점이자 새로운 시작점으로, 두 문화가 상호 보완하며 더 풍부한 문화가 만들어진다.

통합의 한류 문화가 싹트기 위해서는 쌍방향 소통이 전제되어야 한다. 일방적인 문화 전파가 아닌, 상호 간의 이해와 존중을 바탕으로 문화를 교환하는 것이 중요하다. 한국 문화의 장점을 수용하되, 말레이시아의 고유한 정체성을 존중하고 융합하려는 노력이 동반되어야 한다. 양국의 문화가 창의적으로 결합할 때, 더 보편적이고 포용적인 한류 문화가 태동할 수 있을 것이다. 통합의 한류 문화는 양국의 대중문화 콘텐츠 제작에서부터 가시화될 수 있다. 한국과 말레이시아의 공동 제작, 배우와 스태프의 교류 등을 통해 양국의 문화가 자연스럽게 융합된 콘텐츠가 만들어질 수 있다. 또한 문화 교육, 학술 교류, 시민사회 간 소통 등 다양한 층위에서 협력이 확대되어야 한다. 장기적으로는 아시아 공동의 문화 정체성을 모색하는 담론의 장도 형성될 수 있을 것이다.

통합의 한류 문화는 문화적 다양성과 포용성을 구현하는 데 기여할 수 있다. 일방적으로 한류 문화의 우월성을 내세우기보다, 다양한 문화의 가치를 인정하고 조화를 이루는 방향으로 나아가야 한다. 한국과 말레이시아의 문화적 교집합을 찾되, 각자의 고유성을 인정하는 '협력적 다양성' 모델을 만들어갈 수 있다. 이것은 말레이시아뿐 아니라 전 지구촌 문화 교류의 새로운 패러다임으로 자리매김할 수 있다.

문화란 본래 상호작용과 소통을 통해 형성되고 발전하는 역동적 실체이다. 따라서 한류를 일방적 문화 전파가 아닌 쌍방향 문화 교류로 이해하는 것은 문화의 본질에 대한 통찰에서 출발한다. 모든 문화는 그 자체로 고유한 가치를 지니며 존중받아야 한다. 이것은 헌팅턴(Samuel P. Huntington)의 '문명의 충돌' 테제에 대한 반론이기도 하다. 한류 현상을 변증법적 현상으로 해석하는 것은 한류의 복잡성과 역동성을 포착하는 데 유용한 관점을 제공한다. 통합적인 문화 현상으로서 한류는 문화 다양성의 담론 속에서, 기존의 문화 헤게모니에 대한 도전이자 비서구 문화의 가치를 재조명하는 계기로 작용한다. 한류는 문화적 타자에 대한 재인식을 촉구하며, 다양한 문화의 공존과 상호 존중을 모색하는 '문화의 대화(對話)'를 실천하는 현상이다. 따라서 한국 문화의 일방적 확산이 아닌, 타문화와의 소통과 협력 속에서 한류의 지속가능한 발전을 도모해야 한다. 예를 들어, 한국 드라마의 포맷을 현지화한 드라마가 제작되거나, K-팝 스타일의 뮤직비디오가 현지 아티스트에 의해 만들어지는 사례가 늘어난다. 아울러 한국의 음악 스타일을 현지 음악과 결합한 퓨전 음악이 탄생하거나, 한국의 패션과 현지의 전통 의상을 결합한 새로운 패션 트렌드가 형성된다. 이것은 한류가 말레이시아의 문화적 맥락에 맞게 새롭게 창조되는 것을 의미한다. 한국과 말레이시아가 문화 간 차이를 경계가 아닌 창조의 원천으로 삼을 때, 통합의 한류 문화는 아시아 지역 문화 발전의 새로운 모델로 자리매김할 수 있을 것이다. 포용과 협력의 문화 교류야말로 세계화 시대에 한류가 지향해야 할 가치이다.

한류를 '문화의 대화'로 사유하는 것은 소통과 상호작용을 통한 문화의 역동성, 문화 다양성에 대한 인식, 문화를 통한 인류 공영 등 다양한 담론과 맞닿아 있다. 이것은 한류가 일종의 문화 간 대화와 교섭의 매개체로 작용한다는 것을 보여준다. 동시에 문화의 상업화와 자문화 중심주의라는 위험성에 대한 성찰도 요구된다. 이러한 변증법적 사유를 바탕으로 한류는 문화 간 진정한 소통과 공존을 모색하는 문화의 대화로 나아갈 수 있을 것이다. 그런 의미에서 한류는 단순한 문화 현상을 넘어, 21세기 인류 문명의 화두인 문화의 대화를 실천하는 장으로 기능할 수 있을 것이다.

3장

새로운 × 한류 정경

MADE IN
KOREA
QUALITY
SINCE 2014

●○●

한류 드라마를 일부 젊은 여성 팬들이 동호회에서 DVD로 돌려보던 풍경과 글로벌 OTT 플랫폼에 공개된 K-드라마를 남녀노소 누구나 즐겨보는 풍경은 사뭇 다르다. 달라진 풍경을 포착하는 작업은 곧 풍경의 의미를 발견하고 해석하는 작업이라 할 수 있다. 정경(情景)은 일반적으로 풍경과 같은 뜻으로 사용되지만 이 책에서 정경은 '인식론적으로 구성된 풍경'을 의미한다. 정경은 단지 눈에 보이는 풍경이나 경치(景致)뿐만 아니라 사람이 처한 모습이나 형편, 정황(情況) 그리고 그 너머에 있는 배경(背景)을 포괄한다. 우리는 정경으로 세상을 인지하고 이해한다. 즉, 정경은 인식의 틀로서 문화의 지형을 의미한다.

전 지구화의 진전으로 K-콘텐츠의 생산과 유통 환경이 급변하였다. 글로벌 OTT에 한류 콘텐츠가 탑재됨으로써 전 지구적으로 시청 범위가 확대되었고 글로벌 유통 시차가 없어짐으로써 한류의 전 지구적 동시성(simultaneity)을 성취하고 글로벌 팬덤의 교류가 가속화되었다. 아울러 글로벌 OTT 플랫폼이 균질한 문화 번역을 통해 한류 콘텐츠를 전 세계에 배급하면서 한류는 글로벌 보편성을 성취하는 동력을 얻게 되었다. OTT 환경은 한류 문화를 이끌어내는 K-콘텐츠의 수용 경험을 바꾸었으며 한류 수용자의 문화 실천은 질적으로 또 양적으로 의미 있는 변화를 보였다.

그동안 생산자 중심으로 그려지던 한류 지형에서 디지털 환경 변화와 더불어 향유자 중심의 새로운 디지털 한류 정경이 포착되고 있다. 이번 장에서는 OTT 환경에서 말레이시아의 K-드라마 수용 맥락을 토대로 코스모폴리탄 한류(Cosmo-Hallyu)의 정경을 만들어가고 있고, 한류 현상은 소집단 문화를 탈피하여 일반 대중 누구나 참여하고 일상적으로 향유하는 팝 한류(Pop-Hallyu)로 바뀌었음을 확인한다. 아울러 한류 콘텐츠 향유는 미디어 환경 변화로 탈계급 옴니보어적 문화 소비 행태를 보여주고 있으며, 수용자 취향이 고정되어 있지 않고 이동과 확장하는 모습을 통해 취향 중심 한류(Taste-Centric Hallyu) 정경을 발견할 수 있었다.

새로운 한류 정경은 1) 배타적 애국주의와 민족주의를 넘어서 타자에 대한 이해와 공감을 기초로 문화적 혼종성과 탈지역적 상상력을 겸비한 코스모폴리탄 한류 2) 소집단 문화를 탈피하고 일상적 문화 향유로서 확장하는 한류 정경의 일상성을 보여주는 팝 한류 3) 감성적, 취향적 문화 공감대를 중심으로 옴니보어적 문화 실천과 취향 이동과 확장을 성취한 취향 중심 한류다.

1. 왜 '지금' 한류인가

인도 출신으로 미국에서 생활하며 가르치는 아파두라이는 '정경(-scape)'을 개념화하여 전 지구화의 문화 흐름 속에서 수용자의 경험과 미디어의 변화, 기술 발전 등을 포괄하여 그려지는 역동적인 사고의 틀을 마련했다. 그는 사람, 이미지와 정보, 기술, 자본, 이념이 끊임없이 이동하고 유동하면서 탈영토적으로 새로운 정경을 펼치며 전 지구화를 구성한다고 설파했다. 그가 말한 정경은 문화를 향유하고 경험하는 수용자의 문화 실천을 이해하고자 할 때에 매우 유용한 인식의 틀을 제공한다.

아파두라이는 전 지구화를 단순히 '미국화'로 여기지 않는다. 그는 전 지구화가 필연적으로 미국식의 문화 동질화를 가져올 것이라는 우려에 대해서도 동의하지 않는다. 그는 '중심'과 '주변'의 힘의 불균형으로 초래되는 제국주의 혹은 자본주의 패러다임에서 벗어나 복합적이고 다층적 요소가 동질화와 이질화의 긴장 관계 속에 괴리를 만들어내고 있다고 주장한다. 아파두라이는 필리핀 사람들이 미국 사람들보다 더 미국 팝송을 잘 부른다거나 애초 영국에서 시작된 크리켓이 식민지였던 인도에 전파되어 토착화되면서 이제 크리켓은 더 이상 영국산이 아니라 인도의 국민 스포츠라고 예를 들면서 곧 도래할 초국가 시대를 전망하였고, 국가의 경계를 넘는 '새로운 상상력'이 광범위한 공동체를 만들어낼 것이라고 예언한다.

특히 인간 정경(ethnoscpae)과 미디어 정경(mediascape)은 전 지구화의 영향과 변화를 극명하게 보여준다. 인간 정경은 여행자와 이주민, 난민, 이주 노동자 등 인간의 이동을 의미하는 정경이다. 교통수단의 발달과 여행자의 증가는 필연적으로 인간 정경의 변화를 이끌었다. 해외 거주 한국인과 한국 체류 외국인의 증가도 국경의 경계를 넘어선 인간 정경의 변화를 나타낸다. 굳이 물리적인 국경 이동을 말하지 않더라도 미디어를 통한 한류 팬들의 커뮤니티 활동과 포스팅 공유 및 댓글 달기 등 참여 문화는 온라인 공간에서 이루어지는 인간 이동 개념을 구현하여 인간 정경을 변화시켰다. 미디어 정경은 정보를 생산하고 퍼뜨릴 수 있는 신문, TV, 영화 등 레거시 미디어뿐만 아니라 인터넷에 기반한 디지털 미디어, 소셜미디어, OTT 플랫폼을 통한 콘텐츠 배급을 포괄하여 생성되는 풍경을 의미한다. 미디어 정경은 문화적 정체성을 구성할 수 있는 거대한 레퍼토리를 전 지구촌에 제공한다. 이념 정경(ideoscape)은 정치적이거나 국가 이데올로기와 같은 이념적 콘텍스트가 보여주는 정경을 말한다. 한편, 자본 정경은 생산과 소비의 세계화를 이끄는 동력으로 거대한 초국적 자본의 유통과 작동을 보여주는 정경이다. 기술 정경(technoscape)은 기술이 발전함에 따라 그동안의 경계를 가로질러 만들어지는 정경을 의미한다. 특히 최근의 대중문화는 기술이라는 요소와 밀접한 관련이 있다.

정경을 그리는 이유

이상과 같이 '정경을 그려보는 것'은 일상생활에서 만들어지는 한류라는 문화현상을 전 지구적인 문화 흐름으로 이해하는 데에 매우 쓸 만한 논의의 틀을 제공한다. 정경을 그려보고 해석하는 것은 사람, 콘텐츠, 정보, 이데올로기, 기술 등의 초국적 문화 흐름을 탐지하게 해줄 뿐만 아니라, 정경을 그려나가고 만들어가는 수용자의 역동성, 능동성을 강조함으로써 구조적 탈구(脫臼) 현상으로 인한 한류의 전 지구적 수용 현상에 대한 이해를 키워준다. 이 중에서도 미디어 정경은 미디어와 문화의 초국가적 생산과 유통, 그로 인한 상상력의 변화를 포착하는 개념으로, 한류를 설명하는 데 유용한 렌즈가 될 수 있다. 실제로 한류의 전 지구적 확산은 미디어 정경의 흐름을 잘 보여준다. 국경을 넘어 유통되는 케이팝, K-드라마, K-영화 등은 디지털 미디어 기술과 플랫폼을 통해 세계 곳곳의 수용자에게 전달된다. 이 과정에서 한국의 문화적 코드와 상상력이 미디어 콘텐츠에 담겨 글로벌하게 전파되는 것이다.

아파두라이의 관점에서 볼 때, 한류는 단순히 문화상품의 성공적 수출이 아니라 초국가적 문화 흐름의 복잡성과 역동성을 보여주는 사례다. 그것은 미디어와 문화가 상상력의 지평을 확장하고 새로운 연결과 공동체의 가능성을 만들어가는 과정이기도 하다. 동시에 문화 교류와 혼종성의 긍정적 가능성을 보여주면서도, 문화적 불균형과 권력관계에 대한 성찰을 요구하기도 한다. 한류의 전 지구적 문화 흐름은 분명 아파두라이가 제시한 정경의 개념을 통해 더 풍부하게 이해될 수 있을 것이다. 그리고 이것은 오늘날 문화가 국경을 넘나드는 복잡한 흐름 속에서 어떻게 생산되고 소비되며, 우리의 상상력과 정체성에 어떠한 영향을 미치는지 성찰하게 만든다. 한류는 이러한 정경의 흐름 속에서 나타난 하나의 현상이자, 그 흐름의 방향과 가능성을 가늠하게 하는 독특한 사건이다.

디지털 미디어 환경의 변화와 전 지구화의 진전으로 대중문화를 이끌어내는 콘텐츠의 생산과 유통 환경이 급변하였다. 특히 글로벌 디지털 플랫폼은 수용자가 미디어를 능동적으로 이용할 수 있는 기술적 환경을 토대로 지구촌 어디에서나 동시에 콘텐츠를 향유할 수 있게 했을 뿐 아니라, 균질한 문화 번역을 제공해 대중문화의 전 지구화를 촉진했다. 이러한 배경에서 한국의 대중문화 콘텐츠가 전 지구적으로 호명되며 인기리에 수용되는 한류 현상은 새로운 변곡점을 넘어서고 있다. 봉우리를 넘으면 새로운 풍경(landscape)이 보인다. 그동안 생산자 입장에서 그려지던 문화 지형은 디지털 환경 변화와 더불어 수용자가 중심이 되어 만들어지는 새로운 한류 정경을 그리고 있는 것이다.

지금이 중요한 이유

지금은 확장된 한류 정경이 어떻게 펼쳐지고 있는지 제대로 탐구하고 읽어낼 때다. 이 책에서 환기하고자 하는 것은 바로 '지금(now)'이다. 한류 담론에서 '지금'은 도대체 어떠한 함의를 가지고 있을까?

첫째, '지금'은 현재라는 의미이다. '현재성'의 관점에서 볼 때 '지금'은 과거의 경험과 미래의 가능성이 교차하는 연속체에서 현재의 순간을 뜻한다. 한류는 지속적으로 '지금'이 만들어지고, '지금'이 계속되어 발전하는 문화현상이다. 1990년 후반에 시작된 한류는 꾸준한 성장과 진화를 거듭해왔다. 그 결과 '지금' 이 시점에서 한류는 전 지구적 문화현상으로 자리 잡았다. 동시에 '지금'의 한류는 새로운 도약을 준비하는 전환기이기도 하다. 따라서 우리가 '지금' 한류의 좌표를 정확히 진단하고, 그에 기반해 미래 비전을 세우는 것이 그 어느 때보다 중요해졌다. '지금'은 한류의 현재이자 미래를 결정짓는 분수령인 셈이다.

둘째, '지금'은 '즉시'라는 뜻이다. '즉시성'은 오늘날 문화 콘텐츠가 전 세계에 전파되는 방식과 속도를 설명해 준다. 유튜브, 넷플릭스, 틱톡 등 글로벌 플랫폼의 발달로 한류 콘텐츠는 '지금' 이 순간에도 국경을 넘나들며 수많은 해외 향유자와 만나고 있다. 음원 공개 직후 아이튠즈 차트 상위권을 휩쓸고, 드라마 방영과 동시에 전 세계 시청 순위를 장악하는 것이 '지금' 한류의 일상이 됐다. 이것은 한류 문화현상이 실시간 글로벌 수용자의 니즈에 즉각 반응하고 있음을 보여준다. '지금' 한류의 생명력은 바로 이 '즉시성'에 있다고 할 수 있겠다. 무슨 일을 할 때 나중에 하겠다는 말은 흔쾌하지 않다. 지금 바로 하겠다는 실천이 가장 믿음직하다. 나중을 계획하는 것과 나중에 하겠다고 미루는 것은 다르다. 지금 행하라(Do it Now!).

셋째, '지금'은 '시의적절'을 의미한다. 시의성 측면에서 '지금'의 한류 정경은 새로운 시대정신을 반영하고 선도하는 공간이다. 케이팝 아이돌 그룹은 '지금' 세계인의 마음을 사로잡는 메시지와 가치를 노래하고 있다. 포용성, 연대감, 자기 긍정 등은 '지금' 우리 시대가 추구하는 보편적 가치다. 한국 드라마와 영화는 '지금' 여기의 사회상과 이슈를 예리하게 반영하며 글로벌 보편성을 담아내고 있다. 그 어느 때보다 평등과 공정, 다양성이 중시되는 '지금', 우리의 한류 정경은 시대와 호흡하는 공간으로서 주목받고 있다.

이처럼 '지금'은 단순히 시간상의 개념이 아닌, 한류 정경의 정체성과 경쟁력을 규정하는 키워드다. '지금'이라는 시간과 공간 속에서 과거와 미래를 잇고(현재성), 전 지구촌 수용자들과 실시간으로 소통하며(즉시성), 새로운 시대정신을 구현하는(시의성) 문화 실천, 그것이 바로 한류 정경에서 '지금'이 갖는 뜻이라고 할 수 있겠다. 그런 의미에서 한류는 '지금'이라는 좌표를 놓치지 않는 것이 중요하다. 한류 정경은 시시각각 변화하는 글로벌 환경 속에서 민첩하게 대응하고, 세계인의 마음을 움직이는 콘텐츠를 만들어가며, 인류의 보편적 가치를 실현하는 공간으로 자리매김해야 할 것이다. 그것이 '지금', 그리고 내일의 한류가 나아갈 방향이라고 믿는다.

한류 정경의 시공간

과거의 한류 정경은 이미 지나갔고 미래의 정경은 아직 오지 않았다. 중요한 것은 전 지구촌 수용자가 향유하는 '지금'의 한류 정경이다. 따라서 '지금' 한류 수용자의 문화적 경험과 실천을 견인할 K-콘텐츠를 온전하고 충실하게 만들어나가는 것이 무엇보다 중요할 것이다. 한류 정경에서 '지금'은 콘텐츠 생산자와 수용자 간 활발한 상호작용의 시간이다. 소셜미디어를 통해 스타와 팬, 그리고 팬과 팬 사이의 소통이 실시간으로 이뤄지고 있다. 아이돌의 일상을 담은 라이브 스트리밍에 전 세계 팬이 모여들고, 드라마 속 명대사가 밈(Meme)으로 재탄생하는 모습은 이제 낯설지 않다. 이렇듯 '지금'은 한류 정경의 진정한 주체들이 서로 영향을 주고받으며 새로운 문화를 만들어가는 순간의 연속이다. 일방의 문화 전파를 넘어, 양방향 교류가 실시간으로 이뤄지는 한류 정경의 역동성이 '지금'을 통해 구현되고 있는 것이다. 또한 '즉시성'은 '지금'이 가진 또 다른 힘이다. 디지털 시대를 살아가는 우리에게 '지금'은 곧 실시간을 의미한다. 글로벌 OTT에 K- 콘텐츠가 탑재됨으로써 전 지구적으로 시청 범위가 확대됐고 글로벌 유통 시차가 없어지면서 한류 문화현상이 전 지구적 동시성을 성취하고 글로벌 팬덤의 교류가 가속화됐다. 모든 것이 실시간으로 연결된 디지털 미디어 환경에서는 '지금' 당장 행동하고 반응하는 것이 무엇보다 중요하다. '지금' 이 순간을 놓치지 않는 민첩함과 기민함이 K-콘텐츠 창작자, 연구자, 정책 입안자들에게 요구되는 자질이다.

'시의성'은 한류 정경이 가진 사회 문화적 의미를 보여준다. 〈기생충〉은 불평등 문제를 조명하고 〈오징어 게임〉은 자본주의 사회의 군상을 적나라하게 그려냈다. BTS 음악이 전하는 자애의 메시지는 전 세계 청년들의 마음을 어루만졌다. 이처럼 한류 콘텐츠는 바로 '지금' 이 시대의 화두를 예리하게 짚어내며 글로벌 공감대를 형성한 것이다.

우리는 한류 수용자들이 처한 '지금'의 상황 속에서 시대의 흐름과 사회의 요구를 읽어내야 한다. '지금'을 살아가는 우리의 선택과 행동이 결국 '한류의 시대정신'을 만들어 나가기 때문이다. 한류 문화의 보편성과 시의성은 밀접하게 연관돼 있으며 '지금'의 한류 정경은 단순히 한국적인 것에 머무르지 않는다. 글로벌 사회가 직면한 문제들을 민감하게 포착하고, 그에 대한 공감과 연대의 메시지를 담아냄으로써 문화 간 소통과 이해를 증진시키는 문화 교류의 장(場)으로서의 역할을 수행하는 것이다. 이렇듯 '지금'은 단순한 순간이 아닌, 현재성, 즉시성, 시의성이 교차하는 문화의 시공간이다.

또한 한류 정경은 수용자와의 관계 속에서 존재하고, 그 관계에서 스스로의 정체성을 얻는 매개의 산물이다. K-콘텐츠로 촉발된 한류의 매개자는 바로 수용자이며, 한국의 대중문화 콘텐츠가 매개체로서 한류라는 문화현상을 만들어온 것이다. 한류는 미디어와 기술 등 다양한 요소가 여러 층위에서 복합적으로 상호관계하여 전개되는 탈지역적 현상이다. 이러한 배경에서 한류를 생산자의 시각이 아니라 수용자의 맥락에서 살펴보고, 수용자가 속한 사회의 문화적 맥락으로 엄정하게 이해하고 해석하는 성찰적인 논점이 필요한 때이다.

2. 한류의 생성적 특질

AI 기술의 발전과 확산은 '생성적'이라는 개념이 주목받는 데 큰 영향을 미쳤다. 특히 최근 인공지능 분야에서 생성 모델이 크게 발전하면서, 생성적이라는 말이 더욱 빈번하게 사용되고 있다. 생성적이란 스스로 새로운 것을 만들어내거나 창조하는 능력이나 특성을 가리킨다. 즉, 주어진 것을 넘어 새로운 것을 창출해내는 창조적이고 역동적인 특성을 나타내는 형용사이다. 고정된 실체가 아닌 지속적인 변화와 발전의 가능성을 내포하고 있으며, 개별 요소들의 복합적인 상호작용을 통해 새로운 질서와 의미를 만들어가는 과정을 포착하는 개념이다.

한류의 문화 정경도 지구촌 다양한 향유자의 능동적인 참여로 끊임없이 변모하는 생성적 특질을 보여준다. 생성적이라는 말은 한류 문화현상을 사유하는 데에 몇 가지 중요한 함의를 지니고 있다. 첫째, 생성적이라는 개념은 능동성과 창조성을 강조한다. 한류 문화의 향유자들은 생성적인 주체로서 주어진 한류의 알갱이를 그대로 받아들이는 것이 아니라, 스스로 새로운 것을 만들어내고 변화를 이끌어가는 파동의 주체다. 둘째, 생성적이라는 말은 과정과 역동성을 중시한다. 생성적 개념은 문화현상을 완성된 결과물로 바라보지 않고 끊임없는 변화와 흐름의 과정 자체에 초점을 맞춘다. 셋째, 생성적이라는 것은 다양성과 혼종성을 포용한다. 생성은 단일한 요소의 반복이 아니라, 서로 다른 요소의 결합과 재조합을 통해 이루어진다. 이것은 다양한 문화와 가치가 혼재하는 코스모폴리탄의 특성과도 맞물린다.

생성적 한류 정경은 한류를 단순히 소비하는 차원을 넘어, 한류를 기반으로 새로운 문화와 가치를 창출해내는 현상을 의미한다. 이것은 한류 콘텐츠와 상호작용하는 전 세계 팬들의 능동적인 참여와 창조적인 문화 실천을 통해 구현된다. 생성적 한류 정경의 대표적인 사례로는 팬덤 문화를 들 수 있다. 전 세계 한류 팬들은 단순히 한류 콘텐츠를 소비하는 데 그치지 않고, 자발적으로 팬 아트, 팬픽션, 커버 댄스 등을 제작하며 한류에 대한 애정을 표현한다. 이들의 창작물은 온라인 플랫폼을 통해 공유되면서 글로벌 팬덤 네트워크를 형성하고, 한류의 확산과 재해석을 이끌어낸다. 또한 한류는 전 세계인이 자신의 문화와 한국 문화를 융합하여 새로운 문화 콘텐츠를 만들어내는 토대가 되기도 한다. 나아가 한류는 문화 콘텐츠 산업 전반에 걸쳐 새로운 비즈니스 모델과 가치 사슬을 만들어내고 있다. 한류 스타와 글로벌 브랜드의 협업, 한국 뷰티 및 패션 제품의 해외 진출, 한식의 세계화 등 다양한 분야에서 한류를 활용한 사업이 전개되면서 경제적 가치 창출로 이어지고 있다. 이처럼 생성적 한류 정경은 한류 콘텐츠를 중심으로 전 세계인이 능동적으로 참여하고 소통하며, 새로운 문화와 가치를 만들어가는 역동적인 과정이다. 이는 한류가 단순한 문화 트렌드를 넘어, 글로벌 문화 생태계의 중요한 축으로 자리매김하고 있음을 보여준다.

한류의 창발성

생성적이라는 말은 창발성 개념과도 연결된다. 창발성이란 개별 요소의 단순한 합 이상의 새로운 속성이 발현되는 현상을 의미한다. 생성 과정에서는 기존의 요소들이 복잡하게 상호작용하면서 예측 불가능한 새로운 특성이 나타난다. 한류의 발전 과정은 다양한 주체들의 상호작용이 만들어낸 창발적 문화현상으로 이해할 수 있으며 한류 현상은 창발적 관점에서 매우 흥미로운 사례로 분석될 수 있다.

먼저 한류의 초기 단계에서는 한국의 대중문화 콘텐츠가 개별 알갱이로서 해외에 소개되었다. 드라마, 음악, 영화 등 각각의 한류 콘텐츠는 고유한 특성을 지니고 있었지만, 이들 간의 직접적인 상호작용은 크게 나타나지 않았다. 그러나 점차 다양한 한류 콘텐츠가 해외에서 인기를 얻으면서 시너지 효과가 발생하기 시작했다. 한 장르의 성공이 다른 장르의 인기로 이어지는 현상이 나타난 것이다. 예를 들어, 한국 드라마의 인기는 드라마 OST의 흥행으로 연결되었고, 케이팝 아이돌의 글로벌 팬덤은 한국 패션과 뷰티 산업의 성장을 촉진했다. 이처럼 개별 한류 콘텐츠 간의 상승작용은 한류를 복합적인 문화현상으로 만들어냈다. 나아가 한류의 확산은 단순히 문화 콘텐츠의 교류를 넘어, 한국과 타국 간의 다양한 층위에서의 상호작용을 창발시켰다. 한류는 문화 교류, 경제 협력, 관광 산업, 국가 이미지 제고 등 사회 전반에 걸친 복합적인 효과를 만들어냈다. 이것은 한류를 구성하는 다양한 요소가 유기적으로 상호작용하며 새로운 가치와 의미를 창출해낸 결과로 해석할 수 있다. 또한 디지털 기술과 소셜 미디어의 발달은 한류의 창발성을 더욱 증폭시켰다. 온라인 플랫폼을 통해 전 세계 한류 팬들이 실시간으로 소통하고 콘텐츠를 공유하면서, 자생적인 글로벌 팬덤 문화가 형성되었다.

이것은 한류 생산자와 소비자 간의 경계를 허물고, 팬들의 능동적인 참여를 통해 한류의 지속적인 진화와 재생산을 이끌어냈다.

이처럼 한류는 다양한 문화 알갱이의 복합적인 상호작용으로 예측하지 못했던 창발적 현상을 만들어낸 사례로 볼 수 있다. 개별 콘텐츠의 단순한 합 이상의 시너지 효과, 문화를 넘어선 사회 전반의 변화, 생산자와 소비자의 경계 해체 등은 모두 한류가 지닌 창발성의 특징이다. 창발성의 관점은 한류라는 '설계되지 않은' 문화현상을 이해하는 데 있어 유용한 통찰을 제공한다. 즉, 한류 현상은 향유자의 능동적 참여로 다양한 요소의 창조적 결합을 통해 새로운 것을 만들어가는 역동적인 과정으로 이해할 수 있다. 나

말레이시아에서 인기를 끄는 90년대 한국 롤러장

아가 한류 사례는 21세기 문화의 패러다임 변화를 예고한다. 디지털 네트워크를 기반으로 다양한 주체의 자유로운 상호작용이 만들어내는 창발적 문화의 힘은 점점 더 커질 것으로 예상된다. 문화의 생산과 소비, 유통의 경계가 허물어지고, 예측 불가능한 방식으로 문화가 진화하는 창발적 문화의 시대가 도래한 것이다. 한류는 이러한 변화의 선구적 사례로서, 앞으로의 문화 흐름을 이해하는 데 중요한 통찰을 준다.

생성적 한류의 시사점

생성적 한류가 한국 문화의 일방적인 전파를 넘어, 전 세계 향유자의 참여와 재해석을 통해 끊임없이 진화하는 역동적인 문화 현상을 의미한다면 그 핵심은 향유자의 능동성과 창조성에 있다. 전 세계 팬들은 한류 콘텐츠를 수동적으로 받아들이는 것이 아니라, 이를 바탕으로 팬 아트, 커버 댄스, 리믹스 등 다양한 2차 창작물을 만들어내며 한류의 의미를 확장하고 있다. 이러한 과정에서 한류는 고정된 실체가 아닌, 끊임없이 변화하고 발전하는 유동적인 문화 현상으로 자리잡게 되었다.

생성적 한류의 시사점은 다음과 같다. 첫째, 문화 생산자와 향유자 간의 경계가 허물어지고 있음을 보여준다. 이것은 앞으로 문화산업이 더 참여적이고 상호작용적인 모델로 발전할 것임을 시사한다. 둘째, 문화적 혼종성과 다양성을 포용한다. 한류 콘텐츠가 각국의 문화와 만나 새로운 형태로 재탄생하는 현상은 생성적 한류의 중요한 특징이다. 이것은 한류가 단순히 한국 문화의 일방적인 전파가 아닌, 글로벌 문화 간의 창조적 대화와 융합의 장이 되고 있음을 보여준다. 생성적 한류는 문화 간 교류와 융합을 촉진함으

말레이시아에서 열린 '한국 방문의 해' 행사장

로써 글로벌 문화의 다양성을 증진시킨다. 이것은 문화 제국주의에 대한 우려를 넘어, 상호 존중과 이해를 바탕으로 한 문화 교류의 새로운 모델을 제시한다. 셋째, 디지털 기술과 소셜미디어를 기반으로 발전하고 있다. 이는 앞으로의 문화 발전이 기술과 밀접하게 연관될 것임을 시사하며, 디지털 기술과 문화 산업의 융합을 강조한다. 넷째, 지속가능한 문화 발전 모델을 제시한다. 이것은 향유자의 능동적 참여를 통해 문화의 생명력과 지속성이 강화되는 생태계 시스템을 의미한다.

결론적으로, 생성적 한류는 21세기 글로벌 문화의 새로운 패러다임을 보여주는 중요한 사례다. 이것은 문화의 생산, 소비, 전파 방식의 근본적인 변화를 반영하며, 앞으로의 문화 정책과 산업 전략 수립에 중요한 통찰을 제공한다. 향후 한류의 지속적인 발전을 위해서는 이러한 생성적 특성을 더욱 강화하고, 글로벌 문화 생태계에서 창조적 역할을 모색해 나가는 것이 중요할 것이다.

3. 팝 한류 정경

초기 한류는 주로 아시아 지역에서 한국 드라마와 케이팝이 큰 인기를 얻으면서 시작되었다. 당시 한국 드라마는 아시아 각국의 시청자에게 신선한 소재와 감성으로 다가갔고, 케이팝은 독특한 음악 스타일과 역동적인 퍼포먼스로 젊은 층의 마음을 사로잡았다. 이것은 한국 대중문화에 대한 관심을 높이는 계기가 되었고, 자연스럽게 한국의 패션, 음식, 언어 등 다양한 문화 요소도 함께 주목받기 시작했다. 여기에서 주목할 것은 한류가 '소집단 문화(sub-culture)'에서 '팝 컬처'로 진화한 양상이다. 곧 팝 한류의 정경이다. 팝 한류는 소집단 문화를 넘어서 수용자의 일상적 문화 향유로 확장하는 한류 정경의 일상성을 의미하는 개념이다.

'하위문화'를 '소집단 문화'로 고쳐 쓰는 이유

소집단 문화는 클래식 음악이나 문학, 미술과 같이 정통적 위상을 가진 문화에 대한 상대적인 개념으로, 독자적 특질과 정체성을 가진 소집단의 갈래 문화를 의미한다. 소집단 문화에는 청소년 문화, 청년 문화, 소수 민족 문화, 홍대 문화, 노동자 문화 등 연령이나 세대, 지역, 성격 등 구체적인 범주에 따라 여러 갈래의 문화가 있으며, 지배적인 문화나 체제를 부정하고 저항하는 문화도 반문화(反文化)라 하여 소집단 문화에 포함된다. 소집단 문화는 그동안 학계에서 통상적으로 '하위문화' 혹은 '비주류 문화'로 불리어 왔다. 'sub-culture'의 접두어 'sub'는 라틴어에서 온 어원으로 '아래에' '부차적인' '갈래의'와 같은 의미를 담고 있기 때문이다. 애초 코헨이 하류층의 비행(卑行)이나 일탈 행동을 설명하기 위해 'sub-culture'라는 개념을 사용하였다(Cohen 1955). 그러나 sub-culture가 하류층에서만 공유되는 문화가 아니라 지역 문화, 농촌 문화, 세대 문화 등 광범위한 범주로 확대되어 사용되고 있어 필자는 1950년대 미국 사회학계에서 일탈 행동을 설명하기 위해 사용한 sub-culture의 애초 개념과는 큰 차이가 있다고 판단한다. 특히 문화 주체의 지위나 세대, 계층을 등급으로 인식하여 문화의 위계를 가르는 '하위'라는 용어가 정치적 올바름(political correctness)에 부합하지 않으며 편견을 불러일으킬 수 있다고 판단하여 필자는 'sub-culture'를 '소집단 문화'로 고쳐 쓴다. 몇 가지 이유를 정리하면 다음과 같다.

1. 개념의 명확성: 하위문화는 '주류문화에 대비되는 문화'라는 의미를 담고 있지만, '하위'라는 꾸밈으로 인해 마치 주류문화보다 낮은 위계에 있는 것처럼 인식될 수 있다. 학술적 엄밀성에도 부합되지 않는다.

반면 소집단 문화는 '특정 집단 내에서 공유되는 문화'라는 중립적인 의미를 전달하므로, 용어 자체에 가치 판단이 개입될 여지가 적다.

2. 포괄성: 하위문화는 주로 청소년, 힙합, 펑크 등 특정 집단이나 장르를 연상시킨다. 그러나 Sub-culture는 그보다 더 광범위한 개념으로, 직업, 종교, 지역, 취미 등 다양한 기준에 따라 형성되는 모든 종류의 소집단 문화를 아우른다. 따라서 소집단 문화가 이러한 포괄성을 더 잘 반영한다.
3. 문화 간 존중: 하위문화에는 주류문화보다 하위에 있다는 인식이 내재되어 있어, 특정 집단의 정체성과 문화적 실천을 평가 절하할 수 있다. 이것은 문화 간 존중과 다양성 인정이라는 가치에 부합하지 않는다. 소집단 문화는 각 집단의 고유한 문화를 동등하게 인정하고 존중하는 관점을 반영한다.

물론 하위문화라는 용어가 이미 널리 사용되고 있고, 그 나름의 맥락과 의미가 있는 것도 사실이다. 그러나 보다 중립적이고 포괄적이며 존중하는 관점에서 Sub-culture를 바라보고자 하는 의미에서 필자는 '소집단 문화'라는 용어를 선택한 것이다. 이것은 개념의 본질을 살리면서도, 우리 사회에 존재하는 다양한 문화 집단을 동등하게 이해하고 존중하려는 노력의 일환이라고 판단한다.

소집단 문화로 시작된 초기 한류

초기 한류는 드라마와 음악을 중심으로 아시아 국가들에서 특정 소집단을 형성하며 시작되었다. 이들 소집단은 한국 대중문화를 적극적으로 수용하고 향유했으며, 이는 한류가 대중적 현상으로 확산되는 밑거름이 되었다. 특히 온라인 커뮤니티는 초기 한류 팬덤의 형성과 유지에 중요한 역할을 하였으며, 소집단 문화로서 한류를 확산시키는 데 기여했다. 소집단 문화는 종종 주류문화와 구별되는 특징을 보인다. 이들은 주류문화에 동조하기보다는 자신들만의 독특한 문화적 코드를 발전시키고 실천한다. 이러한 차별성은 때로는 주류문화에 대한 저항이나 대안으로 표출되기도 한다. 2003년 일본에서 드라마 〈겨울 연가〉가 방영된 뒤 새로운 사회 현상이 되었고, 주인공 배용준을 좋아하는 욘사마 팬덤이 형성되었다. 욘사마 팬덤은 중년 여성들을 중심으로 형성된 소집단으로, 한국 드라마를 통해 순수한 인간관계에 대한 향수와 노스텔지어를 떠올렸다. 이들은 한국을 방문하고 한국어를 배우는 등 적극적인 팬 활동을 펼쳤다. 동남아시아에서도 한류의 발화는 드라마에서 출발하였다. 2000년대 초반에 베트남, 태국, 말레이시아 등 동남아 국가들에서는 한국 드라마 시청이 특정 소집단 내에서 공유되는 취미 활동으로 자리 잡았다. 이들 소집단은 한국 배우를 좋아하고, 한국어를 배우고, 한국 음식을 만들어 먹으며, 한국 연예인을 좋아하는 등 한국 문화를 적극적으로 수용하고 향유했다.

글로벌 OTT 플랫폼이 도입되기 전 한국 드라마 수용은 마니아들이 선도적으로 활약하는 소집단 문화의 성격을 강하게 가지고 있었다. 일본과 동남아의 여성 팬들이 잘생긴 한국 배우에게 로맨틱 판타지를 발산하는 것은 K-드라마가 여성 중심 소집단 문화의 특성을 갖고 있었음을 보여준다. 글로벌 OTT 플랫폼 이전의 한국 드라마 팬은 주로 여성이었으며, 한국 드라마는 여성 대상 장르로 인식되었다. OTT가 도입되기 이전 전통적 미디어에서 제공하는 한국 드라마의 레퍼토리는 양적으로 풍부하지 못했고 접근성에 있어서도 매우 제한적이었기에, 한류 동호회가 주도하는 '강한 취미 형식'으로 불법 사이트를 통해 공유되었다. 팬들은 해적판 DVD를 구하거나 불법 사이트에 접속해야 했다. 이처럼 특별한 노력을 들여야 하는 '컬트(cult)적 특성'을 갖고 있었다. 컬트는 원래 종교적인 맥락에서 숭배나 의식을 의미하는 용어였으나, 대중문화 영역에서는 주류문화와 구별되는 소집단 문화를 지칭한다. 즉, 컬트적 특성이란 대중적 인기와는 구별되는, 열성적이고 헌신적인 팬덤을 형성하며 독특한 문화 코드와 정체성을 공유하는 소집단 문화의 속성이다. 초기 한류는 분명 이러한 컬트적 지위에 있었다.

케이팝 팬의 경우도 마찬가지다. 초기 팬들은 케이팝을 적극적으로 향유하면서 한류에 대한 긍정적인 여론 형성과 확산을 도모하였다. 여기에는 온라인 커뮤니티가 중요한 역할을 하였다. 당시 한국 드라마나 음악은 아시아 일부 지역에서 소수 열성 팬에 의해 소비되고 확산되었으며, 팬들의 자발적인 참여와 공유를 통해 유통되었다. 또한, 한국 대중문화는 기존의 아시아 문화와는 차별화된 감성과 스타일을 지향하였으며, 이는 한류 팬들에게 신선한 문화 경험과 정체성을 제공하였다.

한류의 팝 컬처화

OTT 플랫폼 안으로 한국 드라마가 들어오면서, 또 유튜브로 케이팝을 소비하게 되면서 이제 한류는 누구나 손쉽게 접근 가능하게 되었다. 접근성이 좋아지면서 한류는 컬트적인 소집단 문화의 속성을 벗어나게 되었다. 한류는 점차 양적인 측면에서는 매스 컬처(mass culture)로, 질적인 측면에서는 팝 컬처(popular culture)로 변화하게 되었다. 한류의 매스 컬처화는 한국 문화산업의 성장과 함께 나타난 현상이다. 한국 대중문화 콘텐츠는 점차 산업화, 상업화되었으며, 글로벌 시장을 겨냥한 전략적인 생산과 유통이 이루어지게 되었다. 이것은 한류 콘텐츠의 대량 생산과 소비로 이어졌으며, 전 세계 대중에게 한류 콘텐츠가 널리 알려지는 계기가 되었다. 특히 글로벌 OTT 플랫폼의 확산은 K-드라마의 전 세계적 향유를 가속화하였으며, 한류를 명실상부한 글로벌 매스 컬처로 자리매김하게 하였다. 동시에 한류는 질적인 측면에서도 변화를 겪었다. 초기 한류가 한국적인 정서와 가치관을 담은 문화적 특수성을 지향했다면, 점차 글로벌 대중의 취향과 트렌드를 반영하는 팝 컬처로 나아가게 된 것이다. 케이팝의 경우, 글로벌 팬들의 취향을 고려한 음악 스타일과 퍼포먼스를 선보이게 되었으며, 드라마나 영화 또한 보편적인 감성과 스토리텔링을 지향하게 되었다. 이는 한류가 문화적 특수성과 보편성 사이에서 균형을 모색하며, 글로벌 대중문화의 흐름에 부응하는 방

2023 말레이시아 보르네오 소닉 뮤직 페스티벌에 참가한 씨엘과 태양

향으로 발전해 왔음을 시사한다.

이 장에서 주목하는 것은 향유자의 주체적인 역량과 문화적 실천에 의미를 부여하는 한류의 팝 컬처적 성격이다. 한류의 팝 컬처화는 문화 수용에 초점을 맞춘 개념으로 한류가 일반 대중이 '일상적으로 향유하는 문화'가 되었다는 뜻이다. OTT 환경에서 한류 콘텐츠 수용은 마니아가 애정과 노력을 쏟아야만 향유할 수 있는 특별한 행위가 아니라 누구나 참여할 수 있는 일상적인 문화 실천이 되면서 팝 한류의 새로운 정경을 보여준다. 팝 한류의 좋은 사례는 한류 문화 현상이 드라마, 케이팝, 영화, 게임 등과 같은 콘텐츠 부문을 넘어 의료, 관광, 음식 등 일상의 영역까지 전방위로 확산되는 데에서 찾아볼 수 있다. 팝 한류에서는 향유자의 밈, 리액션, 챌린지 같은 생산적 참여가 일상에서 이루어진다. 이것은 한류의 문화 정경이 소수 마니아의 소집단 문화에서 일반 대중의 팝 문화로 바뀌었다는 것을 의미한다. 과거 생산자 중심의 한류에서는 K-드라마 향유가 지역적으로 제한되었고 또 열성팬에 국한되었다면, OTT 환경에서는 한류 현상이 소집단 문화에서 매스 컬처로, 주변 문화에서 중심 문화로 변화하여 비로소 대중적인 팝 컬처가 되었다.

일상의 한류

디지털 시대의 도래와 함께 OTT 플랫폼의 급속한 보급은 한류, 특히 K-드라마의 향유 패턴을 근본적으로 변화시켰다. 이것은 단순히 시청량의 증가를 넘어, 한류 팬들의 콘텐츠 향유 방식과 문화적 이해의 깊이를 혁신적으로 변화시키는 계기가 되었다. 예를 들어, 한류 팬들은 이제 〈눈물의 여왕〉의 주연 김수현을 언급하면서 자연스럽게 그의 다른 작품들-〈해를 품은 달〉, 〈별에서 온 그대〉, 〈은밀하게 위대하게〉-을 함께 논하며, 그의 연기 스타일과 캐릭터 변화를 심도 있게 분석한다. 또한, 〈눈물의 여왕〉과 〈태양의 후예〉에서 김지원의 연기를 비교하며, 두 작품의 러브라인의 특성과 발전을 세밀하게 탐구한다. 이러한 깊이 있는 문화적 담론은 방대한 시청 경험과 언제든 원하는 콘텐츠에 접근할 수 있는 미디어 환경이 있어야만 가능한 것이다.

더욱 주목할 만한 점은, 이러한 변화가 단순히 콘텐츠 소비에 그치지 않고 '일상의 한류'라는 새로운 문화적 현상을 촉발했다는 것이다. 한류 팬들에게 '오빠', '진짜', '대박' 같은 한국어 표현은 이제 일상어가 되었다. 이는 한류가 단순한 문화 콘텐츠를 넘어, 언어와 생활양식까지 포함하는 총체적인 문화 현상으로 진화했음을 시사한다. 이러한 일상의 한류는 한국의 대중문화뿐만 아니라 일상적인 문화 요소들이 전 세계로 확산되고 수용되는 현상을 포괄한다. 김치, 불고기, 비빔밥 등 한국의 전통 음식이 세계 각국의 식탁에 오르고, K-뷰티 제품이 글로벌 소비자들의 일상적인 뷰티 루틴으로 자리 잡았다. 한국 아이돌과 배우들의 패션 스타일은 전 세계 젊은이의 미적 감각에 지대한 영향을 미치고 있으며, 한국어 학습 열풍은 단순한 언어 습득을 넘어 한국 문화에 대한 깊이 있는 이해로 이어지고 있다.

말레이시아에서 미디어 커뮤니케이션을 가르치는 김태식 교수는 이런 현상을 '고삐 풀린 한국성'이라며 재밌게 표현했다. 다음 사진에서 보듯이 한국 문화 요소들이 의도적으로 혹은 자연스럽게 일상 곳곳에 스며드는 현상은, 한류가 이제 특정 콘텐츠나 스타에 국한되지 않고 그야말로 '고삐 풀린 듯이' 생활 전반에 걸쳐 영향력을 행사하고 있음을 명확히 보여준다.

이러한 일상의 한류는 문화 간 교류와 소통의 새로운 패러다임을 제시한다. 이는 단순한 문화 콘텐츠의 일방적 전파가 아닌, 서로 다른 문화권 사

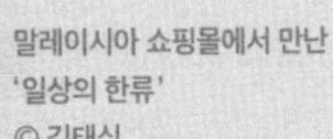

말레이시아 쇼핑몰에서 만난
'일상의 한류'
© 김태식

이의 활발한 상호작용과 융합을 통해 새로운 글로벌 문화 트렌드를 형성하는 과정이다. 결과적으로 한류는 21세기 글로벌 문화 생태계에서 중요한 역할을 담당하며, 문화적 다양성과 창의성을 증진시키는 촉매제로 작용하고 있다. 이러한 현상은 한류의 지속 가능성과 발전 가능성을 보여주는 동시에, 문화 정책, 콘텐츠 제작, 국제 문화 교류 등 다양한 분야에서 새로운 접근법과 전략의 필요성을 제기한다. 일상의 한류는 단순한 문화 현상을 넘어, 글로벌 시대의 문화적 상호작용과 정체성 형성에 대한 새로운 통찰을 제공하는 중요한 연구 주제로 자리매김하고 있다.

알갱이의 속성이 혼종성인 한류 문화의 확산은 전 지구적 문화 다양성에 공헌한다. 로컬과 글로벌이라는 대립 항의 균열이 가시화되고 그 틈을 비집고 '글로컬(glocal)'이라는 새로운 성취가 전 지구적 문화의 우세종이 될 때, 우리는 아르준 아파두라이가 내세운 '고삐 풀린 현대성(Modernity at large)'이라는 명제의 '풀린 고삐'가 이제야 비로소 죄어지는 것을 확인한다. 우리는 팝송 부르는 필리핀 사람이나 크리켓 하는 인도인의 모

한국어와 한국 연예인 이미지를 광고로 활용하는 말레이시아의 쇼핑몰 매장

습보다, K-드라마를 보기 위해 1인치 장벽을 거부감 없이 받아들이는 미국인을 보면서 전 지구적 문화 흐름이 변화하는 것을 제대로 목도하는 것이다. K-드라마 수용은 이제 소수 마니아의 '구별 짓기' 욕망이 아니라 대중의 일상이 되었다. 이제 누구나 일상에서 K-드라마를 향유하는 말레이시아의 팝 한류 정경을 포착하면서, 이를 가능케 한 글로벌 OTT 플랫폼의 확산이라는 미디어 정경의 변화가 거시적으로는 전 지구적 문화 흐름의 새로운 모델을 만들어가는 것을 확인할 수 있다. 한류는 글로벌 미디어 정경을 통해 전파되며, 각 지역의 문화적 맥락에 따라 다르게 해석되고 수용된다. 또한 한류 팬들의 상상력을 자극하여 새로운 문화적 실천을 낳고, 한국 문화 요소들이 탈영토화되어 전 세계적으로 재해석되는 현상을 보여준다. 이러한 관점에서 한류는 '고삐 풀린 현대성'의 대표적인 사례로 볼 수 있으며, 글로벌 문화 흐름의 복잡성과 역동성을 잘 보여주는 현상이라고 할 수 있다.

코스모폴리탄 한류 정경 . 4

모든 물질은 원자로 만들어져 있으며, 모든 생명체는 유전자로 구성되어 있다. 한류라는 문화 현상도 콘텐츠라는 입자에서 출발하였다. 한류 콘텐츠의 알갱이 혹은 유전자를 살펴보면 실은 외래의 영향을 통해 만들어진 것이 많다. 케이팝은 알려진 것처럼 한국의 대형 기획사가 미국의 흑인 음악을 차용해 아이돌의 군무를 입힌 것이다. K-드라마도 일본 만화와 미국 드라마, 홍콩 영화를 학습하여 만들어진 것이다. 이런 면에서 K-콘텐츠는 혼종의 알갱이로 구성된 복합적 문화 콘텐츠다. 그렇지만 외래의 문화를 흡수하여 한국적 특성을 가미한 K-콘텐츠는 혼종화 과정에서 지역성을 탈피하고 코스모폴리탄 지향을 드러낸다. 코스모폴리탄 한류(Cosmopolitan Hallyu) 개념은 수용자의 지역, 인종이나 언어, 종교를 차별하지 않고 구분하지 않으며, 열린 마음으로 한류 문화 콘텐츠를 향유하는 것을 의미한다. 서로 다름을 인정하고 함께 어울리는 것은 다양한 문화가 공존할 수 있는 기반이다. 이제 한류 콘텐츠는 생산과 유통 그리고 소비하는 과정이 과거 어느 때보다 촘촘히 지구촌 곳곳과 연결되어 있다. 여기에 맞추어 K-콘텐츠가 문화적 포용성을 바탕으로 전 지구적 문제를 서사로 다루며, 연결된 세상에서 고민하고 해결책을 모색해 나갈 때 한류 문화 현상은 글로벌 정체성을 획득하게 된다.

코스모폴리탄 한류 사례

코스모폴리탄 한류의 좋은 사례는 전 지구적 이슈를 한국형 서사와 스토리텔링에 담은 K-드라마와 K-무비에서 찾아볼 수 있다. 〈오징어 게임〉은 자본주의적 물신화와 양극화 불평등에 대한 비판을 통해 전 지구인의 보편적 관심사를 다룸으로써 코스모폴리탄 지향을 분명히 하며 세계인의 몰입을 이끌었다. 〈기생충〉에서 빈부격차와 계급성을 꼬집는가 하면 〈킹덤〉에서는 특권 양반층에 저항하는 민중의 삶을 다루었다. 〈더 글로리〉에서는 지구촌 어디에서나 있을 법한 학교 폭력 문제와 인간의 본성을 다룸으로써 엄연히 존재하는 세계적인 이슈를 한국을 배경으로 그려내었다. K-서사가 코스모폴리탄 서사로 확장될 때 한류의 글로벌 정체성은 강화된다. 한류 수용자는 K-드라마에서 보는 멋진 연애, 세련된 교양, 국제적인 매너를 자신의 로컬 문화와는 다른 코스모폴리탄 텍스트로 받아들이면서 상상력을 탈지역화하고 있다.

> 한국 드라마에 등장하는 멋진 주인공들의 세련된 매너와 옷차림이 좋아요. 이것이 한국 드라마를 즐겨 보는 이유 중 하나예요. 한국 사회의 실제 모습이 꼭 그렇지 않아도 큰 상관은 없어요. 드라마는 드라마일 뿐이죠. 그렇지만 우리가 사는 말레이시아도 그렇게 세련되게 변화하면 좋겠다고 생각해

요. 좀 더 국제적으로 진일보한 모습을 드라마에서 배우고 있어요. (F-4, 20대, 여, 말레이계, 대학생)

다국적, 다문화로 구성된 블랙핑크는 코스모폴리탄 한류를 지향하는 케이팝 글로벌 프로듀싱의 좋은 사례다. 블랙핑크는 한국인 지수와 제니, 태국의 리사, 한국과 뉴질랜드의 복수 국적자 로제 등 다국적 4인으로 구성된 케이팝 그룹으로 각 멤버가 글로벌 기업의 홍보대사로 활동하고 있다. 블랙핑크 유튜브 시청자 중 96%가 외국인이며 팬 공지는 한국어 외에 영어, 일본어, 중국어 등 4개 국어로 시행한다. 블랙핑크는 국내 방송 출연은 최소화하고 글로벌 시장을 주무대로 겨냥해 해외 방송과 월드투어에 집중하고 있다. 블랙핑크의 영향을 받아 여타 케이팝 그룹의 국적도 다양화하는 추세이며 걸그룹 라필루스의 샨티는 필리핀·아르헨티나 국적이고 시크릿넘버의 디타는 인도네이시아인이다. 넷플리스의 오리지널 다큐멘터리에서 YG의 유명 작곡자인 프로듀서 테디는 블랙핑크가 세계적으로 소구하게 된 요인으로 '다국적 문화의 화학적 결합'을 꼽았다. 케이팝은 개방과 포용의 문화 전략이 성공의 원동력으로 작동하는데, 이는 경계를 넘나드는 코스모폴리탄 한류의 유연함을 다른 어떤 장르보다 잘 보여준다. 코스모폴리탄 한류의 정경을 만들어나가는 주인공들은 문화, 예술, 음악, 춤, 음식 등에 국제적 취향을 가진 '팝 코스모폴리탄(Pop Cosmopolitan)'이다. 이들은 로컬 공동체의 강력한 관성을 벗어나 문화 차이를 포용하고 다양한 문화를 누리는 향유자들이다.

OTT 환경이 촉발한 새로운 한류 정경

국경 없는 세계 문화의 흐름은 말레이시아뿐만 아니라 세계 곳곳에서 영향을 미치고 있다. 한국 대중문화 지형에도 글로벌 OTT 도입 이후 초국적 흐름이 감지된다. 한국 대중문화는 일방적으로 미국의 영향을 받았다. 그러나 20세기 후반 역사적, 정치적 이유로 제한되던 일본과 중국의 대중문화가 흘러 들어오면서 한국 대중문화 지형도 다변화되고 복잡해졌다. 이후 우리는 스페인에서 만든 〈종이의 집〉을 글로벌 OTT 플랫폼에서 손쉽게 시청할 수 있게 되었고 프랑스, 독일에서 제작한 영화나 텔레노벨라 등 다양한 해외 대중문화를 향유할 수 있게 되었다. 글로벌 OTT 플랫폼은 다문화주의의 초국가적 문화 흐름을 장려한다. 이것은 글로벌 OTT 사업자가 로컬에 생산기지를 구축하고 전 세계에 배급하여 이익을 극대화하기 위한 전략에서 비롯된 것이지만 글로벌 OTT는 로컬 콘텐츠가 국경을 허물고 전 지구적으로 수용되는 데에 의미 있는 역할을 수행했다. OTT 환경이라는 미디어 정경 안에서 전 지구화는 국경 없는 혼종화의 문화 흐름을 극명히 보여준다.

OTT 환경은 텍스트 접근성을 급격하게 변화시켰다. 글로벌 OTT 플랫폼에 탑재된 K-드라마를 비롯한 한류 콘텐츠는 전 지구적으로 시청 범위가 확대되었다. 지리적 확장과 더불어 전 세계 동시 개봉으로 K-콘텐츠의 현지 수용에 유통 시차가 없어졌다. 애초 K-드라마는 한국의 지상파 방송사에서 제작하여 수입 국가의 네트워크 방송사로 수출되는 구조였다. 이러한 방식으로 해외에 수출되던 〈사랑이 뭐길래〉, 〈겨울 연가〉, 〈대장금〉 등 1세대 한류 드라마가 중국과 일본 등 이웃 나라에서 기대 이상의 뜨거운 반응을 얻었다. 이후 이러한 열기는 대만, 홍콩, 동남아시아, 중동 지역으로 확장되었다. 전통적인 방식의 콘텐츠 해외 배급은 이후에도 〈파리의 연인〉, 〈천국의 계단〉, 〈풀 하우스〉 등으로 이어졌고, K-드라마는 점차 충성스러운 해외 팬덤을 보유하게 되었다. 이렇듯이 외국의 방송사 플랫폼을 통해 배급되던 K-드라마가 OTT 플랫폼이라는 새로운 배급망을 얻게 되면서 유통 방식이 바뀌었다. 유통 방식이 바뀐 계기는 중국 시장에서 비롯되었다. 한류 초기에 중국의 중앙방송(CCTV)이나 후난(湖南) TV와 같은 성(省)급 방송사를 통해 배급되던 K-드라마는 2014년 〈별에서 온 그대〉가 중국 아이치이(iQIYI)에 수출되어 25억 뷰를 넘기며 큰 인기를 얻었고, 2016년 〈태양의 후예〉 역시 아이치이에서 26억 뷰를 돌파하는 등 OTT 플랫폼이 중국에서 K-드라마의 주된 유통 창구로 부상하게 되었다.

OTT의 막강한 자본과 배급력은 K-드라마의 제작 관행을 바꾸어버릴 정도로 막강했다. OTT 서비스가 도입되기 전만 해도 K-드라마 제작 현장에서 소위 '쪽대본'이 일상적일 만큼 사전 제작은 사실상 불가능한 일로 여겨졌다. 쪽대본은 기본적으로 국내 드라마의 부실한 제작 여건에서 만들어진 것이긴 했지만, 시청자 반응을 순발력 있게 작품에 반영할 수 있으며, 제작 도중이라도 PPL을 통해 계속해서 협찬 수익을 기대해 볼 수 있다는 점에서 국내 드라마 제작사로서는 좀처럼 떨쳐버리기 힘든 관행이었다. 그렇지만 중국 OTT 플랫폼에서 당국의 사전 검열을 받은 후 드라마를 일괄 개봉해야 했기에 〈태양의 후예〉는 개봉 이전에 완성작을 만들어야 했다. 그 결과 OTT 플랫폼의 콘텐츠 배급 방식인 전 세계 동시 개봉이라는 원칙에 한국 드라마 프로덕션이 충실히 복무하게 됨으로써 한국 드라마의 국내와 해외 유통 시차가 없어졌다.

외부 미디어 환경과 한류 콘텐츠 소비 지형

한류 콘텐츠 배급에 유통 시차가 없어지면서 전 세계에서 동시에 팬들의 반응을 확인할 수 있게 되었다. 〈오징어 게임〉이 세상에 나오기까지 제작 기간이 10년이 걸렸는데, 넷플릭스에 공개되어 전 세계에서 1억 천백만 명이 시청하는 데에는 불과 17일밖에 걸리지 않았다. 이것은 전 세계 동시 개봉으로 유통 시차와 국경 없는 콘텐츠 소비시장이 생성되었음을 말해준다. 한류의 전 지구적 동시성은 수용자가 더 빠르게 소통하고 정보와 콘텐츠를 공유하며 동시에 다양한 현상을 함께 경험하는 것을 말한다.

애초 드라마로 시작된 한류 현상에는 콘텐츠의 우수성 외에도 다양한 외부 미디어 환경, 특히 플랫폼의 변화가 중요하게 작용하였다. 대만의 경우 1994년 유선 방송 합법화로 인해 방송 채널은 크게 늘어났으나 콘텐츠가 부족했다. 이러한 상황에서 일본 드라마에 비해 가격 경쟁력이 있는 K-드라마를 선택한 것이 한류의 시작이다. 물론 가격 경쟁력 외에도 K-드라마가 가지는 완성도와 대중성이 한몫했음은 물론이다. 일본에서도 2000년 12월부터 위성방송이 시작되자 일본 공영방송사인 NHK는 가격에 비해 상대적으로 품질이 우수한 한국 드라마를 수입하여 부족한 콘텐츠를 메우려고 했다. 〈겨울 연가〉의 성공에는 이러한 외부 환경이 작동하였다. 한편, 중국에서도 디지털 위성방송이 도입되면서 중국의 성급 방송사들은 편성 시간을 채우기 위해 시청자의 주목을 받으면서도 가성비 좋은 한국 드라마를 대거 수입하게 된다. 이것이 초기 K-드라마가 이끈 한류 열풍의 외부 요인이라고 할 수 있다. 미디어 시장의 개방, 디지털 위성 방송과 다채널 시대의 개막으로 방송 편성 시간이 늘어난 만큼 콘텐츠 수급이 필요할 때 K-드라마는 분명 매력적인 선택이었을 것이다.

1990년대 아시아 지역의 미디어 환경이 변하면서 한류 콘텐츠의 해외 수출이 가능해졌다는 것은 우연일 수는 있지만, 바로 그 시기에 한국이 해외 시장에서 소구할 만한 콘텐츠를 갖고 있었던 것은 우연은 아니다. 중국과 일본이 새로 발생한 콘텐츠 수요를 자국의 콘텐츠나 대만, 홍콩 등 중화권이나 태국, 말레이시아 등 동남아 국가에서 수급하지 않고 한국의 콘텐츠를 택한 것은 결코 우연이 아닐 것이다. 당시 한국에서는 KBS, MBC 등 지상파 방송사를 중심으로 드라마 시장의 경쟁이 매우 치열했고, 그 결과 양질의 드라마가 생산되고 있었다. 또한 한국의 지상파 방송사들은 콘텐츠 사업을 통해 해외 시장에서 재원을 마련하려는 계획을 갖고 있었기에 위성방송 출현이라는 물때를 잘 활용해 K-드라마를 해외 시장에 판매할 수 있었다. 한국 콘텐츠 산업의 저변에는 기회가 왔을 때 잡을 수 있는 역량이 준비되어 있었던 것이다. 행운이란 그것을 잡을 수 있을 때 유효하다. 한류라는 행운은 우연이 아닌 준비된 선택의 결과인 것이다.

케이팝의 세계적인 열풍과 팬덤이 유튜브, 트위터, 페이스북 등 소셜미디어 플랫폼에서 발화했다는 것은 이제 상식이다. 특히 유튜브는 케이팝 유통의 절대 강자로서 톡톡히 그 역할을 했다. 한국 연예기획사는 저작 음원의 노출을 염려해 유튜브 활용에 소심했던 일본의 음반 사업자와는 달리 전략적으로 유튜브를 비롯한 소셜미디어를 파이프라인으로 삼아 적극적인 해외 마케팅에 나섰다. 그 결과 단지 케이팝뿐만 아니라 여타 한국의 콘텐츠에도 열광적으로 반응하는 한류 팬을 얻게 되었다. 이렇듯이 한류 콘텐츠는 디지털 미디어 환경의 수혜를 받으며 전 지구적 영향력을 키워왔으며, 동시에 글로벌 플랫폼 역시 한류 콘텐츠를 전략적으로 수급함으로써 이익을 꾀하여 왔다. 한류 콘텐츠 산업과 글로벌 플랫폼의 공통된 이해와 전략이 복합적으로 한류 확산에 영향을 미친 것이다.

이러한 외부 요인을 단지 우연과 행운의 결과로만 볼 수는 없다. 심지어 한한령과 같은 중국 당국의 규제나, 일본의 혐한 정서는 결코 행운이라 할 수 없는 외부 요인이다. 한류 현상은 때로는 불운도 외부 요인으로 안고 있었지만, 위기에도 소멸되지 않고 계속되어왔다. OTT 플랫폼이 전통 미디어를 대체하고 수용자가 콘텐츠를 즐기는 방식이 변화하자 한국의 콘텐츠 사업자들은 플랫폼의 속성을 파악하고 그 문법에 따르는 것을 주저하지 않았다. K-드라마는 새로운 플랫폼의 특성에 따르는 서사 전략을 감행하였으며, 제작 관행도 기꺼이 바꿔나갔다. 그 결과 한국 제작자들은 글로벌 향유자를 일시에 만날 수 있는 배급망을 확보하였고 상대적으로 높은 제작비와 제작 자율성을 보장받음으로써 이전과는 다른 제작 환경을 획득하였다. 코로나19 와중에도 한국은 지속적으로 콘텐츠를 생산했다. 그 결과 북미 제작자들이 휴지기를 보내는 동안 빈 부분을 채울 콘텐츠가 필요했던 주요 글로벌 OTT 플랫폼의 레퍼토리를 적시에 장악하게 된다.

코스모폴리탄 한류와 문화적 상상력

K-드라마는 말레이시아 향유자에게 한국의 전통적 가치를 보여주는 콘텐츠라기보다는 현대적이고 세련된 문화로 인식되고 있었다. 말레이시아의 한류 수용자들은 K-드라마가 주는 재미와 오락적 완성도를 향유하면서 동시에 그들이 동경하는 포스트모던한 가치를 발견하고 그 매력을 적극적으로 전유하고 있었다.

한류가 말레이시아 문화보다는 약간 미국적이긴 하지만 꼭 서구적이라고 생각하지는 않아요. 그냥 한국 스타일인 거죠. 한국의 전통적인 것보다는 모던한 현대 한국 문화라고 느껴요. 손녀와 한국 드라마 얘기를 하고 한국 스타일 옷을 함께 사러 가기도 해요. (F-5, 70대, 여, 중국계, 무직)

10년 전에는 드라마를 보지 않았어요. 그때는 일하느라 바빴죠. 이제 좀 여유가 있으니 드라마를 보게 되는데 바로 이때 한국 드라마에 꽂힌 거죠. 한국 드라마를 보고 있으면 내가 세계적인 트렌드에 뒤처지지 않고 따라가고 있구나 하는 생각이 들어요. (F-2, 60대, 남, 중국계, 은퇴자)

한류 문화를 향유하는 이들의 아비투스는 외래문화에 대한 개방성을 담고 있었다. 필자는 이들을 새로운 한류 정경의 주체로 호명함으로써 이들의 문화적 실천이 한류 정경을 조형하고 있다고 강조한다. 카스텔스(Castells, 1996)는 우리가 개방적이고 유연한 구조를 특성으로 하는 네트워크 사회에 살고 있다고 주장했는데 물리적 공간이 아니라 네트워크라는 형태로 상호 연관된 정체성을 가진다는 점에서 문화적 코스모폴리타니즘을 의미한다고 할 수 있다. 유연한 네트워크 정경에서 혼종성은 가치를 발휘한다. 문화적 코스모폴리타니즘은 세계화 시대의 중요한 개념으로, 다양한 문화에 대한 개방적 태도와 글로벌 시민의식을 의미하기 때문이다. 따라서 문화적 코스모폴리타니즘은 다양한 문화 요소가 혼합하여 새로운 문화 형태가 생겨나는 혼종성이 두드러지고 한 국가나 문화에 국한되지 않는 다중적, 초국가적 정체성이 형성되며 다양한 문화 간의 소통과 교류를 중시한다.

코스모폴리탄 한류 정경이 제공하는 시사점은 바로 향유자의 문화적 상상력에서 찾을 수 있다. OTT 환경에서 향유자들은 자신의 취향과 접목된 혼종의 콘텐츠를 통해 새로운 세상을 꿈꾸게 된다. 이것이 바로 세계 시민의 코스모폴리탄적 상상력이다. 코스모폴리탄은 국가 사회에서 벌어지는 내부적 세계화(internal globalization)를 의미한다. 이것은 종전의 정치적, 경제적 세계화 개념과 구별되는 개념으로서 세계(cosmos)와 지역(polis)이라는 양대 공간을 동시에 아우르는 이중적 사회의식을 고양하는 것이 핵심 과제다. 다시 말하자면 내부적 세계화는 미디어를 통해 전 지구촌 사람들이 국경이나 국적과 같은 경계와 구별 없이 다른 문화를 접하게 되는 현상을 말한다. 김문조(2009)는 내적 세계화는 세계와 지역의 구분을 거부하고 세계 속의 지역, 지역 속의 세계를 상정하는 지구적 공동체주의, 즉 "세계를 향한 개방적 의식"에 해당하는 '마음의 세계화'를 뜻한다고 지적했다. 이 과정에서 문화 수용자가 외래문화의 타자성을 극복하게 하는 것은 코스모폴리탄적 상상력이다.

> OTT에서 한국 드라마를 보는 것이 그렇게 특별한 일이라고 생각되지 않아요. 내 일상의 한 부분입니다. 드라마의 스토리 전개가 더 이상 외국 이야기라고 생각하지도 않고 친근하게 느껴져요. 익숙하고 좋아하는 연예인들이 나와서 그런 것만은 아니에요. 사회 현상을 짚은 드라마에 나오는 이슈도 그래요. 한국의 사회적 이슈가 곧 말레이시아의 이슈이기도 하고 전 세계인의 이슈잖아요? 부자와 가난한 사람들의 갈등, 자본주의의 탐욕 뭐 이런 건 우리가 사는 지구촌의 현실을 담고 있다고 봐요. (F-9, 30대, 남, 말레이계, 회사원)

전 지구적으로 확산되는 한류 현상은 매우 유동적이고 흥미로운 문화 흐름이다. 한류 콘텐츠가 가지는 혼종성과 OTT 환경이 향유자에게 내부적 세계화를 촉진하고 코스모폴리탄 상상력을 강화시켜준다. 코스모폴리탄 한류는 향유자가 한류 문화 콘텐츠를 통해 세계로 열린 마음을 견지할 때 비로소 성취된다. 피터슨(Peterson, 2011)은 이집트의 카이로에서 부유층이 서구의 교육 혜택을 받고 글로벌 소비 트렌드를 향유하는 현상을 분석하면서 이들을 코스모폴리탄 계급이라고 설명하였다. 그렇지만 지금의 OTT 환경에서는 특별히 부유층이 아니라도 콘텐츠를 통해 손쉽게 글로벌 소비 트렌드를 향유할 수 있다. 그런 점에서 일반 시민도 코스모폴리탄적 문화 실천을 행할 수 있다. OTT가 촉발한 새로운 한류 정경에서 말레이시아 향유자들은 K-드라마를 통해 글로벌 문화의 트렌드와 타자를 수용하는 코스모폴리탄적 상상력을 실현할 수 있는 것이다.

한류와 문화적 코스모폴리타니즘

한류 현상이 놀라운 것은 경제적 세계화에서 문화적 세계화로의 진전을 보여주는 전환적 현상이기 때문이다. 한류 문화 현상은 세계 문화사적으로 매우 주목할 만한 사례다. 그 이유는 서구 문화의 일방적 흐름을 거슬러 전 지구화 시대를 아우르는 새로운 문화 흐름의 가능성을 한류가 보여주기 때문이다. 국경을 넘나드는 정보와 콘텐츠를 통해 서구 주류문화가 전 세계 로컬 문화에 일방적인 영향력을 행사한 것이 세계 문화의 흐름이었다면, 서구 주류문화의 요소들이 혼성화된 글로컬 콘텐츠가 주변국뿐만 아니라 주류국가에 역수출되고 인기리에 수용됨으로써 더 이상 영상 콘텐츠 세계에서 할리우드와 나머지 지역이라는 이분법적 분류가 통하지 않을 정도로 다원화되는 사례를 한류 문화 현상이 잘 보여주었다. 한국 콘텐츠의 글로벌 확산은 그동안 주변국에 머물렀던 전 세계의 로컬 문화산업에 '기회의 창'을 제공했다. 한류 문화는 전 세계의 문화 흐름에 변화를 가져왔다. 그동안 '세계 문화'가 '일방(一方)'의 문화 흐름이었다면 '글로벌 문화'는 양방(兩方) 혹은

'다방(多方)'의 문화 흐름이다. 글로벌 문화 흐름을 촉진한 것은 디지털 기술을 이용한 문화 콘텐츠의 글로벌 배급 시스템이다. 후기 자본주의 생산 양식은 경제에 기초한 자본주의가 아니라 문화를 앞세워 자본을 축적하고자 하는 문화 자본주의의 형식을 채택한다. 생산과 소비에 있어서 세계화를 이끄는 동력인 자본의 정경(finace-scapes)에서 거대한 초국적 자본의 유통과 작동은 경직된 할리우드 중심의 생산 양식을 탈피하여 로컬에 여러 생산기지를 구축하고 유연하게 문화를 통한 자본의 생산 양식을 고안한다.

한류가 가지는 혼종성은 문화적 코스모폴리타니즘의 실천 가능성을 강화한다. 코스모폴리타니즘은 시간적, 공간적 경계 넘기를 통해 이질적인 문화가 서로 연결되고 섞이는 융합 과정을 포괄한다. 한류 문화 현상이 해외 팬들에 의해 빠르게 퍼져나가면서 초국적 보편성을 성취한 것은 단순히 플랫폼 문화제국주의를 넘어서는 수용자 중심의 역동적인 변화의 흐름이다. 수용자와 수용 사회를 포용할 수 있는 연결 고리는 한류 콘텐츠의 입자에 담겨 있는 혼종적 성격이다. 한류의 혼종성은 이질적 문화, 다양한 종교, 언어, 민족을 가진 수용자에게 공감의 힌트와 단서를 제공한다. 다양한 문화가 교류하면서 이질적인 지역 문화가 섞이고 공존하는 문화적 혼종성은 문화 다양성이라는 시각과 상호보완적이다.

코스모폴리탄 한류 정경은 한류 콘텐츠의 전 지구적 서사와 담론을 촉발한다. 기후 문제나 빈부 격차 같은 글로벌 이슈에 왜 천착해야 하는지, 왜 전 지구적으로 울림을 줄 수 있는 스토리텔링을 개발해야 하는지에 대한 질문을 던져준다. 다양한 인종과 언어, 종교, 문화가 어우러진 말레이시아에서 한류가 혼종적인 문화 결합과 포용적인 향유로 자리 잡고 있는 데서 우리는 코스모폴리탄 한류를 통한 전 지구적 문화 흐름의 새로운 징후를 읽을 수 있다.

취향 중심 한류 정경 . 5

취향 중심 한류(Taste - Centric Hallyu)는 향유자의 선호도와 취향에 대한 존중으로 다양한 레퍼토리와 스펙트럼으로 이루어지는 한류 문화 정경을 의미한다. 2020년대 디지털 미디어 환경은 문화 향유자가 취향에 따라 효과적이고 지속적으로 향유할 수 있는 인프라를 제공했다. OTT 환경은 문화 향유자가 취향 이동을 수월하게 하도록 디지털 어포던스(affordance)를 제공함으로써 이용자는 취향을 넘나들며 양적으로 더 많고 질적으로 더 향상된 향유를 즐기게 된다. 취향 중심 한류를 극명하게 보여주는 사례는 글로벌 OTT 플랫폼의 콘텐츠 레퍼토리에서 찾아볼 수 있다. 넷플릭스에서는 한국 작품을 검색만 해도 로맨틱, 호러, 성인물, TV 시리즈, 단편 영화, 어워드 수상 드라마, 코미디, 다큐멘터리 등 다양하고 세분화된 카테고리의 콘텐츠가 진열된다. 글로벌 OTT 플랫폼은 개개인의 취향을 반영한 추천 프로그램을 제시한다. 이용자의 콘텐츠 이용 이력과 취향을 분석해 개별 고객에 대한 분석 정보로 활용한다. 이를 바탕으로 이용자의 개인적 취향을 추적하고 반영하는 추천 알고리즘을 서비스에 적용하여 '편리한 선택'을 제공한다.

OTT 플랫폼에서 내가 좋아하는 콘텐츠를 찾는 것이 그렇게 어렵지 않아요. 대형 서점에서 책을 고르는 것처럼 너무 많은 콘텐츠가 있어서 난감할 때가 있지만, 굳이 프로그램을 하나하나 뒤져볼 필요는 없어요. 플랫폼에서 내가 볼 만한 것들을 추천해주잖아요. 대부분 그중에서 선택해서 보게 돼요. (F-9, 30대 남, 말레이계)

취향 중심의 한류를 추동한 글로벌 OTT

취향 중심의 콘텐츠 소비 경향은 글로벌 OTT 플랫폼이 이용자의 더 많은 경험 가치를 위해 복무하게 한다. 우선, 글로벌 OTT 플랫폼은 다양한 콘텐츠 라이브러리를 탑재하고 있다. 영화나 드라마에서도 로맨스, 코미디, 액션, 스릴러에서 SF에 이르기까지 여러 장르의 콘텐츠를 제공한다. 풍부한 라이브러리는 다양한 시청자의 선호도와 취향을 충족시켜준다. 두 번째는 OTT 플랫폼이 이용자의 시청 기록을 분석해 시청 행태와 선호도에 대한 데이터를 확보하고 이를 통해 정교하게 개별 추천을 하고 있다는 것이다. OTT 플랫폼은 주제나 스타일 혹은 이벤트를 기반으로 콘텐츠 리스트를 범주화하여 시청자에게 추천한다. 이러한 추천 리스트는 큐레이션의 결과물이며, 향유자는 자신이 선호하는 콘텐츠를 수월하게 즐길 수 있다. 세 번째, OTT 플랫폼은 시청자가 과거에 선호했던 데이터를 기반으로 관련된 콘텐츠나 장르를 소개함으로써 인지적으로 편안한 상태에서 취향을 충족하고 확대할 수 있게끔 기여했다. 예를 들어 로맨스 장르를 좋아하는 이용자에게 그가 적극적으로 좋아했던 로맨스물의 주인공이 등장하는 액션물을 소개함으로써, 이용자가 자연스럽게 취향을 확대할 수 있도록 도와주었다. OTT

플랫폼이 취향 중심적 소비를 확산하는 중요한 기제인 것이다. 그 결과 이용자는 취향의 확대로 향유의 즐거움을 배가할 수 있게 되었으며 이것은 플랫폼이 더 넓은 범위의 콘텐츠를 노출하고 다양한 장르를 실험할 수 있게 만드는 배경이 된다. 네 번째는 OTT 플랫폼이 틈새 콘텐츠의 서식 공간을 제공한다는 것이다. 글로벌 OTT 플랫폼 가입자는 전 세계의 다양한 시청자이므로 플랫폼은 더 많은 장르와 스타일을 시도할 수 있고, 비주류 콘텐츠의 가용성도 커지게 되었다. 따라서 기존의 전통적인 매체에서 잘 노출되지 않았던 틈새 장르와 콘텐츠가 선보이는 플랫폼이 되었다.

이러한 OTT 플랫폼의 특성은 한류에도 영향을 끼쳐 취향 중심의 한류 정경을 조형하는 데 공헌한다. OTT 플랫폼은 한류 팬들에게 다양한 K-콘텐츠 라이브러리, 개인화된 큐레이션과 선별된 컬렉션으로 틈새 콘텐츠 탐색과 향유의 기회를 전략적으로 제공하였다. 그 결과 향유자는 콘텐츠 취향과 선호도를 확장하고 다양한 장르 및 스타일을 즐길 수 있게 되었다. 결국 OTT 환경은 취향 중심의 한류 정경을 촉발하여 향유자의 콘텐츠 레퍼토리와 스펙트럼을 확장하였다.

콘텐츠 소비의 옴니보어적 특성

넷플릭스뿐 아니라 여타 동남아시아의 구독기반(SVOD) OTT 플랫폼에서 가장 인기 있는 콘텐츠는 바로 한국 콘텐츠다. 미디어파트너스아시아에서 넷플릭스와 아마존 프라임비디오, 디즈니와 디즈니플러스 핫스타의 시청량을 조사한 결과 한국 콘텐츠가 39%를 차지하여 미국(30%)과 일본(13%)을 훨씬 능가했다. 다음 페이지 그림에서 알 수 있듯이 동남아시아에서 한국 콘텐츠의

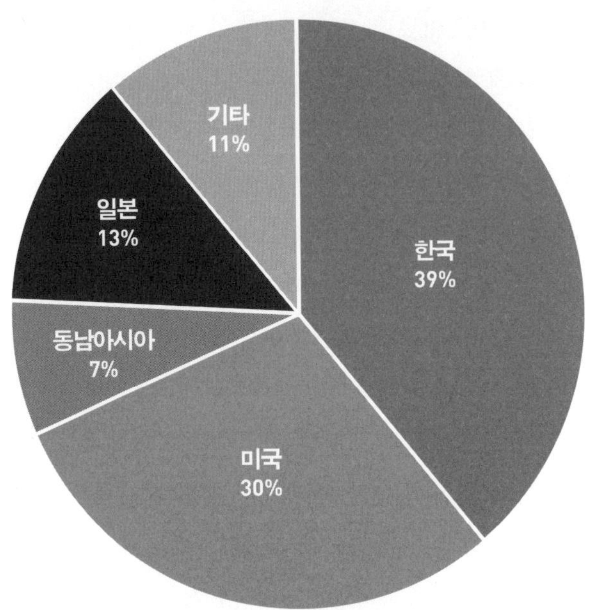

동남아시아 구독기반(SVOD) OTT 서비스의 국가별 시청량(2023년 1분기).
출처: AMPD Research 2023년 시장 자료

시청량은 할리우드 콘텐츠를 앞지른다. 글로벌 OTT 플랫폼이라고 부르지만 실제로는 미국 플랫폼이고, 미국 콘텐츠가 가장 많이 탑재되어 있다는 것을 감안하면 그야말로 한류 열풍이 얼마나 강렬한지를 알려준다. 그렇지만 필자가 주목하는 것은 한류 콘텐츠의 인기가 아니다. 이 글에서 필자가 정작 하고 싶은 이야기는 한류 분위기가 뜨거운 동남아시아에서 한국 콘텐츠만이 압도적으로 소비되는 것은 아니라는 점이다. 열성적인 한류 팬이라 할지라도 '오로지' 한국 콘텐츠만을 찾지는 않는다. 본 연구의 심층 면접에 자발적으로 참가한 말레이시아 향유자들은 기본적으로 K-드라마를 적극적으로 시청하는 팬으로서 한류 현상에 매우 호의적이지만 그렇다고 해서

K-드라마만 집착하지는 않았다.

> 내가 K-드라마를 좋아하는 건 사실이에요. 사실 K-드라마가 그 어떤 나라에서 만든 프로그램보다 제일 재미있어요. 그렇지만 K-드라마만 보는 것은 아니에요. 다른 나라에서 만든 것이라도 재밌으면 다 좋아해요. 중국 드라마도 좋아하고, 요즘은 태국에서 만든 프로그램도 재밌어요. 넷플릭스에 있는 미국 드라마도 즐겨 봐요. (F-1, 30대, 여, 중국계, 회사원)

한국 문화는 말레이시아인들이 즐기는 여러 문화의 선택지 가운데 하나일 뿐이다. 말레이시아 수용자들의 콘텐츠 소비 행태는 대중문화를 편식적으로 소비하는 유니보어(univorness)가 아니라 여러 대중문화를 폭넓게 향유하는 옴니보어(omnivoreness)적 특성을 갖는다. 옴니보어는 피터슨(Peterson 1992)이 제시한 개념이다. 상류 계층이 클래식과 오페라, 연극, 무용 등 소위 고급문화뿐만 아니라 하층 계급이 즐긴다고 생각했던 록, 힙합도 좋아하고 즐기는 '잡식 경향'을 피터슨은 옴니보어적 문화 향유로 지칭했다.

문화 취향과 소비의 관계

옴니보어적 문화 향유는 상류층과 하류층이 계급에 따라 각각 문화적 고급 취향과 저급 취향을 보인다는 브르디외(Bourdieu, 1977)의 상동성(相同性, homology) 이론을 거스르는 것이다. 부르디외는 취향과 선호에 있어 사회적 계급에 따른 위계가 존재한다고 주장하였다. 그에 따르면 취향은 결국 소유하고 있는 자본에 의지한다는 것이다. 부르디외는 경제자본뿐만 아니라 사람들과의 연결 및 인맥을 의미하는 사회자본, 지식, 소양, 기술, 교육 등으로 이해되는 문화자본 등이 위계로서 문화적 취향을 규정한다고 보았다. 그는 개인의 사회적 문화적 환경에 의해 아비투스(habitus)가 만들어지고 이 아비투스가 타인과 자신을 구별 짓는 취향과 습관을 만든다고 주장했다. 아비투스는 습관이나 관습을 넘어 후천적으로 학습된 삶의 양식이며 특정한 사고방식과 행동 양식으로 나타나는 체화된 성향의 체계다. 브르디외에 따르면 "아비투스란 지속적이며, 교환 가능한 체계로 구조들을 구조화할 수 있도록 미리 위치 지어진 구조화된 구조들"을 의미한다. 위계와 취향 사이의 관계를 알기 위해서는 각 행위자의 아비투스를 포착하여야 하며 아비투스는 위계에 따른 문화적 상징 및 생활양식을 매개하는 구조다. 다시 말해 취향은 자발적이고 우연에 의해 만들어지는 것이 아니라 개인이 속한 사회 문화적 계층에 따라 결정되며, 특정 취향을 소유하는 것이 자신이 속한 계층과 다른 계층을 구별하는 중요한 기제로 작동한다는 것이다.

계급과 문화적 취향이 선형적인 상관관계를 갖는다는 부르디외의 발상은 텔레비전을 비롯한 여러 미디어에서 일방적으로 대중문화를 발신하던 20세기 말 미국의 상황에서 설득력을 잃어버리게 된다. 피터슨(Peterson, 1996)은 부르디외의 연구가 1960년대 프랑스에서는 유효할지 모르나 미국과 같은 다문화 사회에서는 적용하기 어렵다며 비판하였다. 교육 수준이 높은 상류 계층은 고전 사상서를 읽고 클래식 음악을 좋아하지만, 하류 계층이 좋아할 것 같은 통속적인 연애 소설과 '뽕짝'도 동시에 즐긴다는 것이다.

필자는 위계와 취향의 상관관계에 대한 부르디외와 피터슨의 주장이 문화 향유자의 콘텐츠 소비 성향을 이해하는 데 일정 부분 유효한 통찰을 제시한다는 점은 인정한다. 하지만 그들의 이론은 디지털 기술의 발달과 보급이 눈부신 지금의 미디어 정경에서는 유효성이 휘발된다. 부르디외와 피터슨은 경제적, 문화적 위계를 상수로 두고 있기에 비판의 여지가 있다. 민주화의 진전과 디지털 미디어 환경 변화 그리고 지구화는 민족, 인종, 종교, 계층, 연령, 젠더에서 힘을 발휘하던 위계질서를 현저하게 약화시켰다. 이른바 '장(champ)'의 정경이 바뀐 것이다.

글로벌 OTT는 영상 콘텐츠를 통한 문화 향유의 '장'이라고 할 수 있다. 디지털 시대의 미디어 환경에서는 과거에 비해 상대적으로 저렴한 비용에 다양한 문화를 향유할 수 있다. 계급적, 경제적 위계에 따른 문화 소비와 수용의 상관관계는 급격히 약화되었다. 디지털 기술의 발전과 미디어 환경의 변화는 문화에 대한 접근성을 높였고 애초 상류 사회에서만 누릴 수 있던 클래식 음악이나 연극, 무용, 뮤지컬에 대한 일반 대중의 접근과 참여가 수월해지면서 이분법적 상동성은 이미 근거를 잃게 된다. 특히 텔레비전은 기본적으로 대중적인 미디어로서 사회적, 경제적 위계와 상관없이 누구나 문화를 향유할 수 있도록 해주었다. 부르디외(2006)는 고급문화와 대중문화의 구별은 문화적 텍스트와 실천 행위의 배타성으로 고급문화가 대중을 배제함으로써 구별 짓기에 이용된다고 주장했다. 그러나 OTT의 디지털 스토어에는 위계 없는 접근이 가능하므로 문화적 텍스트에 대한 선택은 구별의 기제로 작동하는 것이 아니라 소비자 취향으로 발현된다.

> 부자인 친구와 가난한 친구의 드라마 보는 성향이 경제력 때문에 생겨난다고 생각하지 않아요. 그냥 개인의 취향이에요. 사실 지금은 뮤지컬같이 공연장에 가서 실제로 보는 것 말고 TV나 OTT로 드라마 보는 데 경제 수준이 문제 되지는 않는 것 같아요. (F-9, 30대, 남, 말레이계, 회사원)

피터슨의 연구는 경제적 상하 위계를 준거에 두고 이를 탈피한 다양한 문화 섭취를 지향하는 옴니보어를 제시하였다. 그가 관찰한 20세기 후반 미국 사회가 여전히 전통 매체가 일방적으로 배급하는 대중문화의 흐름 속에 있었고, 상류 계층만이 다양한 문화를 선택할 수 있었기 때문이다. 취향과 문화 소비의 관계를 정리해보면 아래 표와 같다.

	부르디외	피터슨	배기형
문화 취향과 소비의 양상	사회 경제적 위계에 의한 문화 취향	상류층의 확장적 옴니보어 문화 소비	탈계급적 취향 중심 옴니보어 문화 소비
배경	1960년대 프랑스	1990년대 미국 다문화 사회	2020년대 전 지구적 디지털 미디어 정경
취향 선택 요인	계급과 취향의 선형적 상동성(homology)	상류층의 옴니보어적 문화 향유 경향 발생	미디어 환경 변화로 탈계급적 접근성 강화
취향 소비의 특징	상류층: 고급문화 하류층: 대중문화	상류층:옴니보어 (고급문화 + 대중문화)	탈계급적 옴니보어 포식적 문화 소비 취향 이동성 및 개방성

취향 이동성

OTT 서비스는 다양한 선택지가 주어지는 취향 미디어다. 수용자가 취향에 따라 콘텐츠를 스스로 결정하는 행동 양식이 체화될 때 이것은 아비투스가 된다. 말레이시아 K-드라마 향유자의 문화적 실천은 그들의 사회적 경험에 대한 구조화된 인식 및 성향인 아비투스와 연계된다. 부르디외에 따르면 아비투스는 유년기부터 누적된 경험을 통해 형성된 한 개인의 역사적 산물이기도 하고, 그 개인이 속한 가족과 계급 집단의 역사적 산물이기도 한 성향 체계를 말한다. 그는 사회적 실천의 배경에는 개인의 인식, 성향, 행동 방식, 가치관, 관습 등을 의미하는 아비투스가 작동한다고 설명하였다.

아비투스는 경제적 자본, 흥미와 취미 같은 문화적 자본, 인맥과 학연 같은 네트워크를 의미하는 사회적 자본, 명예와 명성 등 상징적 자본이 현실적인 조건과 바탕이 된다. 아비투스는 지속적으로 변화하는 행동, 인지, 판단과 같은 '성향 체계'를 말한다. 아비투스는 고정된 것이 아니라 개인의 실천에 따라 유동적으로 바뀌고 또한 주변 환경 변화에 영향을 끼치기도 한다. 그래서 한류 수용자에게 체화되는 플랫폼 아비투스는 "구조화된 것이면서 동시에 구조를 형성하는(both structured and structuring)" 것이다(Tyulenev, 2014).

디지털 미디어 테크놀로지 환경에서 경제적, 사회적, 문화적 자본 관계와 개인의 디지털 미디어 수행이 실천되고 재현되는 것이 디지털 아비투스라고(김예란, 2005) 규정한다면, 이용자에게 전통적 미디어와 질적으로 다른 접근성과 향유 경험을 부여하는 OTT 환경은 디지털 아비투스의 새로운 양식을 구현하는 정경을 제공한다고 볼 수 있다. 특히 취향이 내재되어 발현되는 것이 아니라 사회적 상황에서 형성된 인식, 성향, 행동 방식인 아비투스에 의해 만들어지는 것이라면, 취향의 변화, 이동 혹은 확장 또한 아비투스의 변화에 의해 추동될 수 있다. 한류 콘텐츠에 대한 전 지구인의 초국적 향유는 디지털 아비투스가 추동한 문화적 경험의 과정이 재현되는 문화 현상인 것이다.

에미슨(Emmison, 2003)은 개인이 속한 계층이나 계급과 무관하게 다양한 문화적 스펙트럼을 자유롭게 넘나들 수 있는 차별적인 능력을 '문화적 이동성(cultural mobility)'이라고 정의한다. 즉, 문화적 이동성은 수용자가 문화적 지형에서 자신의 위치를 선택할 수 있는 자유를 말한다. 필자는 에미슨의 문화적 이동성이라는 개념에 조응하여 '취향 이동성'이란 개념을 상정하고자 한다. 취향 이동성은 문화 향유에 있어서 수용자가 한 가지 취향에 머무르지 않고 취향을 이동하고 확장하는 것을 말한다. OTT 서비스는 전통적인 텔레비전과 달리 개인의 선호에 따라 다양한 레퍼토리를 자유롭게 넘나들 수 있는 환경을 제공한다. OTT 플랫폼은 취향의 경계를 무너뜨리는 데 공헌한 것이다. 취향 이동성은 취향 경계의 질적 변화이며 이것은 경계가 가진 배타성의 약화나 해체를 의미한다. 그동안 위계에 의한 취향이 강요되거나 고정되어 왔다면 OTT 플랫폼은 취향 이동을 촉진하며 콘텐츠 향유의 지평을 넓혔다.

딸아이가 K-드라마 멜로를 좋아해요. 나는 원래 스릴러가 좋아서 K-드라마를 시작했는데 딸이 한국 멜로를 보면 좋아할 거라고 추천해서 몇 개 보다 보니 점차 멜로도 좋아하게 되었어요. (F-2, 60대, 남, 중국계, 은퇴자)

여성들은 여전히 순정 로맨스를 좋아합니다. 한국 드라마 하면 기대하는 지

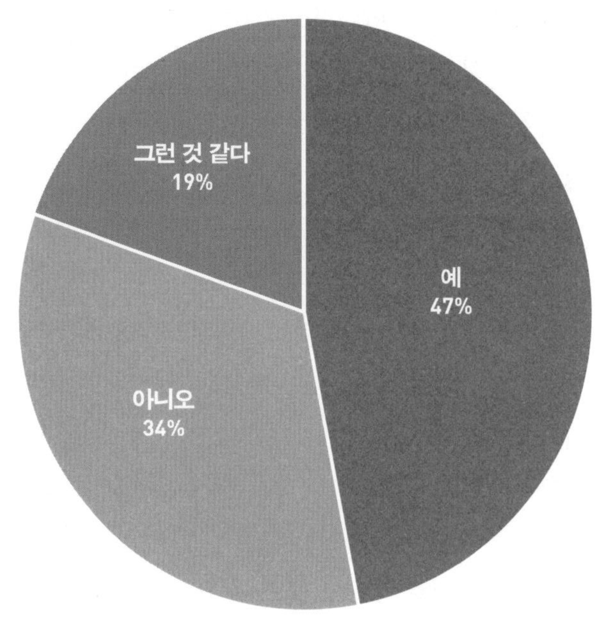

〈OTT가 K-드라마 시청 취향과 습관에 끼친 영향 - 질문:
OTT 플랫폼이 한국 드라마 시청 취향과 습관에 영향을 주었습니까? 응답 443개〉

점이 있어요. 잘생기고 예쁜 배우들의 러브스토리를 기대하는 것이죠. 그런데 〈오징어 게임〉은 과격하고 어쩌면 폭력적이고 잔인한 스토리라인인데도 흥행이 된 것은 이제 취향이 확장된 것이라는 생각이 들어요. (E-1, 글로벌 OTT 플랫폼 임원)

옆의 그림에서 알 수 있듯이 설문에 참가한 말레이시아 수용자 가운데 셋 중 둘은 (그렇다 47%, 그런 것 같다 17%) OTT 플랫폼이 K-드라마 시청 취향과 습관에 영향을 주었다고 응답함으로써 '취향 이동성'을 증언하였다. 디지털 기술의 발달과 글로벌 OTT의 어포던스(affordance)는 수용자의 지각과 취향 이동성을 지원함으로써 취향 중심의 한류 정경 구축을 매개하게 된다.

취향 중심 한류의 시사점

글로벌 OTT 서비스는 이전에는 틈새시장으로 여겼던 취향 특화 콘텐츠 제작을 경제적으로 가능하게 만들면서, K-드라마 레퍼토리의 지평을 넓혔다. K-드라마의 장르적, 서사적 확장은 한류 팬의 취향 이동과 확장을 가속화하였다. K-드라마 팬들은 로맨틱 판타지를 선호하는 데 머물지 않고, 플랫폼이 제공하는 다양한 레퍼토리를 넘나들면서 취향의 이동과 확장을 즐기게 된다. 이것은 설리반과 카츠-게로(Sullivan O, Katz-Gerro T. 2007)가 지칭한 포식적 문화 소비자와 일맥상통하는 것이며 그 결과 대중문화의 옴니보어적 문화 소비는 강화된다. 옴니보어적 소비는 이것저것 가리지 않고 골고루 섭취(향유)하는 것이며 이것은 문화적 수용성이 증대되었다는 것을 의미한다.

OTT 플랫폼은 다양한 레퍼토리가 클라우드에 존재하는 디지털 스토어다. 한류 팬이라 할지라도 플랫폼이라는 '장'에서 K-드라마만 편식하지 않고 포식적 문화 소비를 '실천'한다. 글로벌 OTT 플랫폼의 알고리즘은 이용자를 국적이 아니라 취향으로 식별한다. OTT 플랫폼에는 국경이 없다. 취향의 스펙트럼이 있을 뿐이다. 전통적 미디어에서는 국경 내 시청자에게 어필할 수 있는 콘텐츠를 만들면 되었지만, 국경 없는 전 지구향 OTT에서는 글로벌 시청자의 취향에 맞출 수 있는 서사가 필요하며 이것은 글로벌 OTT 플랫폼의 전략적 선택이 되었다(임종수 2022). 그 결과, 전 세계 향유자들은 현지화된 취향 코드를 탑재한 OTT의 콘텐츠를 즐기며 자신의 취향이 존중받고 있다고 느낀다.

OTT 환경이 추동하는 취향 이동성은 향유자를 자극하여 더 많은 한류 콘텐츠로 '입덕'하게 하는 동기와 모멘텀을 부여한다. 글로벌 OTT 플랫폼은 이 과정에서 이용자의 탐색을 돕고 취향 중심의 한류 정경에 진입하는 접점을 넓혀둔다. 글로벌 OTT 플랫폼은 구독자의 콘텐츠 소비를 지속적으로 확대하기 위해 국가별로 콘텐츠에 접근하던 전략을 취향 중심으로 전환하였고, K-드라마 산업은 이러한 전략에 적극적으로 복무하게 되었다. 이제 K-드라마는 서사의 확장을 통해 지구촌 향유자의 취향 중심 시청 습관에 보조를 맞추게 된다. 그 결과 한류 정경은 취향을 중심으로 하는 향유자의 문화적 실천 양상을 보여주며 이전과는 다른 문화 지형을 그려내게 된다. 이것이 바로 취향 중심 한류 정경인 것이다.

취향 중심 한류가 주는 시사점은 한류 콘텐츠의 취향적 확장이 결국은 향유자의 경험 가치를 더 높였다는 사실이다. 취향 중심 한류 정경에서 향유자는 경제 사회적인 위계에 갇히지 않으며, 문화 지리적인 국경은 의미를 상실하고 공간의 경계는 사라진다. 그동안 로맨스 K-드라마를 좋아하던 한류 팬이 〈오징어 게임〉을 계기로 〈지금 우리 학교는〉, 〈더 글로리〉와 같은 다양한 장르로 더 많은 향유 경험을 즐기게 된 것이다. 반대로 〈오징어 게임〉을 통해 K-드라마에 입문한 남성 시청자가 〈눈물의 여왕〉 같은 로맨스 드라마로 취향의 스펙트럼을 확장하기도 한다. 취향 중심 한류의 핵심에는 향유자가 자발적으로 콘텐츠 경험을 지속하고 확장하려는 욕망이 있다. 취향 중심 한류를 향유자의 능동적인 문화 실천과 참여의 관점에서 바라보아야 하는 이유이기도 하다.

책을 마무리하며

이 책은 'K'의 의미와 한류 현상이 과연 무엇인가에 대한 본질적 고민으로 시작했다. 아울러 말레이시아라는 특정 지역의 사례를 통해 한류가 전 지구적 문화 흐름이 된 거시적 맥락과 전망을 통찰해 보고자 했다. 본질적으로 혼종성을 담보한 한류는 지금까지의 문화 흐름과는 결을 달리하는 매우 주목할 만한 현상이라는 것을 인식했다. 아울러 한류 현상이 단순한 문화 콘텐츠의 유통을 넘어서는 복잡하고 다층적인 과정임을 확인할 수 있었다. 이 책에서 주목한 K의 확장된 개념은 한류를 단순히 한국 대중문화 콘텐츠의 인기로 한정 짓지 않고, 그것이 수용되는 맥락과 환경, 향유자의 해석과 재창조 과정을 포함한다.

이 책은 한류 현상을 문화 향유자의 경험적 관점에서 분석하는 해석주의적 접근을 취하고 있다. 특히 OTT 플랫폼을 통한 말레이시아 수용자의 K-드라마 시청 경험과 이에 따른 태도 및 행동 변화를 이해하는 분석은 해석적일 수밖에 없다. 따라서 다른 질적 연구와 마찬가지로 필자의 '주관적 판단'이 책에 많이 스며들어 있다. 그렇지만 이러한 한계는 오히려 정량적 연구나 실증적 접근으로는 포착하기 어려운 맥락적 이해와 인문학적 통찰을 가능하게 한다는 점에서 큰 의미가 있다고 판단한다.

이 책에서는 말레이시아라는 국부(局部)를 통해 전체를 사유하며 그 의미를 읽어내고자 했다. 말레이시아라는 다민족, 다언어, 다문화로 다양성과 혼종성이 극명하게 드러나는 지역에서 한류 문화 수용자의 경험을 취재했으며, 언론의 담론을 수집하고 분석하여 수용자를 둘러싼 정치, 경제, 사회적 맥락을 이해하고자 했다. 이 책에서 사례로 분석한 말레이시아 사회에서 한류는 저항해야 할 문화 유입이 아니라 벤치마크 해야 할 모델로서 의미를 가지게 되었다. 아울러 말레이시아 한류 팬들을 심층 면담하여 에쓰노그라피(ethnography)적 관점에서 K-드라마 수용을 일상생활의 맥락에서 이해하고 분석하고자 하였다. 그 결과, 글로벌 OTT 플랫폼이 한류 문화 정경의 변화를 보여주는 변곡점을 제공하고 있다고 판단했다. OTT 플랫폼은 시공간에 구속받지 않고 콘텐츠를 향유하는 환경을 제공했고, 그동안 생산자 중심이었다면 이제 향유자 중심으로 전환되는 것을 의미한다. 지속가능한 한류를 고민한다면 향유자의 맥락을 배태하고 존중하는 사고를 견지해야 한다는 것을 함의한다.

말레이시아 사례 연구를 통해 한류의 다성성(多聲性)을 확인할 수 있었다. 한류는 각 지역의 문화적, 사회적 맥락에 따라 다양하게 해석되고 수용되며, 이 과정에서 새로운 의미와 가치가 생성된다. 특히 주목할 만한 점은 한류가 '문화 침략'이라는 부정적 담론에서 벗어나 '벤치마크 대상'이 되어가는 것이다. 이것은 한류 발전 과정이 하나의 변증법적 진화를 보여준다는 것을 의미한다. 새로운 한류 정경은 전 지구촌 향유자들과 '다 같이 한마음으로 (코스모폴리탄 한류)', '일상에서 더 쉽게(팝 한류)' '취향대로 재미있게(취향 중심 한류)' 만들어나가는 생성적이고 동태적인 문화 풍경이다. 이것은 한류가 단순히 한국의 문화를 일방적으로 전파하는 것이 아니라, 글로벌 문화와 상호작용하며 새로운 문화 형태를 만들어내는 창조적 과정임을 보여준다.

이 책의 일관된 관심은 디지털 미디어 환경에서 한류 현상의 변화 물결을

새로운 한류 정경

코스모폴리탄 한류 Cosmopolitan Hallyu	개념	지역, 언어, 종교 등을 초월하는 한류 문화의 글로벌 정체성을 말함
	사례	K-드라마의 보편적 서사와 블랙핑크의 글로벌 프로듀싱 등
	특성	다양성과 독자성을 인정하며 혼종적 문화의 좌표가 공존하는 한류 문화
	시사점	수용자는 한류를 코스모폴리탄 텍스트로 받아들이면서 문화적 상상력을 탈지역화함
팝 한류 Pop Hallyu	개념	소집단 문화에서 일상적 문화 향유로 확장하는 한류 정경의 일상성을 말함
	사례	드라마, 케이팝, 영화, 게임 등 콘텐츠 부문을 넘어 음식, 관광, 뷰티 등 일상의 영역으로 전방위로 확장
	특성	양적인 측면에서 매스 컬처(Mass Culture), 질적인 측면에서 팝 컬처(Popolar culture)
	시사점	국제 상의 정경(award-scape) 변화 등 글로컬이 전 지구적 문화의 우세종이 됨. 전 지구적 문화 흐름의 글로컬한 성취를 확인함
취향 중심 한류 Taste-Centric Hallyu	개념	2020년대 이후 전지구적 디지털 미디어 정경을 배경으로 문화의 개방성, 취향 이동성, 수용자의 선호와 취향에 대한 존중을 담은 한류 문화
	사례	넷플릭스에 있는 한류 콘텐츠의 다양한 레퍼토리와 스펙트럼. 한류 콘텐츠 향유의 취향적 확장
	특성	탈계급적 옴니보어, 포식적 문화 소비
	시사점	한류 콘텐츠에 대한 전 지구인의 초국적 수용은 디지털 아비투스가 추동한 문화적 실천임

통해 향유자를 읽고 해석하여 새로운 문화 정경을 그려보는 데 있다. 향유자의 역동적인 실천을 문화 현상의 층위에서 이해하고자 할 때 이 과정에서 파악되는 한류 문화 현상과 향유자의 문화 실천은 다음과 같은 의미를 갖는다.

첫째, 새로운 한류 정경은 전 지구인의 어울림을 유인하는 매개 공간이다. 디지털 환경에서 한류 정경은 전 지구촌의 수용자가 서로 영향을 주고받으며 연결되어 있는 수많은 장(場)이 접합된 공간이다. 새로운 한류 정경에서 연결을 통해서 우리는 플랫폼에서 고립된 개인이 아니라 코스모폴리탄의 정체성을 체득하게 된다.

둘째, 한류는 문화 수용자의 다성성과 대화적인 상상력이 극명하게 드러나는 역동적인 문화 현상이다. 따라서 K-드라마의 세계적인 인기는 혼종성의 글로컬한 성취로 이해할 수 있다. 소집단 문화를 탈피하여 일상적으로 향유하는 팝 컬처로 자리매김한 한류는 단순히 외부의 문화가 수용자의 문화에 접합되는 것이 아니라 전 지구적이면서 동시에 지역적인 그리고 이를 역동적으로 재창조하는 수용자의 생성적 문화 현상이다.

셋째, 맥락성이 강한 한류 정경을 제대로 그려내기 위해서는 향유자를 중심으로 한 새로운 시각을 요구한다. 문화 수용은 한류의 텍스트뿐만 아니라 콘텍스트를 포괄하는 개념이다. 한류 정경은 결국 '수용'을 둘러싼 맥락과 향유자의 능동적 문화 실천의 함수 관계로 구성된다.

결론적으로 이 책은 디지털 미디어 환경이 만들어낸 전 지구적 문화 접근성의 확대가, 향유자의 능동성과 문화적 실천을 증강시키는 과정에 주목하고, 그 핵심 요소로서 K-콘텐츠라는 알갱이, K-콘텍스트라는 파동 그리고 K-컬처의 교섭 대상으로서 한류가 자리 잡고 있음을 말레이시아 사례를 통해 분석하였다는 점에서 의미가 있다고 하겠다. 특히, 한류 문화 알갱이가 파동 형태로 진동하면서 전 지구적 수용을 일으키는 동력을 정태적이지 않고 역동적인 한류의 생성적 특질에서 찾았다. 전 지구적 차원의 새로운 문화 흐름을 지역, 언어, 종교 등을 초월하여 '코스모폴리탄 한류', 소집단 문화를 넘어서 일상적 향유 문화로서 '팝 한류', 수용자의 취향에 대한 존중을 바탕으로 '취향 중심 한류'라는 새로운 문화 지형을 포착하여 '한류 정경'으로 담론화한 것이다. 이 책에서 미디어 정경의 변화를 단초로 인문학적 상상력을 통해 새로운 한류 정경을 구상함으로써 전 지구적으로 한류 문화를 향유하는 수용자의 생성적 문화 실천을 환기한 것은 분명 한류 담론 확장이라는 측면에서 매우 의미 있다고 할 수 있겠다.

다만 이 책이 말레이시아라는 특정 지역의 사례를 통해 총체적인 한류의 문화 정경을 읽고 해석하려고 시도하였기에, 한류를 수용하는 지구촌 여타 수많은 개별 지역의 특성과 사회 문화적 맥락을 소외시키는 위험과 한계가 여전히 존재한다. 전 지구적인 문화 흐름은 사회 문화적 배경과 가치 그리고 상징 체계가 서로 다른 국가나 민족들 사이에서 일어나는 현상임을 감안할 때 아시아를 넘어 지역별로 보다 촘촘하고 밀도 있는 연구가 후속 과제로 남는다는 것을 밝혀둔다. 생성적 실체로서 향유자의 문화 실천이 한류 정경을 만들어 나간다고 할 때, 지구촌의 한류 현상은 훨씬 더 복합적이고 다양한 지역적 변이가 존재할 수 있기 때문이다.

한류 정경은 고립되어 있는 것이 아니라 지구촌 향유자와 상호 관계를 맺고 정체성을 획득하는 풍경이다. 따라서 한류 정경은 향유자와의 관계 속에서 추상(抽象)할 때만이 비로소 구상(具象)되는 것이며 향유자의 경험적 인식과 문화적 실천에 따라 제 의미를 찾을 수 있는 문화 풍경이다. 이러한 인식은 한류의 전 지구적 수용을 어떤 맥락으로 이해할 것인가에 대한 철학적인 통찰을 제공한다. 여기에서 이 책의 논의를 관통하는 중요한 시사점을 얻게 된다. 그것은 바로 이러한 흐름을 만드는 주체로서 문화 향유자 중심의 맥락이다. 개별 텍스트인 입자의 형태로 전파되는 한류가 파동의 형태로 진동하는 것은 향유자의 경험과 문화 실천이 발현될 때이다. 향유자의 문화적 역능은 문화적 상상력과 실천을 통해 비로소 향유자가 주인이 되는 새로운 한류의 지평을 펼친다. 한류 정경의 구성 조건은 향유자를 동시에 포집하고 균질한 문화 번역을 제공하여 향유자 접근성을 강화한 디지털 미디어 환경이다. 한류 정경은 향유자들이 상호작용하고 '관계'하는 공간이다. 향유자들은 정치·경제·사회적 맥락에 따라 생성적 실체로서 능동적 문화 실천을 통해 한류 정경을 조형한다.

한류 정경을 포착한다는 것은 향유자들의 관계를 연결하여 그 과정을 해석하고 이해하는 것이며, 향유자들을 '생성적 실체'로 파악한다는 것이다. 이것은 한류 정경이 정적인 그림이라기보다는 생성적이고 역동적인 동영상이라는 것을 의미한다. 새로운 한류 정경은 세계인들이 소통하며 서로의 문화를 매개로 하는 가운데 움직이는 동영상처럼 한류 문화 콘텐츠의 창작자와 향유자가 함께 어우러지는 놀이공간이다.

한류 정경은 복잡계의 역동적인 문화 현상이다. 지구촌 향유자의 다양한 취향을 한국 대중문화의 세계 전략이라는 틀 속에 가두어버리려는 욕망은 상상력을 제한할 뿐이다. 따라서 지속가능한 한류를 위해서는 수용자의 사회 문화적 맥락을 고려하고 그들의 대화적 상상력을 포용하여 인류 보편의 정동(affect)을 이끌어내야 할 것이다.

한류는 21세기 글로벌 문화 교류의 새로운 모델을 제시하고 있다. 그것은 단순한 문화상품 수출을 넘어, 문화 간 대화와 창조적 융합의 장을 만들어내고 있다. 앞으로 한류가 어떻게 진화할지 정확히 예측하기는 어렵지만, 분명한 것은 한류가 계속해서 글로벌 문화 지형을 재구성하고, 새로운 가능성을 열어갈 것이라는 점이다. 우리는 이제 한류를 단순히 애국주의적 담론으로만 여기는 것을 넘어, 글로벌 문화 교류의 새로운 패러다임으로 인식하고 발전시켜 나가야 한다. 이를 위해서는 한류의 본질에 대한 지속적인 연구와 성찰, 다양한 문화와의 열린 대화가 필요할 것이다. 이 책이 이러한 여정에 작은 이정표가 되기를 희망한다.

부록
• 1 •

말레이시아의 방송 환경과 인프라

말레이시아의 방송 산업은 통신멀티미디어산업부(Ministry of Communications and Multimedia) 산하에 위치한 말레이시아 통신멀티미디어 위원회(MCMC, Malaysian Communications and Multimedia Commission)에서 관리 감독하고 있다. 말레이시아의 방송은 1946년 설립된 라디오 말라야(Radio Malaya)가 개시하였으며 1963년 설립된 텔레비전 말레이시아(Televisyen Malaysia)가 통합되어 말레이시아방송공사(RTM, Radio Televisyen Malayasia)로 현재까지 운영되고 있다. 국영 RTM 이외에 여러 채널이 시장에서 경쟁하고 있는데 무료 지상파 채널은 미디어 프리마(Media Prima) 그룹에 속한 5개 무료 지상파 채널(TV3, NTV7, 8TV, TV9, Drama Sangat)이 전체 시청률 33.6%를 확보하며 방송 시장에서 가장 큰 영향력을 행사하고 있으며, 이 중 TV3가 말레이시아에서 가장 오래된 민영 방송 채널로 시청률이 가장 높다. 유료 TV 채널은 아스트로 미디어 그룹이 시장을 장악하고 있다. 말레이시아의 방송 시장은 매출 기준 미디어 프리마와 아스트로의 합계 점유율이 99%를 넘어서는 등 두 미디어 그룹의 독과점 시장이다.

말레이시아 방송 시장 규모 및 전망(2018-2026)

단위 : 100만 달러

구분	2018	2019	2020	2021	2022	2023	2024	2025	2026
TV 수신료	21	21	21	21	21	21	21	21	21
TV 수신료 외	973	911	891	865	853	853	816	799	784

* 참고자료 : PwC Global Entertainment &Media Outlook 2021-2025

말레이시아의 OTT 시장은 디지털 인터넷 환경과 스마트폰의 보급 확대를 기반으로 크게 성장했다. 말레이시아의 OTT 서비스는 2010년 미디어 프리마(Media Prima) 그룹이 OTT 서비스 톤톤(Tonton)을 시작하였고 2012년에는 아스트로(Astro) 그룹이 유료 채널 가입자용 모바일 앱 아스트로 고(Astro Go) 서비스를 시작했으며 독자적으로 무료 OTT 플랫폼 서비스인 수까(Sooka)를 출범시켰다. 넷플릭스는 한국에 진출한 2016년도에 말레이시아 시장에도 진출했다. 같은 해, 홍콩의 통신기업 PCWW에서 운영하는 뷰(Viu)도 말레이시아 오리지널을 제작하는가 하면 K-드라마를 수급하면서 시장 경쟁에 뛰어들었고 스타미디어그룹(Star Media Group)이 OTT 딤섬(Dimsum)을 선보였다. 2017년에는 아스트로 그룹의 NJOI Now, 2018년에는 인도 콘텐츠 OTT인 Yupp TV가 출시되었다. 2020년부터는 중국의 OTT 플랫폼인 아이치이(iQIYI)와 위티비(WeTV)도 각기 아스트로 및 미디어 프리마와 협력하여 말레이시아에 콘텐츠를 공급하고 있다. 이외에도 영국의 BBC Player가 OTT 서비스이지만 Unifi 구독자에 한하여 서비스를 제공하고 있으며 미국의 iwonder라는 다큐멘터리에 특화된 OTT 서비스가 있다. 동남아 지역 기반의 OTT 서비스로 2015년 싱가포르의 싱텔(Singtel)이 설립한 Hooq과 말레이시아 언론사인 스타미디어(Star Media)에서 2016년 출시한 딤섬이 있었으나 콘텐츠 수급에 곤란을 겪으면서 각각 2020년과 2021년에 서비스를 중단하고 청산되었다. 코로나19로 인한 비대면 상황은 말레이시아 OTT 시장의 성장을 재촉하였으며, 2018년부터 2026년까지 연평균 20% 이상의 고성장을 지속적으로 유지할 것으로 전망되고 있다.

말레이시아의 OTT 서비스 사업자 개요

	서비스명	서비스 개시년도	서비스 주체	주요 콘텐츠
말레이시아 로컬 (Local) OTT	Tonton	2010년	미디어프리마(Media Prima)에서 제공하는 말레이시아 최초의 OTT 서비스	말레이시아 로컬 콘텐츠가 80%
	Astro Go	2012년	아스트로(Astro)에서 설립함 2021년 무료 OTT인 수까(Sooka) 개시	할리우드, 아시아 콘텐츠, TV 채널 생방송 전송
	Unifi TV	2013년	말레이시아 최대 통신사 텔레콤 말레이시아(Telekom Malaysia)의 서비스	할리우드, 아시아 콘텐츠, TV 채널 생방송 전송
아시아의 지역 기반 (Regional) OTT	Viu	2016년	홍콩의 미디어 그룹 PCCW에서 제공	할리우드,아시아 콘텐츠, K-드라마
	Binge	2021년	말레이시아 통신사 셀콤(Celcom)과 제휴한 방글라데시의 OTT 서비스	자체 오리지널, 라이브 TV, 웹시리즈, 방글라데시 드라마
	Yupp TV	2018년	인도를 비롯하여 남아시아계를 대상으로 콘텐츠를 제공하는 OTT 서비스	타밀어 힌두 등 인도 콘텐츠, 아시아 콘텐츠
중국계 OTT	Iflix	2014년	말레이시아의 캣차(Catcha)그룹에서 설립하였으며 2020년 중국의 텐센트(Tencent)가 인수하여 'WeTV Iflix'로 서비스 제공	자체 오리지널, 중국 콘텐츠, 아시아 콘텐츠
	IQIYI	2019년	중국의 바이두(Baidu)가 설립한 OTT 서비스	중국 콘텐츠, 아시아 콘텐츠
글로벌 OTT	Netflix	2016년	미국의 대표적인 글로벌 OTT	자체 오리지널, 할리우드, 글로벌 콘텐츠, K-드라마
	Amazon Prime Video	2019년	미국 아마존 프라임	자체 오리지널, 할리우드, 글로벌 콘텐츠
	HBO Go	2019년	미국 HBO	자체 오리지널,할리우드, 글로벌 콘텐츠
	Apple TV+	2019년	미국 Apple TV+	자체 오리지널,할리우드, 글로벌 콘텐츠
	Mubi	2019년	통신(Digi), 맥시(Maxi)와 제휴	자체 오리지널, 말레이시아 로컬 콘텐츠
	Disney+ Hotstar	2021년	미국 디즈니	자체 오리지널, 할리우드, 말레이시아 로컬 콘텐츠

말레이시아의 OTT 시장은 전체 유료 구독 서비스 가입자가 2019년 82만 9천 명에서 2021년 303만 명 이상으로 늘어났고 2023년에는 523만 명으로 늘어나는 등 매년 엄청난 증가세를 보이고 있다. 아울러 가구당 평균 유료 OTT 구독 개수도 2019년 1.6개에서 2021년 1.8개, 2023년 2개로 꾸준히 증가하고 있다. 유료 OTT의 시장 점유율은 2023년 1분기 구독자 기준 상위 3개 OTT 사업자는 Viu(21%), Disney+Hotstar(20%), Netflix(19%)로 3개 사가 절반 이상인 60%를 점유하고 있다. 말레이시아의 유료 OTT 서비스에서 가장 선호되는 콘텐츠는 K-드라마로 나타났으며 미국의 시리즈물, 일본의 애니메이션이 뒤를 이었다. 유료 OTT 플랫폼의 가입자당 평균 월 수익은 2022년 기준으로 넷플릭스 $7.3(USD), Disney+Hotstar가 4.5(USD), Viu $2.6(USD) 순이었다.

말레이시아 OTT 시장의 특성을 살펴보면 무엇보다 OTT 산업의 형성과 발전 과정에서 말레이시아의 우수한 인터넷 통신 인프라를 바탕으로 빠른 성장을 보이고 있는 것이 도드라진다. 2021년 기준으로 말레이시아의 인터넷 보급률은 95.5%이며, 모바일폰 보급률은 99.6%에 이른다. 넷플릭스가 세계 최초로 모바일 전용 요금제를 말레이시아에서 선보인 것도 '모바일 퍼스트' 국가라 불릴 만큼 스마트폰을 통한 영상 콘텐츠 시청이 보편적으로 자리 잡았기 때문이다. TV 대신 스트리밍 콘텐츠 수요가 많은 것도 특징이다. 전체 인구의 78%가 미디어 콘텐츠를 스트리밍 또는 다운로드 하는 것으로 나타났다.

말레이시아 OTT 시장의 두 번째 특성은 해외의 다양한 OTT 사업자들과 여타 아시아 사업자들 그리고 말레이시아 로컬 사업자들이 제휴를 통해 협업하며 시장 경쟁을 펼치고 있다는 점이다. 디즈니플러스핫스타가 아스트로 그룹과 제휴해 진출했고, 중국 OTT 아이치이가 현지 콘텐츠 제작 및 유통회사와 협력하여 사업을 펼치고 홍콩의 OTT Viu가 공모전을 열어 현지 콘텐츠 제작에 나서는 등 해외 OTT 사업자의 현지화 전략이 전개되고 있다. 이것은 다양한 민족으로 구성되어 문화적 배경도 혼성적인 말레이시아에서 가입자를 유치하려면 현지 사업자와의 협업이 유리하고 현지화 전략이 필수이기 때문이다. 제공하는 콘텐츠에 있어서도 Yupp TV는 인도계 말레이시아인을 겨냥하여 타밀어, 힌두어, 영어 콘텐츠를 주로 제공하고 있으며, 뷰(Viu)는 중국계 말레이시아인을 대상으로 중국계 드라마와 K-드라마를 많이 수급하고 있다. 한편 아마존프라임은 아시아 콘텐츠보다는 자체 제작 콘텐츠와 할리우드 드라마로 차별화하여 현지 시장을 공략하고 있으며 빈지(Binge)는 말레이시아 통신사 셀콤(Celcom)과 제휴하여 방글라데시 콘텐츠를 제공하고 있다. 디지털세를 부과하고 있는 말레이시아의 OTT 플랫폼 정책도 유념해야 할 특성 중 하나다. OTT 관련 규제는 구체적인 법적 규제가 명확하지 않지만, 말레이시아 정부는 2020년부터 6%의 디지털세를 부과하고 있다. 디지털세는 다운로드, 스트리밍 등 모든 디지털 서비스에 부과하는 세금으로 넷플릭스 등 OTT 서비스 제공 사업자가 과세 대상이다. 한편, 방송 산업이 OTT 위주로 재편되고 있지만 아직 OTT에 관련된 별도의 심의 규정은 제대로 마련되어 있지 않다.

말레이시아는 정보 · 통신 · 문화 분야를 총괄하고 있는 통신멀티미디어부(KKMM)와 방송과 통신 등에 대한 관리 감독 기관인 통신멀티미디어위원회(MCMC)에서 콘텐츠 산업 규제를 담당하고 있다. 한편 영화의 경우에는 말레이시아 영화진흥위원회(FINAS)에서 사전 검열을 담당한다. 말레이시아에서는 통신멀티미디어법(1988)에 근거하여 자국산 프로그램에 대한 쿼터제를 실시하고 있는데 지상파의 경우 전체 방송 시간의 60% 이상을 말레이시아 프로그램으로 편성해야 한다. 그렇지만 케이블이나 위성방송의 경우에는 특별한 제한이 없다. 말레이시아 정부는 자국의 정보통신과 방송, 영상산업의 선진화를 위한 전략을 내세우며 장려 정책을 실시하고 있다. 대표적인 영상산업 장려 정책으로 2012년 도입되어 영화 및 TV 제작자에게 제공하는 제작비 환급 인센티브 제도를 들 수 있다. 30%의 현금 리베이트를 제공하는 인센티브를 받기 위해서는 일정 금액 이상의 제작비가 지출되어야 하며, 말레이시아인이 제작 인력의 30% 이상을 차지해야 한다. 아울러 말레이시아 정부는 2023년 예산안에서 영화진흥위원회(FINAS) 산하 영화 기관을 대상으로 세제 감면 혜택을 제공하며 스튜디오와 촬영 장비에 대한 수입 및 판매세를 2023년부터 2025년까지 3년간 면제한다.

특히 말레이시아 정부는 창조산업(creative industry)에 많은 관심을 기울이며 OTT 특화 콘텐츠 개발에 막대한 예산을 투입하고 있다. 말레이시아 정부는 2023년 1억 200만 링깃(약 298억 5,000만 원)을 디지털 콘텐츠 펀드에 할당했다. 디지털 콘텐츠 펀드는 말레이시아 영화진흥위원회(FINAS), 말레이시아디지털경제협력(MDEC), 마이크리에이티브벤처스(My Creative Ventures) 등 3개 기관을 주축으로 운영한다. 콘텐츠산업 관계자들은 정부의 지원으로 콘텐츠 경쟁력을 높일 수 있다는 기대감을 보이고 있으며 정부의 세금 감면 및 면제 혜택이 해외 콘텐츠 제작 업체 유치와 국내 상업영화 제작에 도움을 줄 것이라고 밝혔다.

한편, 말레이시아는 방송 프로그램의 내용에 대해서는 엄격한 규제를 가하고 있으며 뉴스 등 생방송 프로그램을 제외하고 모든 외국 프로그램은 사전 심의를 거쳐야 방송할 수 있다. 말레이시아 최대 케이블 사업자인 아스트로에서 방송되고 있는 KBS World 채널의 경우에도 '지연(delay) 방송'으로 자체 심의기관의 승인을 얻은 후 방송을 내보내고 있다. 방송 심의 기준은 타 국가에 비해 매우 엄격한 편인데, 도박이나 마약, 포르노, 과도한 폭력과 선정성, 돼지고기가 노출되는 장면 등 이슬람의 율법에 어긋나는 내용에 대해서는 강력한 규제를 가하고 있다. 방송에 대해 엄격한 규제와 검열을 시행하는 것과 달리 OTT 사업자 및 OTT 플랫폼에서 제공하는 콘텐츠에 대한 별도의 라이센스나 관리 규정이 없어 해외 사업자의 말레이시아 진입에는 별다른 장벽이 없으며 OTT 콘텐츠에는 심의 관련 규정이 없다. 그렇지만 보수적인 말레이시아의 사회 환경에 따라 콘텐츠에 대한 자율적인 규제가 시행되고 있다. 또한 말레이시아 정부는 인터넷 콘텐츠에 대해서는 공식적으로는 표현의 자유를 옹호하며 자율에 맡겨 특별한 규제를 가하지 않는다는 입장이다. 그렇지만 지나치게 정치색을 띠거나 이슬람 문화에 해를 끼치는 내용에 대해서는 직간접적으로 통제한 사례가 있다.

부록
• 2 •

자료 수집 방법

이 책의 2장과 3장의 내용은 말레이시아에서 현장 연구를 통한 데이터를 분석하여 정리한 것이다. 현장 데이터는 크게 나누어 2가지인데, 말레이시아 언론매체의 기사를 분석한 데이터와 현지인에 대한 심층 면접을 통해 얻은 데이터다. 심층 면접 데이터를 얻기 위해 한류 팬을 대상으로 사전에 설문조사를 진행하여 표본을 추출했다. 이후 선정된 표본을 대상으로 두 차례의 일대일 심층 면접과 한 번의 집단 토론을 실시하였다. 이와 별도로 본 연구와 관련된 학계, 산업계 전문가와도 심층 면접을 실시하였다.

〈사전 설문조사〉

1. 사전 설문조사는 본 연구에 적실한 심층 면접 대상자 즉, K-드라마 수용이라는 일상적인 문화 실천에 대한 심층적 이해를 제공해 줄 수 있는 표본을 추출하기 위해 실시했다. 한국 문화에 대한 애정과 관심이 있으며

<table>
<tr><th colspan="5">본 연구를 위한 현장 자료 수집</th></tr>
<tr><td>언론 담론 분석</td><td colspan="4">● 분석 대상 : 말레이시아 주요 온라인 신문 14개 매체
● 분석 대상 기간 : 2016.1.1~ 2022.12.31 (6년)
● 분석 일시: 2022.10.1 ~ 2023.1.31
● 분석 키워드 : Korea(n) + Drama</td></tr>
<tr><td>사전 설문 조사</td><td colspan="4">● 일시: 2023.2.17 ~ 2023.5.26
● 조사 방법: 온라인 설문(Google forms) 조사
● 대상: 일반인 한류 팬 (한류 콘텐츠 수용자) 450명
● 표집 방법: 지인을 통한 눈덩이(snowballing) 표집
● 조사 목적: OTT를 통한 한국 드라마 소비, 수용 양상에 관한 설문을 통해 심층 면접의 모집단 추출</td></tr>
<tr><td rowspan="4">심층 면접 및
집단 토론</td><th>조사 방법</th><th>대 상</th><th>일 시</th><th>장 소</th></tr>
<tr><td>일반 수용자
일대일 심층 면접</td><td>K-드라마 팬 10명</td><td>① 2023.3.2~3.4
② 2023.5.3~5.4</td><td>① 말레이시아 조호바루
② 쿠알라룸푸르</td></tr>
<tr><td>전문가
심층 면접</td><td>산업계, 학계
전문가 11명</td><td>① 2023.3.1~3.4
② 2023.4.30~5.5</td><td>① 싱가포르
② 쿠알라룸푸르</td></tr>
<tr><td>일반 수용자
집단 토론</td><td>K-드라마 팬 10명</td><td>2023.5.4</td><td>쿠알라룸푸르</td></tr>
</table>

일정량 이상의 K-드라마 시청 빈도와 시청량을 갖고 있는 한류 팬을 대상으로 했다. 아울러 필자의 현지 연구 일정/장소에 맞추어 흔쾌히 심층 면접에 응해줄 수 있는 대상자 가운데 인구학적 균형을 감안하였다.

2. 사전 설문은 대한민국 외교부와 KBS가 공동으로 주최한 2022년 〈퀴즈 온 코리아〉 프로그램의 현지 예선에 참가한 말레이시아 출연자와 현지 지인을 통해 알게 된 한류 팬들을 대상으로 했다. 이메일을 통해 연구 목적을 설명하고 설문 참여 여부를 물은 후, 동의한 응답자에 한해 설문지를 배포했다. 필자는 〈퀴즈 온 코리아〉 프로그램의 담당 PD였으므로, 설문자에 대한 접근이 용이했음을 밝혀둔다.

3. 설문은 구글의 설문 형식을 활용하여 링크를 제공하고 온라인으로 설문

항목에 대해 응답자가 직접 기입하는 방법을 사용하였다. 설문 조사는 기초적인 수용 실태를 조사하여 연구 표본을 추출하기 위한 표집의 목적도 겸하였으며, 구글에서 제공하는 설문 결과 내용을 활용하여 정량적인 분석을 시도하였다. 설문 내용에는 한국 드라마 접촉 경로와 선호 장르 등 본 연구 수행에 필요한 기초적인 데이터뿐만 아니라 한류 콘텐츠를 일상 생활이나 사회적 맥락에 위치시키고자 하는 여러 질문을 포함하였다. 이렇게 반구조화된 설문지를 이메일 혹은 소셜미디어를 통해 링크를 제공하고 응답을 받는 식으로 진행했다.

4. 사전 설문 내용

질문 분류	질문 내용
한국 문화에 대한 관심	1. 한국 문화 관심도 2. 한국 문화 최초 접촉 경로 3. 케이팝 / K-드라마 / 한국 영화 / 한국 예능 프로그램 한국 음식 / 한국 미용 / 한국어 / 한국 역사 관심도
한국 드라마 시청 경향	1. 한국 드라마 시청 빈도 2. 한국 드라마 시청량(시간) 3. 한국 드라마 시청 경로(시청 플랫폼) 4. 한국 드라마 시청 언어 및 자막 5. 재밌게 시청한 한국 드라마 제목 6. 선호하는 한국 드라마 장르 7. 한국 / 말레이시아 / 기타 아시아 / 미국 드라마 개별 선호도 8. 한국 드라마와 말레이시아/ 기타 아시아 / 미국 드라마와의 선호도 비교 9. 가장 선호하는 국적 드라마 10. 한국 드라마를 즐기는 이유?
글로벌 OTT와 한국 드라마 수용	1. 글로벌 OTT가 한국 드라마 시청의 취향과 습관을 바꾸었다? 2. 글로벌 OTT가 한국 드라마 시청 빈도를 바꾸었다? 3. 글로벌 OTT가 변화시킨 한국 드라마 시청 취향 - 서사극/스릴러 장르에 대한 취향 변화 - 로맨스 장르에 대한 취향 변화 - 사이언스 픽션에 대한 취향 변화 - 기타 다양한 장르에 대한 취향 변화
한국 드라마에 대한 문화적 수용도	1. 한국 드라마 시청이 타문화에 대한 이해에 도움을 준다? 2. 한국 드라마는 말레이시아 전통문화를 해친다? 3. 한국 드라마는 말레이시아 영상산업 발전에 해를 끼친다? 4. 한국 드라마는 말레이시아 영상산업 발전에 도움을 준다?
인구학적 질문	1. 연령 2. 성별 3. 종교 4. 인종 5. 언어

5. 사전 설문은 최초 참가자를 확보한 이후 최초 참가자를 통해 또 다른 참가자를 확보하는 '스노우볼링 방식(snowballing process)'으로 표본을 늘려나갔다. 최초 한류 팬 40명에게 이메일을 보내며 주변 지인들에게 공유하여 참가자 대상을 넓힐 수 있도록 부탁하였고, 이렇게 지인을 소개받아 이메일 혹은 소셜미디어를 통해 표본을 늘려나갔다. 이러한 스노우볼 방식은 본 연구를 진행하는 데에 매우 유용했다. 사전 설문 조사는 2023년 2월 17일에서 5월 26일까지 진행되었으며 총 459명이 참여하고 응답하였다. 이 중 최종적으로 일대일 심층 면접 대상자 10명과 집단 토론 대상자 12명을 선정했다.

6. 일반인 한류 팬 심층 면접 대상자

참여자 (이름)	나이	성별	인종/민족	직업
F-1 : Sa***	30대	여	중국계	회사원
F-2 : Lo*	60대	남	중국계	은퇴자 (전직 교수)
F-3 : Ev*****	30대	여	말레이계	회사원
F-4 : Sa***	20대	여	말레이계	대학생
F-5 : Ma***	70대	여	중국계	무직
F-6 : Po***	20대	여	인도계	대학생
F-7 : Jo****	30대	여	중국계	회사원
F-8 : Al****	20대	여	말레이계	대학생
F-9 : Am*****	30대	남	말레이계	회사원
F-10 : Da***	30대	남	중국계	자영업

7. 일반인 한류 팬 집단 토론 대상자

참여자 (이름)	나이	성별	인종/민족	직업
G-1 : An***	30대	여	중국계	교사
G-2 : Ha***	20대	남	말레이계	회사원
G-3 : Az****	40대	여	말레이계	은행원
G-4 : Ai**	20대	여	말레이계	대학생
G-5 : Iz****	20대	여	말레이계	회사원
G-6 : Ha****	20대	여	말레이계	직장인
G-7 : Ja*	30대	여	중국계	변호사
G-8 : Ai***	20대	여	말레이계	대학생
G-9 : Ji*	20대	여	중국계	회사원
G-10 : Mo****	20대	남	말레이계	회사원

집단 토론에 참가한 10명은 말레이시아에 넷플릭스가 진출한 2016년 이전과 이후에 공히 한국 드라마를 시청한 경험을 가진 수용자들이다. 이들은 한류와 K-드라마에 대한 애정만으로 기꺼이 시간을 할애하고 토론 장소로 이동하는 수고를 감수해주었다. 이들은 K-드라마에 대한 수용자의 능동성을 대변하며, 자신의 선호도를 표현하는 열정 또는 열광적인 행동을 보여주는 적극적인 행위자들이었다. 집단 토론은 "글로벌 OTT 플랫폼이 도입되기 이전과 이후의 한국 드라마 수용 경험"을 주제로 특정하여 그들의 경험과 관점을 알아보는 데 중점을 두었다. 집단 토론 참가자들이 현장에 도착했을 때 간단한 다과를 제공하며 서로 간에 인사를 나누고 교류하는 시간을 제공하였는데, 화기애애한 분위기에서 집단 토론을 진행하는 데에 큰 도움이 되었다.

〈심층 면접조사〉

1. 심층 면접은 2023년 두 차례 말레이시아 현지에서 실시되었다. 1차 현장 연구는 2023년 3월 1일에서 3월 4일까지 싱가포르와 말레이시아의 조호바루에서 실시하였는데, 싱가포르가 현장 연구에 포함된 이유는 싱가포르가 동남아 미디어 산업의 허브로서 글로벌 OTT 플랫폼의 동남아시아 지역본부가 소재하고 있기 때문이다. 즉, 넷플릭스와 디즈니플러스의 동남아시아 지역을 총괄하는 사무실은 싱가포르에 있고 이곳에서 말레이시아도 커버하고 있기에 산업 전문가의 면대면 심층 인터뷰는 싱가포르에서 실시되었으며, 일반 시청자로 구성된 K-드라마 수용자에 대한 심층 면접은 싱가포르와 인접한 말레이시아의 조호바루라는 도시에서 실시되었다. 조호바루는 말레이반도 최남단에 위치한 말레이시아 조호르주의 주도(州都)다.

2. 2차 현장 연구는 2023년 4월 30일에서 5월 6일까지 말레이시아의 수도 쿠알라룸푸르에서 실시되었다. 1차 조사와 마찬가지로 산업 전문가와 일반 수용자들에 대한 심층 면접을 병행하였다. 전문가에게는 말레이시아의 K-드라마 수용 양상을 파악하기 위해 산업계 혹은 전문가의 해당 분야에 대한 질문을 중심으로, 일반 수용자에게는 K-드라마 수용에 대한 개인적 경험, 수용 계기와 과정, 수용 과정에서 나타난 변화 등을 중심으로 비구조화된 면접을 진행하였다.

3. 심층 면접에 참여한 전문가는 산업계, 학계를 포함하여 모두 11명으로 구성되었다. 면접 대상 전문가 선정은 한국 드라마의 현지 수용에 관련된

주요한 사업체에서 실질적인 업무를 수행하고 의사결정에 관여하는 자로서 본 연구의 목적에 부합하는 전문가적 식견을 기대할 수 있는 인사들로 섭외했으며, 산업계뿐만 아니라 학계 전문가도 포함했는데, 말레이시아에서 한국 드라마의 현지 수용에 관해 연구한 현지인 교수와 해외에서 한류 수용 현상을 연구하고 현재 말레이시아 대학에서 가르치는 한국인 교수도 포함되었다.

4. 심층 면접을 위해 본 연구자가 선정한 전문가의 기준은 다음과 같다. 1) 무엇보다 현지에서 한류 현상을 직접 느끼고 경험하고 있으며 2) 한류 현상과 K-드라마에 관해 진지한 관심과 상당한 지식을 보유하고 3) 산업계의 경우 직업적인 업무 연관성을 가지고 있으며 4) 학계의 경우 관련 분야에 대한 연구 경험과 결과를 가지고 있어 5) 본 연구를 위한 전문가적 식견을 기대할 수 있는 인사로 섭외하였다.

5. 전문가 섭외는 본 연구의 목적을 이메일로 설명하고 면담 가능성 여부를 타진하였는데, 현재 글로벌 OTT 플랫폼에서 재직하고 있는 한 전문가의 경우에는 본 연구의 학문적 동기에도 불구하고 해당 사업체의 대외 커뮤니케이션 방침에 따라 공식적인 허락을 얻을 수 없었다. 결국 연구자와의 개인적 인연에 의지하여 사업체와 참여 전문가의 '익명성'에 대한 보장을 확실히 담보한 이후에야 심층 면접에 대한 섭외를 성사시킬 수 있었다.

6. 전문가 심층 면접 대상자

참여자	전문가 해당 분야
E-1	글로벌 OTT 플랫폼의 아시아태평양지역 콘텐츠 수급 및 편성 담당 임원
E-2	동남아시아 기반의 콘텐츠 관련 국제상 창립자 및 총괄 담당자
E-3	말레이시아 지상파 방송 채널 프로듀서
E-4.1 E-4.2 E-4.3	말레이시아 플랫폼 사업체 (최대 위성방송, IPTV, 디지털 케이블) 콘텐츠 전략 본부장 및 콘텐츠 수급 담당 부사장 2명
E-5	말레이시아 주요 미디어 그룹의 자체 운영 로컬 OTT 플랫폼 책임자
E-6	글로벌 미디어 현지화 회사의 말레이시아에 소재한 사업체 운영책임자 겸 수석 부사장
E-7	말레이시아 현지 대학교수(한국 드라마의 말레이시아 수용에 관한 연구 논문 다수 발표)
E-8	말레이시아 현지 대학 한국인 교수(한류의 해외 수용에 관한 연구, 말레이시아에 체류하는 한국인 교수)

7. 본 연구를 위해 말레이시아 최대의 미디어 그룹에 논문 주제와 관련하여 현장 전문가와의 심층 면접을 요청하였고, 해당 사업체로부터 핵심 관계자 3인이 '함께' 면접에 응하겠다는 의사를 확인하였다. 해당 사업체가 말레이시아 미디어에서 차지하는 비중과 아울러 산업계 전문가로서 3인 모두의 차별화된 역할을 감안하여 동일 시간, 동일 장소에서 모두 함께 심층 면접을 실시하였다. 위 표에서 E-4와 E-5는 말레이시아의 대표적인 미디어 그룹이다. 양사의 매출은 2021년 기준으로 전체 미디어 매출의 99.5%를 점유하고 있다.

8. 전문가들은 K-드라마를 시청하는 이유나 K-드라마의 인기를 바라보는 시각이 일반 한류 팬들과 다를 것이므로 일반 수용자와는 차별적인 심층

면담을 준비했다. 전문가에게는 사전에 질문할 내용의 핵심을 미리 전달하여 답변에 대해 생각하고 준비할 수 있도록 하였다. 실제 면접에서는 반구조화(semi-structured) 형식으로 면접을 진행하였다. 즉 질문할 내용을 미리 작성해두지만, 실제 인터뷰에서 답변자의 반응을 통제하지 않고 편안하게 응답할 수 있는 상황을 유지하였다. 이러한 방식이 전문가들의 의견을 자연스럽게 얻어내는 데 도움이 된다고 판단하였다.

9. 앞서 설명한 것처럼 본 연구에서는 OTT 환경에서 말레이시아에서의 K-드라마 수용 현상을 탐구하기 위해 1) 일대일 심층 면접 2) 집단 토론 3) 전문가 심층 면접이라는 다각화된 접근을 통해 현상에 대한 심층적이고 총체적인 탐색을 꾀하였다.

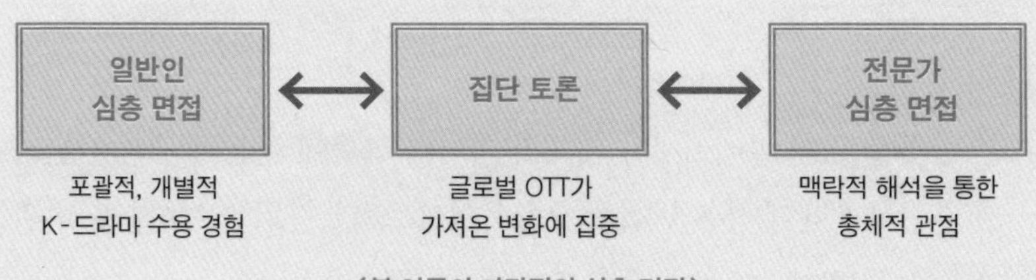

〈본 연구의 다각적인 심층 면접〉

10. 일반 수용자의 일대일 심층 면접에서 수집한 다양한 경험을 집단 토론을 통해 본 연구의 특정 주제로 수렴해서 전문가의 식견을 통해 이를 확인하고 구조화하려고 이처럼 다각적인 연구 방법을 동원했다. 이러한 접근 방식을 통해 보다 설득력 있고 신뢰할 만한 연구 결과를 얻고자 하는 시도였다.

참고문헌

〈1장〉

류재형, 〈내셔널 시네마로서의 〈변호인〉, 〈택시운전사〉, 〈1987〉〉, 《만화애니메이션 연구》 통권 제53호, 2018, 275-318쪽.

배기형, 김치호. 〈'K-드라마'의 개념화와 장르화 가능성 고찰〉. 《문화콘텐츠연구》(25), 2022, 227-249.

심두보, 《한류가 뭐길래》, 글로벌 문화변동과 K-컬처의 진화, 어나더북스, 2024

홍석경, 〈한류의 세계화: 이해와 오해〉, 《아시아브리프》 1권 23호, 서울대아시아연구소, 2021

Appadurai, A., Modernity at Large: Cultural Dimension of Globalization, University of Minnesota Press. 1996, pp.32-43

Giddens, A., The third way: the renewal of social democracy. Cambridge: Polity, 1998

Hall, S.'New Cultures for Old', in D. Massey and P. Jess (eds), A Place in the World? Places, Cultures and Globalization, The Open University with Oxford University Press,1995, pp. 175 - 213.

Tomlinson, John, Globalization and Culture, Cambridge: Polity Press, 1999, p.2

Tomlinson, J. Cultural Globalization and Cultural Imperialism', in A. Mohammadi (ed.) International Communication and Globalization: A Critical Introduction, London: Sage, 1997, pp. 170-190.

〈2장〉

구모룡, 〈시에 있어서의 제유의 수사학〉, 《한국시학연구》, 20호, 2007

배기형, 《OTT 서비스의 이해》, 커뮤니케이션북스, 2015

배기형, 〈OTT 환경에서의 한류 정경 연구 – 말레이시아의 K–드라마 수용을 중심으로〉, 한양대학교대학원 박사학위논문, 2024

백선기, 《미디어 담론》, 커뮤니케이션북스, 2015

박대민, 이규탁. 〈한류의 산업화, 금융화, 그리고 스타트업화 : 한류와 K–POP 보도 21년치 뉴스 빅데이터 분석을 중심으로〉, 《한국언론정보학보》, 112, 2022, 7–66.

박현수, 〈수사학의 3분법적 범주: 은유, 환유, 제유〉, 《한국근대문학연구》 17호, 2008

심두보. 〈동남아시아의 한류: 싱가포르의 경우를 중심으로〉, 《동남아시아 연구》, 23(1), 2013, 277–311.

양수영, 이성민, 〈한류의 발전 과정과 향후 전망〉, 《KOCCA포커스》 통권 138호. 한국콘텐츠진흥원, 2022

윤상길, 김상현, 〈포스트식민주의적 해적연구와 글로벌통제시스템으로서의 지식재산권 체제〉, 《한국컴퓨터정보학회논문지》 27권 9호, 한국컴퓨터정보학회, 2022, pp.91–100.

이성민, 〈아세안의 엔터테인먼트 빅뱅〉, 《제4차 산업혁명과 아세안 시장》, 한–아세안센터, 2017

이성민, 디지털 미디어 혁신이 열어줄 한류와 아세안류의 미래, 한–아세안 미디어 포럼 발표자료, 2019

이희영, 김정기, 〈질적 메타분석을 통한 뉴스프레임의 유형〉, 《한국언론학보》 60, 4, 한국언론학회, 2016, pp.7–38.

임종수, 〈디지털 TV의 양식성: 형식, 존재, 수용〉, 《커뮤니케이션 이론》 11권 2호, 한국언론학회, 2015, p.18–55.

임종수, 최세경, 〈디지털TV에서의 수용경험과 순환에 관한 연구; 가족TV, 개인TV, 우리TV, 나의TV〉, 《방송과 커뮤니케이션》 17권 4호, 한국방송학회, 2016, p.5–52

홍석경, 〈한류의 세계화: 이해와 오해〉, 《아시아브리프》, 1권 23호, 서울대 아시아연구소, 2021

Bae, K., & Sungah, H. (2024). The transformation of Korean drama discourse in Malaysia in the OTT Era.Asian Journal for Public Opinion Research,12(3), 142–165.

LIANG, Lawrence, Porous legalities and avenues of participation, Sarai reader, 2005, 5.1: pp.6-17.

The Trade Desk & KANTAR, The Savvy Marketers' 2023 Guide for OTT Advertising in Southeast Asia, 2023

〈3장〉

김문조, 〈코스모폴리탄 사회학: 세계화 시대의 사회학적 대응〉, 《한국사회학》 43(1), 한국사회학회, 2009, pp.1-22.

김예란, 〈디지털 아비투스〉, 《방송문화연구》 17(2), KBS 공영미디어연구소, 2005, pp.67-109.

김현생, 〈한국·미국·베트남의 베트남전쟁 소설 연구: 부르디외의 '장'과'아비투스' 이론을 적용하여〉, 《영미어문학》 121, 한국영미어문학회, 2016, pp.33-57.

배기형, 〈OTT 환경에서의 한류 정경 연구-말레이시아의 K-드라마 수용을 중심으로〉, 한양대학교대학원 박사학위논문, 2024

부르디외, 《구별 짓기 문화와 취향의 사회학》, 최종철 역, 새물결 출판사, 2006. pp.478-489

심두보, 《한류가 뭐길래: 글로벌 문화변동과 K-컬처의 진화》, 어나더북스, 2024

이성민, 〈〈오징어 게임〉은 한국 드라마를 어떻게 바꿀까?〉, 《오징어 게임과 콘텐츠 혁명》, 정길화 외, 인물과 사상사, 2022, pp.181~205

이태수, 걸그룹 글로벌화 가속…블랙핑크 유튜브 96%는 해외서 시청, 연합뉴스 2022.10.10. https://www.yna.co.kr/view/AKR20221004066200005)

임종수, 〈콘텐츠산업 빅뱅, OTT 한류를 위한 서사극과 콘텐츠 현지화 전략〉, 《한류 테크놀로지 문화》, 한국국제문화교류진흥원, 2022. pp.168~196

임종수, 〈글로벌 OTT, 플랫폼 리얼리즘의 세계 : OTT 서사극과 호모 사케르의 분투〉, 《커뮤니케이션 이론》 19(1), 한국언론학회, 2023, p.5-83.

임진모, 〈전 세계 강타한 국가대표 걸그룹 : 블랙핑크 글로벌 신드롬, BTS 뛰어넘는다〉, 《월간중앙》 2022, pp. 178-181

정일준, 〈왜 부르디외인가?: 문제는 상징 권력이다. 부르디외 (Pierre Bourdieu)〉, 《상징 폭력과 문화 재생산》. 정일준 엮고 옮김. 새물결, 1995, pp.5-42.

Airoldi, M. Digital traces of taste: Methodological pathway for consumer research, Consumption Markets & Culture, 24(1), 2021, pp.97–117

Appadurai, A., Large: Cultural Dimension of Globalization, 1996, 차원현 외 역, 《고삐 풀린 현대성》 Modernity at, 현실문화연구, 2004, p.58–62

Beck, U., The Cosmoplitan Society and its Enemies, Theory, Culture & Society 19(1/2) , 2002, pp.17~44

Bourdieu, Pierre. Outline of a Theory of Practice. No.16. Cambridge university press, 1977. pp.143–158

Bourdieu, P. Outline of a Theory of Practice. No.16, Cambridge university press, 1977. pp.72–95

Castells, M., The Rise of the Network Society. Vol. 1, The Information Age. Blackwell, 1996

Cohen, Albert K. Delinquent Boys: The Culture of the Gang. Glencoe: The Free Press, 1955

Emmison, M., Social Class and Cultural Mobility: Reconfiguring the Cultural Omnivore Thesis. Journal of Sociology, 39(3), 2003, pp.211–230.

Peterson, A., Republican cosmopolitanism: democratising the global dimensions of citizenship education. Oxford Review of Education, 37(3), 2011, pp.421–435.

Peterson, Richard A., Understanding audience segmentation: From elite and mass to omnivore and univore. Poetics 21, no.4, 1992, pp.243–258.

Peterson, R.A., Kern, R.M., Changing highbrow taste: From snob to omnivore. American sociological review, 1996, pp.900–907.

Sullivan O, Katz–Gerro T. The omnivore thesis revisited: Voracious cultural consumers. European sociological review. 2007 Apr 1;23(2), 2007, pp.123–37.

Tyulenev, Sergey. Translation and Society–An Introduction. Oxon: Routledge, 2014, Print. p.173

AMPD Research 2023년 시장 자료

https://media–partners–asia.com/AMPD/Q1_2023/Online_Video_in_Southeast_Asia/PR.pdf

K-컬처와 새로운 한류 정경

지속가능한 한류를 위한 성찰과 모색

초판 1쇄 발행 2024년 12월 10일

지은이 배기형
펴낸이 문채원

펴낸곳 도서출판 사우
출판 등록 2014-000017호
전화 02-2642-6420
팩스 0504-156-6085
전자우편 sawoopub@gmail.com

ISBN 979-11-94126-05-8 (93300)